AF473300

DESCRIPTIONS
DES ARTS
ET MÉTIERS.

DESCRIPTIONS
DES ARTS
ET MÉTIERS,

FAITES OU APPROUVÉES

PAR MESSIEURS

DE L'ACADÉMIE ROYALE
DES SCIENCES.

Avec Figures en Taille-douce.

A PARIS,

Chez { Saillant & Nyon, rue S. Jean de Beauvais;
Desaint, rue du Foin Saint Jacques.

M. DCC. LXI.

Avec Approbation & Privilége du Roi.

L'ART

DU

MENUISIER-CARROSSIER.

PREMIERE SECTION DE LA TROISIEME PARTIE

DE L'ART DU MENUISIER.

Par M. ROUBO *le Fils, Maître Menuisier.*

M. DCC. LXXI.

L'ART DU MENUISIER.

Par M. Roubo le fils, Maître Menuisier.

TROISIEME PARTIE.

Il me reste à traiter dans cette troisiéme Partie de mon Ouvrage, de la Menuiserie des Voitures ou des Carrosses, ce qui est la même chose, de la Menuiserie en Meubles & de la Menuiserie de rapport, autrement dite Ebénisterie ou Marqueterie. Ces trois especes de Menuiseries sont non-seulement distinctes les unes des autres, tant pour les différents objets auxquels on les applique, que pour certaines manieres d'opérer qui sont propres à chacune d'elles ; mais encore elles sont tout-à-fait étrangeres à la Menuiserie de bâtiment, dont la description a fait l'objet des deux premieres Parties déja faites.

Ce n'est pas, qu'au fond, les principes généraux de théorie & de pratique ne soient les mêmes à toutes les especes de Menuiseries, ce qui est incontestable, du moins pour le général ; mais comme les Ouvriers se sont attachés selon leur goût à chacune des différentes especes de Menuiserie, l'expérience & l'habitude leur ont fourni des moyens de procéder à l'exécution de leurs ouvrages, tout différents les uns des autres ; de sorte que les Ouvriers d'une espece de Menuiserie, ne sont guere en état de travailler que dans la partie qu'ils ont embrassée ; & que s'ils vouloient travailler à une autre partie, il faudroit qu'ils en fissent une espece d'apprentissage, pour pouvoir se mettre en état de le faire avec sûreté.

De plus, les principes de la Menuiserie de bâtiment sont, à peu-près, toujours les mêmes, du moins pour ce qui a rapport à la théorie de la décoration, l'expérience y faisant voir peu de changement dans un assez long espace de temps ; ce qui n'est pas de même dans les trois especes de Menuiserie dont je vais parler, puisque les ouvrages qui en dépendent sont sujets à des changements de modes, & à des innovations, d'autant plus fréquentes, que ces sortes d'ouvrages ne semblent être faits que pour contenter le goût, lequel, dans les ouvrages dont il est ici question, n'a souvent d'autre régle que le génie de l'Ouvrier & l'opulence, ou, ce qui arrive quelquefois, le caprice de celui pour qui ces sortes d'ouvrages sont faits; ce qui fait que, par exemple, une voiture qui plaît & qui est à la mode dans un temps, n'est plus supportable l'année suivante, & cela parce que la mode est changée.

Il est cependant vrai qu'il y a des changements qui sont utiles & même nécessaires, sur-tout quand ils tendent à rendre les ouvrages plus commodes & d'une décoration plus analogue à leurs usages; mais ces changements utiles sont très-rares, & dégénerent souvent en abus, lorsqu'ils n'ont pour principe que le caprice & le plaisir de faire du nouveau. C'est pourquoi, dans la description des trois especes de Menuiserie dont il me reste à parler, je m'attacherai principalement à donner la maniere la plus prompte & la plus parfaite d'opérer, & à donner toutes les dimensions qui peuvent rendre ces ouvrages le plus commodes possibles, ce qui est très-essentiel, puisque la commodité est ce qu'on y doit le plus rechercher. Quant aux formes extérieures & à la décoration, je me contenterai de donner des exemples de celles qui sont en usage à présent, du choix que l'on peut en faire, & des principaux changements qui y ont été faits depuis le dernier siécle, afin que l'on puisse faire la comparaison des ouvrages anciens & des modernes, du moins par rapport à nous, & en même temps que l'on puisse juger de l'utilité des changements qui y ont été faits, soit pour la commodité, soit pour la magnificence.

Comme dans tout le temps que j'ai travaillé à la Menuiserie, je me suis plus attaché à la Menuiserie de bâtiment qu'aux autres especes de Menuiserie, du moins pour la pratique, j'ai cru ne devoir pas me fier à ma propre expérience; c'est pourquoi je ne me suis pas contenté de travailler à chacune de ces dernieres, mais encore j'ai pris soin de suivre la construction des principaux ouvrages, & de ne rien mettre au jour sans avoir consulté des Ouvriers reconnus pour habiles dans chaque espece de Menuiserie, afin que l'ouvrage en soit plus parfait, ou du moins exempt de fautes grossieres (*).

(*) On observera que dans la description de la Menuiserie en Carrosses, j'ai consulté M. Dubois le cadet, Compagnon Menuisier, lequel m'a été d'un grand secours, sur-tout pour la partie de la Pratique, qui ne m'étoit pas si familiere que la Théorie.

CHAPITRE PREMIER.

De la Menuiſerie en Carroſſes en général.

On nomme *Menuiſiers en Carroſſes*, ceux qui font les caiſſes ou coffres des Voitures, ainſi que je l'ai dit dans la premiere Partie de cet Ouvrage. C'eſt une des parties de la Menuiſerie qui demanderoit le plus de ſoin & de préciſion de la part de l'Ouvrier, ſi elle étoit traitée avec toute l'attention néceſſaire, & ſi l'on n'en avoit pas réduit la théorie à une ſimple routine, tant pour la décoration que pour la conſtruction, ainſi que je le démontrerai ci-après; ce qui fait que les Menuiſiers en Carroſſes, du moins le plus grand nombre, ne ſavent faire que les Voitures à la mode de leur temps; encore n'eſt-ce que par le moyen des calibres qu'on leur donne, & qu'ils feroient ſouvent fort embarraſſés de faire eux-mêmes.

Quoi qu'il en ſoit, cette partie de la Menuiſerie eſt très-honnête, & demande beaucoup de connoiſſances tant pour le Deſſin que pour l'Art du Trait, afin que ces connoiſſances acquiſes ſervent à donner à la pratique toute l'accélération & la préciſion poſſibles, à laquelle on ne parvient jamais par la routine, dont la réuſſite, quelque heureuſe qu'elle ſoit, n'étant due qu'au haſard, n'eſt pas applicable à tous les cas, ainſi que peut l'être une théorie lumineuſe & fondée ſur de bons principes.

SECTION PREMIERE.

Des Voitures en général.

Il eſt de deux eſpeces de Voitures, ſavoir, celles qui ſont deſtinées à tranſporter les matériaux & les marchandiſes, & celles qui ne ſervent qu'à porter les hommes, telles qu'étoient autrefois les Chars, les Litieres, &c, & à préſent les Coches, les Berlines, &c.

La premiere eſpece de Voitures eſt de la plus haute antiquité, puiſqu'elles ſont auſſi anciennes que le commerce, qui doit lui-même ſon origine aux premieres ſociétés des hommes.

La ſeconde eſpece quoique moins ancienne, ne laiſſe pas de l'être beaucoup par rapport à nous, puiſqu'il eſt écrit dans la Geneſe que le Roi d'Egypte fit monter Joſeph ſur ſon char, & que le même Joſeph envoya les charriots du Roi au-devant de ſon pere; ce qui eſt une preuve qu'alors les Voitures deſtinées à porter les hommes étoient en uſage; mais en même temps que l'uſage en étoit réſervé aux perſonnes de diſtinction, ſur-tout dans les pays où les peuples habitoient des villes; car pour ceux qui, comme les anciens Scythes, étoient errants dans les campagnes sans aucune habitation fixe, ils se servoient de Voitures, qui non-seulement étoient destinées à les transporter d'un lieu à un autre eux & leurs effets, mais encore qui leur tenoient lieu de tentes & de maisons.

Les principales Voitures des Anciens, étoient les Charriots, les Chars & les Litieres.

Les Charriots, sans compter les usages de la vie civile, leur servoient principalement à la guerre, & alors ils étoient armés de faulx & autres instruments tranchants placés à l'extrémité des timons, aux raies & aux jantes des roues, & à l'extrémité de leurs essieux.

Quant aux Chars, ils leur servoient aussi à la guerre pour porter les Généraux & les principaux Officiers; dans les cérémonies sacrées, pour porter les images des Dieux; ou bien dans les jeux, pour disputer le prix de la course. Mais les Anciens ignoroient absolument (du moins pour le particulier) la coutume de se servir de Voitures pour se transporter d'un lieu à un autre, se servant toujours de chevaux, ou bien préférant d'aller à pied. C'est cette coutume qui a peut-être fait attribuer l'usage des Chars particuliers, à Erichthonius, Roi d'Athênes, qui ayant les jambes incommodées, ne pouvoit aisément se tenir debout, & par conséquent aller à pied.

Il seroit à souhaiter que les Auteurs qui ont fait mention des Chars & de leurs différents attelages, nous eussent en même temps transmis leurs formes, leurs grandeurs & leurs différentes especes, ce qu'ils n'ont pas fait, ou du moins que d'une maniere très-vague, & qui, par conséquent, nous laisse dans l'ignorance à ce sujet.

L'Histoire Romaine, au temps du Dictateur Camille, environ l'an 350 de Rome, fait seulement mention de deux especes de Chars, dont l'un nommé *Pilentum*, étoit couvert & suspendu, & dont l'usage fut permis aux Dames Romaines, en reconnoissance du don qu'elles firent à la République de leur or & de leurs bijoux. L'autre espece de Char étoit découvert, & se nommoit *Carpentum*; mais on ne sait pas s'il étoit suspendu.

Quant aux Chars des Triomphateurs, ils étoient découverts, d'une forme ronde, & n'étoient pas suspendus, mais portoient précisément sur l'essieu, ainsi qu'on peut le voir dans quelques bas-reliefs & dans quelques médailles antiques.

L'usage des Chars dont je viens de parler, n'étoit pas permis à tout le monde; mais les richesses des particuliers venant à s'augmenter, ainsi que le luxe qui en est inséparable, tous eurent des Chars, qui étoient non-seulement très-commodes, mais encore enrichis d'or, d'argent, d'ivoire & d'autres matieres précieuses, malgré les Loix qu'on fit de temps en temps pour arrêter cet abus, qui devint si général, que l'Empereur Alexandre Sévere ne pouvant y remédier, abrogea ces mêmes Loix, & permit à chacun d'avoir des Chars de telle richesse que bon lui sembleroit. (*Voyez Encyclopédie*, art. *Chars.*)

Pour

Pour ce qui eſt des Litieres, elles étoient en uſage à Rome vers la fin de la République, & étoient de deux eſpeces ; l'une nommée *Baſterna*, étoit couverte, fermée au pourtour, & portée par des chevaux ou des mules, ainſi que celles qui ſont en uſage à préſent.

L'autre eſpece de Litiere ſe nommoit *Lectica* : elle étoit découverte & portée par des hommes, ainſi que celle dans laquelle ſe faiſoit porter Verrès, lors de ſa Prêture en Sicile, & celle dans laquelle Cicéron eut la tête coupée.

Voilà à peu-près tout ce qu'on ſait touchant les Voitures anciennes. Quant aux modernes, elles ſont très-nouvelles en France, tous nos Princes allant ordinairement à pied ou à cheval, & les Dames même, excepté pour les longs voyages qu'elles faiſoient dans des Litieres ou même des Charriots couverts, qui n'étoient d'aucun uſage dans les villes ; ce qui eſt ſi vrai, qu'en l'an 1457, ſous le regne de Charles VII, les Ambaſſadeurs de Ladiſlas V, Roi de Hongrie & de Bohême, offrirent à la Reine entr'autres préſents, un Charriot qui fut fort admiré de la Cour & du peuple de Paris, parce que, dit l'Hiſtorien du temps, ce Charriot étoit *branlant & moult riche*, ce qui eſt une preuve qu'on ne ſe ſervoit alors que de Charriots non-ſuſpendus, c'eſt-à-dire, qui portoient immédiatement ſur les eſſieux.

Ce ne fut que ſous le regne de François I, qu'on fit uſage en France des Voitures connues ſous le nom de *Carroſſes*, dont on ne connoît pas préciſément la forme. Ces Voitures tenoient deux ou quatre perſonnes, & furent très-rares d'abord, puiſqu'il n'y en avoit que deux en France, l'une à la Reine, & l'autre à Diane, fille naturelle de Henri II. (*Voyez le Dictionnaire des Arts & Métiers*). Ce ne fut guere que ſous le regne de Henri le Grand, que l'uſage des Voitures devint plus commun ; mais ce n'étoit encore que des eſpeces de Chars non-ſuſpendus, couverts d'une impériale & entourés de rideaux, ainſi que les repréſentent les *Fig.* 1, 2 & 3 ; enſuite on ſuſpendit ces Voitures, ainſi que la *Fig.* 4, & alors elles prirent le nom de *Coches*, qui ſont les ſeules Voitures dont on connoiſſe exactement la forme, y en ayant encore quelques-unes de nos jours, comme je le dirai ci-après (*). PLANCHE 171.

Les Voitures modernes eurent le même ſort que les anciennes, c'eſt-à dire, que d'abord elles furent très-rares & deſtinées aux perſonnes du ſexe & de la premiere diſtinction ; enſuite les hommes de condition en firent auſſi uſage, puis les ſimples particuliers, malgré les Loix qui en défendirent l'uſage, les remontrances & l'exemple des gens les plus raiſonnables.

Enfin l'uſage des Voitures étant toléré & même autoriſé, ſur-tout pour celles qui étoient publiques & deſtinées à tranſporter les Citoyens d'une Province à

(*) Les Figures 1, 2 & 3 de la Planche 171, ſont deſſinées d'après les eſtampes de la Bibliotheque du Roi, leſquelles furent gravées après le meurtre de Henri le Grand ; c'eſt pourquoi je ne puis en donner aucune meſure juſte. Quant à la Figure 4, elle eſt deſſinée d'après une gravure de la même Bibliotheque, laquelle repréſente l'entrée de Louis XIV. à Paris, à l'inſtant qu'il paſſe ſur le Pont-neuf : il y a environ 120 ans.

PLANCHE 171.

une autre (qui, exception faite de celles des Princes, sont peut-être les seules nécessaires,) le nombre des Voitures s'est tellement multiplié, que l'on en compte dans Paris plus de 15000 de toutes especes, où les Artisans qui les construisent, ont, comme à l'envi, épuisé toutes les ressources de leur Art pour en rendre l'usage doux & commode, & où l'on voit briller non-seulement les peintures & les vernis les plus précieux, mais encore les plus belles étoffes, les broderies, l'or & les glaces (*).

La construction de ces Voitures appartient à différents Ouvriers, tels que les Charrons, qui n'en font que le train, c'est-à-dire, la partie qui comprend les roues, & sur laquelle le Carrosse, ou pour mieux dire, la caisse est suspendue; les Menuisiers, qui ne font que ces mêmes caisses; les Sculpteurs, qui les ornent de sculptures; les Serruriers, qui les ferrent; les Peintres, qui les impriment, qui les dorent & vernissent; enfin les Selliers, qui les finissent en les garnissant & les revêtissant d'étoffes.

Quoique tous ces Ouvriers paroissent être & soient exactement, chacun en particulier, d'une profession opposée, ou du moins indépendante l'une de l'autre, il est cependant nécessaire qu'ils prennent tous des connoissances, du moins élémentaires, de leurs différents talents, afin que le travail de l'un ne nuise pas à celui de l'autre; mais qu'au contraire, ces connoissances servent & concourent à l'accélération & à la perfection de tout l'ouvrage, qui alors n'en pourra être que meilleur, vu l'accord qui se trouvera entre les différentes parties qui le composent.

SECTION SECONDE.

Des différentes especes de Voitures modernes.

LE nombre des Voitures modernes est très-considérable, vu leurs différents usages, formes & grandeurs, ce qui est très-facile à concevoir, puisqu'étant des ouvrages de goût, & même, si j'ose le dire, de caprice, on peut en varier les formes & les grandeurs à l'infini, sans rien changer à leur construction, qui, dans tous les cas, est à peu-près la même. C'est pourquoi je crois que l'on peut considérer nos Voitures comme faisant trois especes distinctes & séparées les unes des autres: savoir, les Carrosses anciens, dont on ne connoît pas la forme au juste, & auxquels ont succédé les Coches, qui, quoique couverts d'une impériale, n'étoient fermés que jusqu'à la hauteur des accoudoirs ou accotoirs, le reste de la hauteur n'étant fermé que par des rideaux de différentes étoffes ou même de cuirs, ainsi qu'on peut encore le voir à quelques Voitures publiques qui ont conservé le nom & la forme de ces anciens

(*) Le nombre des Voitures ne s'est accru en France que depuis le regne de Louis XIII; & ce n'est qu'en 1650, que le nommé *Sauvage* inventa & fit l'entreprise des Voitures publiques, connues sous le nom de *Fiacres*, du nom de l'hôtel de Saint-Fiacre, rue Saint Martin, où cet Entrepreneur demeuroit.

Coches, & aux Corbillards, Voitures qui ne servent qu'aux convois des grands Seigneurs. PLANCHE 171.

D'après les Coches, on a imaginé des Voitures qui pussent être fermées de toute leur hauteur, & avoir des portieres ouvrantes & solides; c'est ces especes de Voitures que l'on connoît sous le nom de *Carrosses modernes.*

Ces Voitures étoient très-grandes, & devinrent par la suite très-magnifiques; mais leur trop grande pesanteur a fait que l'on ne s'en sert plus que dans les cérémonies, soit chez le Roi ou chez les Princes, ou pour les entrées d'Ambassadeurs. Le train de ces Carrosses n'a point de brancard, mais une seule piece nommée *fleche*, laquelle passe par le milieu & au-dessous de la caisse qui est suspendue au-dessus, ainsi que je le dirai ci-après, en faisant la description de chaque espece de Voitures.

La seconde espece de Voiture moderne, est celle qu'on nomme *Berline*, du nom de Berlin, ville capitale de Prusse, où elles ont été inventées.

Ces Voitures different des Carrosses, en ce qu'elles ont deux brancards à leur train, au-dessus desquels la caisse est suspendue, de maniere que les portieres qui sont renfermées dans la hauteur de la Voiture, ouvrent librement au-dessus des brancards.

Dans leur origine, les Berlines différoient encore des Carrosses, en ce qu'au lieu d'être suspendues par les quatre angles, comme ces derniers, elles étoient portées, comme elles le sont encore, par des soupentes de cuir placées horizontalement & attachées aux deux extrémités du train; mais depuis que les ressorts ont été inventés, & qu'ils sont devenus communs, on les a préférés aux longues soupentes, vu que par leur élasticité ils rendent les Voitures plus douces que les longues soupentes, qui, en se séchant, perdent toute la leur; c'est pourquoi on a, dis-je, préféré les ressorts à ces dernieres, de sorte que l'on a suspendu les Berlines de la même maniere que les Carrosses.

Comme les Berlines sont devenues les Voitures les plus en usage, on a cherché à les rendre le plus commodes possible, soit dans leurs formes générales, soit dans leurs grandeurs, ce qui leur a fait donner différents noms.

On les a nommées *Berlines* proprement dites, ou *Berlines à deux fonds*, lorsqu'elles étoient d'une grandeur suffisante pour contenir quatre personnes, & *Vis-à-vis*, lorsqu'elles n'en peuvent contenir que deux, l'une devant & l'autre derriere.

Pour rendre les Berlines plus légeres, on les a coupées au nud de la portiere, par-devant, de maniere que le pied d'entrée de cette derniere, devient le pied cornier. Cette Voiture ainsi disposée, se nomme *Carrosse coupé* ou *Berlingot*, ou plus ordinairement, *Diligence*, laquelle ne peut alors contenir que deux personnes sur le derriere, & quelquefois une sur le devant, par le moyen d'un strapontin ou siége mobile.

Il est des Diligences qui ne peuvent contenir qu'une personne sur la largeur,

PLANCHE 171.

& par conféquent en tout ; alors elles prennent le nom de *Défobligeantes*, qui n'eft autre chofe qu'un Vis-à-vis coupé.

La troifiéme efpece de Voiture moderne, font les Chaifes de toutes efpeces, lefquelles ne font, pour l'ordinaire, portées que par deux roues. Ces Voitures font à une ou à deux places, & different des Carroffes coupés ou Diligences, en ce que leur caiffe defcend plus bas que les brancards de leur train, de forte qu'il ne peut y avoir de portieres par les côtés, puifqu'elles ne pourroient pas s'ouvrir, mais qu'au contraire il n'y a qu'une portiere par-devant, dont la ferrure eft placée horifontalement, de forte que la portiere fe renverfe au lieu de s'ouvrir. Ces efpeces de Chaifes font d'une nouvelle invention ; les plus anciennes, que l'on nomme *Chaifes de pofte*, n'ont été conftruites, dans l'état où nous les voyons maintenant, qu'en 1664. Celles qui exiftoient auparavant, quoique peu antérieures à ces dernieres, n'étoient qu'une efpece de fauteuil fufpendu entre deux brancards fupportés par deux roues. Les Chaifes de pofte fervent non-feulement à faire des voyages en pofte, ainfi que leur nom l'indique, mais encore dans les villes, où les particuliers d'une médiocre fortune en font ufage en faifant quelque changement, ainfi que je le dirai dans la fuite.

Il y a d'autres Chaifes nommées *Chaifes à porteurs*, lefquelles font portées par des hommes, & dont la portiere eft par devant. Ces efpeces de Chaifes ne peuvent contenir qu'une perfonne, & peuvent être comparées aux Litieres anciennes, nommées *Lectica*, à l'exception que ces dernieres étoient découvertes, & que la perfonne fembloit y être plutôt couchée qu'affife, ainfi que l'indique le mot *lectica*, qui fignifie un lit (*). Il eft encore d'autres efpeces de Chaifes nommées, par quelques-uns, *Roulettes* ou *Vinaigrettes*, mais plus communément *Brouettes*, dont la forme eft à peu-près femblable à celle des Chaifes à porteurs, à l'exception qu'elles font portées par deux roues & fupportées par des refforts dont le méchanifme eft fort ingénieux. Ces Voitures font traînées par des hommes, ainfi que je l'expliquerai dans fon lieu.

Je ne mets point les Litieres au rang des trois efpeces de Voitures dont je viens de parler, parce que quoique très-anciennes, elles font de la nature des deux dernieres efpeces de Voitures modernes, c'eft-à-dire, des Vis-à-vis,

(*) Ce que j'avance ici n'eft qu'une conjecture de ma part, vu que l'on n'a rien de pofitif à ce fujet ; encore quelques mots de plus, & les Auteurs qui en ont écrit nous auroient inftruits, & nous ne ferions pas dans l'incertitude où nous fommes ; ce qui eft une preuve qu'en fait d'Arts, comme en toute autre chofe fervant à faire connoître les lumieres & les ufages d'une Nation, rien ne doit être regardé comme fuperflu, vu la grande différence qui fe trouve entre les ufages des Anciens & les nôtres ; & par une fuite néceffaire de nos ufages avec ceux de la poftérité à venir, pour laquelle tout Ecrivain doit travailler, la néceffité de cette exactitude eft d'autant plus aifée à prouver, que nous fommes nous-mêmes dans ce cas, puifque faute de Mémoires exacts & circonftanciés, nous ignorons non-feulement une partie des ufages des anciens Peuples, mais encore ceux de notre propre pays, fans remonter même d'un fiécle au plus ; ce qui doit faire connoître combien il eft important pour la gloire de notre fiécle, & néceffaire pour l'avenir, que l'Hiftoire des Arts foit traitée avec toute l'étendue & l'exactitude poffible ; & que fi l'on doit craindre quelque chofe en écrivant cette Hiftoire, c'eft de n'en pas dire affez, au rifque même de paffer pour prolixe, l'utilité publique étant préférable à la réputation d'élégant Ecrivain.

auxquels elles ressemblent pour la forme & la construction de la caisse, & aux Chaises à porteurs, puisqu'elles ont comme elles des bâtons de brancard qui servent à les porter, ce qui se fait par le moyen des mulets.

PLANCHE 171.

Voilà en général les trois especes de Voitures modernes que l'on peut distinguer les unes des autres, sans compter une infinité d'autres dont je n'ai pas fait mention, parce que ce ne sont que des nuances de celles ci-dessus, telles que sont les Berlines à quatre portieres, les Gondoles, les Dormeuses, les Caleches, qui ont plusieurs rangs de bancs & une impériale soutenue par des montants de fer, & dont le devant & les côtés sont à jour du dessus de l'appui, ou fermés seulement par des rideaux; les Diables, espece de Diligence, dont le dessus tant de l'appui que des portieres, est supprimé; les Phaétons, espece de Caleche ou de Char découvert; les Chaises en soufflets, dont l'origine vient d'Italie; les Cabriolets, espece de Chaise ou petit Char découvert, ou quelquefois couvert; les Voitures des jardins, à deux ou à quatre places, & les Traîneaux, qui ne sont d'usage que pour aller sur la glace ou sur la neige gelée. Toutes ces différentes especes de Voitures prennent encore d'autres noms, selon qu'on les emploie à la ville ou à la campagne, quoiqu'elles soient toutes à peu-près semblables, du moins celles d'une même espece, toute la différence qu'il peut y avoir entre elles n'étant que dans leur plus ou moins grande solidité, ou leur plus ou moins grande magnificence.

D'après la connoissance des différentes especes de Voitures, il est bon, avant d'entrer dans le détail particulier de chacune d'elles, de faire connoître les régles de décoration & de construction qui sont communes à toutes ou à chacune d'elles en particulier, afin d'éviter les répétitions, & en même temps pour faciliter l'intelligence du discours. Mais avant toutes choses, je crois qu'il est nécessaire de parler des bois dont on se sert ordinairement dans la construction des Voitures, du débit & de l'emploi de ces mêmes bois, & des différentes parties où l'on doit employer une espece de bois de préférence à une autre.

Il est aussi nécessaire de traiter des différents outils propres à cette espece de Menuiserie, de la maniere de les faire & de s'en servir, & en général, de la maniere d'opérer, qui, quoiqu'à peu-près toujours la même à toutes les especes de Menuiserie, ne laisse pas de souffrir quelque différence selon les différentes parties que l'on traite, & sur-tout dans celle dont il est ici question.

Cependant comme le détail du débit des bois & de la connoissance des outils, suppose la connoissance des principales parties qui entrent dans la composition des Voitures, je vais donner le détail d'une Berline, & de toutes les parties qui la composent, & je ferai précéder ce détail par celui des Voitures anciennes, telles que les Coches & les Carrosses, afin de ne plus revenir sur ce sujet, ces Voitures n'étant presque plus en usage, ainsi que je l'ai déja dit.

SECTION TROISIEME.

Description d'un ancien Coche, connu maintenant sous le nom de Corbillard.

PLANCHE 172.

LES Coches sont les plus anciennes des Voitures Françoises dont la forme nous soit parfaitement connue. Ces Voitures sont découvertes du dessus de l'appui des deux côtés seulement, lesquels côtés se ferment par des rideaux de cuir ou d'étoffe, anciennement nommés *mantelets*, que l'on attache aux montants ou quenouilles, & aux appuis de la Voiture, par le moyen de plusieurs attaches ou courroies, ainsi que celles du rideau *a*, *Fig.* 1.

Lorsqu'on veut avoir de l'air, on releve ces rideaux en les roulant sous l'égout de l'impériale *b*, lequel est d'une saillie suffisante pour les mettre à l'abri, ainsi que ceux *c d*, même Figure.

Les deux bouts de cette voiture sont fermés d'étoffe ou de cuir, ainsi qu'on peut le voir dans la *Fig.* 2, qui représente un des deux bouts.

Le pourtour de la voiture, à l'endroit de l'appui, est composé de bâtis & de panneaux, qui ordinairement sont revêtus d'étoffe ou de cuir.

Ces voitures n'ont point de portieres, mais seulement deux ouvertures aux deux côtés, lesquelles sont fermées par un devant de cuir qui est attaché à une piece de bois *e f*, *Fig.* 1, qui entre dans deux goujons de fer, tenants au corps de la voiture; cette piece de bois sert aussi d'appui à ceux qui sont assis aux portieres; c'est pourquoi elle est arrondie & même quelquefois garnie par dessus. Le bas de cette espece de portiere de cuir, est attaché au marche-pied, lequel excede le nud de la voiture d'environ un pied, & forme un avant-corps qui est nécessaire pour pouvoir contenir les jambes de ceux qui sont assis aux portieres. Ce marche-pied descend aussi d'environ six pouces en contre-bas de la voiture, afin de faciliter à monter dedans, & en même temps pour que ceux qui sont placés aux portieres, ayent assez de hauteur pour s'y asseoir. Le coffre ou avant-corps que forme les portieres, est composé d'un bâtis de fer, qui tient au corps de la caisse, & est, ainsi que cette derniere, revêtu de cuir ou d'étoffe. *Voyez les Figures* 1, 2, 3, 4 & 5, où ces portieres sont dessinées tant en plan qu'en coupe & en élévation.

Quant aux siéges, ils sont disposés comme dans nos voitures ordinaires, c'est-à-dire, de maniere que l'on peut y tenir quatre personnes, deux sur le derriere & deux sur le devant. Pour ce qui est de ceux des portieres, ils sont mobiles, pour pouvoir se lever & donner passage à ceux qui entrent dans la voiture, & sont appuyés sur des goussets qui tiennent aux pieds d'entrée. Ces siéges sont ordinairement d'une longueur assez considérable pour tenir deux personnes, de sorte qu'un Coche en contient ordinairement huit; cependant les Coches de ville, c'est-à-dire, ceux qui servoient aux particuliers, n'en contenoient que six, quatre dans la voiture & deux aux portieres, ainſi que je l'ai obſervé au Coche repréſenté dans la Planche 172. PLANCHE 172.

Quant aux principales meſures de ces voitures, les voici, du moins pour le général : elles ont ſix pieds ſix pouces de long, ſur trois pieds neuf pouces de large, pris à l'endroit de la ceinture ou traverſe d'accotoir ; cinq pieds quatre pouces de hauteur du deſſous de la voiture au deſſous de l'impériale ; deux pieds deux pouces de hauteur d'accotoir ; deux pieds neuf pouces d'entrée ou de largeur de portiere, lorſqu'elles doivent contenir deux perſonnes, & deux pieds trois pouces lorſqu'elles n'en contiendront qu'une ; & l'appui des portieres d'environ ſix pouces plus bas que celui de la voiture (*).

En général, quoique je ne repréſente ici qu'un Coche d'une forme très-ſimple, il eſt à préſumer, par les Fig. de la Pl. 171, que dans le temps que ces voitures étoient en uſage, elles étoient ſuſceptibles de beaucoup de décoration, comme les étoffes précieuſes, l'or & la broderie, qui non-ſeulement, ornoient le dedans de ces voitures, mais encore le dehors, comme les rideaux, le devant des portieres, &c ; mais comme on n'a rien de bien poſitif à ce ſujet, je ne donne ce que je dis ici que comme une conjecture, qui eſt d'autant plus vraiſemblable, que nos Ancêtres, quoique peut-être avec moins de goût que nous, ne laiſſoient pas d'aimer la magnificence.

§. I. *Deſcription des anciens Carroſſes.*

LES premiers changements que l'on a faits aux Coches dont je viens de parler, ont néceſſairement donné lieu aux voitures nommées *Carroſſes*, qui sûrement dans leur origine, n'étoient pas tels que nous les voyons à préſent : l'inconvénient des ouvertures multipliées des Coches, & leurs portieres d'étoffe & en ſaillie, a fait recourir à divers moyens pour rendre ces voitures non-ſeulement plus commodes & moins expoſées aux intempéries de l'air, mais encore pour leur donner une forme plus agréable. PLANCHE 173.

On a d'abord fermé à demeure les deux côtés des voitures, excepté le deſſus des portieres, dont on a ſupprimé la ſaillie ; enſuite on a fait ces dernieres ſolides & ouvrantes de toute la hauteur de la voiture, dont on a ouvert le devant au-deſſus de l'appui ; puis on a orné ces voitures de ſculptures, de peintures & de dorures, qu'on a miſes à la place des étoffes qui les couvroient extérieurement, leſquelles alors furent réſervées pour en garnir l'intérieur.

Enfin l'uſage des glaces étant devenu commun en France, on les employa aux Voitures, ce qui acheva de les rendre non-ſeulement très-magnifiques, mais encore très-commodes, en mettant leur intérieur à l'abri des injures de

(*) Quoique j'aie mis des échelles au bas de chaque Planche, j'aurai toujours l'attention de donner les principales meſures des ouvrages dont je ferai la deſcription, parce que les échelles ſont toujours ſujettes à erreur, ſoit par l'inexactitude du Graveur, ſoit par l'effet du papier, qui ſe retire inégalement en ſe ſéchant.

l'air, ſans les priver du jour, ainſi que faiſoient les mantelets & les rideaux des Coches.

PLANCHE 173.

Les Carroſſes dont je parle, furent d'abord très-ſimples, tant dans leur décoration que dans leur forme, laquelle étoit à peu-près la même que celle des Coches dont j'ai parlé ci-deſſus, à l'exception que les portieres des Carroſſes étoient ſolides, & n'excédoient pas le nud de la voiture; enſuite l'uſage des glaces étant devenu plus commun, on en mit non-ſeulement aux portieres, mais encore au devant de la voiture & aux deux côtés, comme je l'ai déja dit. Quant à leur forme, malgré les changements qu'on y a faits de temps en temps, elle a toujours tenu de celle des Coches, ainſi qu'on peut le voir dans la Fig. 1, laquelle repréſente l'élévation d'un côté d'un ancien Carroſſe (*), dont la portiere redeſcend en contre-bas des brancards de côté d'environ ſept pouces, ce qui forme ce qu'on appelle les *briſements de la voiture*, ſous leſquels on place les reſſorts des ſoupentes.

Ces Carroſſes étoient très-grands & très-ſolides, & étoient revêtus de cuir au-deſſus de l'appui, aux endroits qui étoient fermés; leur largeur de côté à la ceinture étoit de ſept pieds, & de huit pieds par le haut; ces mêmes côtés étoient droits ſur la hauteur, & étoient ſeulement inclinés d'un pouce de chaque côté, depuis le pavillon juſqu'à la ceinture.

Leur largeur étoit d'environ quatre pieds au brancard, de quatre pieds quatre pouces à la ceinture, & de quatre pieds ſix pouces au pavillon; les deux bouts étoient cintrés en S, & leurs angles recouverts de groſſes conſoles, dont la partie ſupérieure étoit terminée à la ceinture, & la partie inférieure au-deſſus du brancard, lequel excédoit le nud de la voiture d'environ neuf à douze pouces, afin de pouvoir donner plus de portée au reſſort.

Quant à la hauteur de la portiere, elle étoit de cinq pieds neuf pouces au moins, afin qu'il reſtât environ cinq pieds du deſſous de la friſure du pavillon juſqu'au-deſſus du brancard, lequel paſſe droit dans l'intérieur de la voiture, ainſi que l'indique la ligne *a b*.

Pour le plan de ces voitures, c'étoit à peu-près le même que celles dont on fait uſage à préſent, ainſi qu'on peut le voir dans la Fig. 2, à l'exception qu'il falloit de doubles battants dans l'intérieur du brancard, afin de ſuppléer au défaut des battants extérieurs de brancard, leſquels étoient non-ſeulement coupés par l'ouverture de la portiere, mais encore par les deux renfoncements d'une forme circulaire, qui deſcendoit juſqu'au niveau de l'ouverture de la portiere, & dans leſquels on plaçoit les marche-pieds avant de fermer cette derniere.

(*) Comme il m'a été impoſſible de trouver des Carroſſes de la ſeconde eſpece, c'eſt-à-dire, de ceux qui ont immédiatement ſuccédé aux Coches, ſoit en exécution ſoit en deſſin, je ne propoſe ce que je dis à ce ſujet, que comme une conjecture d'autant plus vraiſemblable, que la Voiture qui eſt repréſentée ici, & qui a ſervi ſur la fin du regne de Louis XIV, tient encore de la forme des Coches.

derniere. *Voyez la Fig.* 2, dans laquelle j'ai représenté par des lignes ponctuées la construction du brancard de ces sortes de voitures (*). PLANCHE 173.

Les anciens Carrosses étoient très-magnifiques; & si dans la courte description que je viens d'en faire, j'en ai représenté un d'une forme très-simple, ce n'est que parce que cette voiture étoit la plus ancienne qu'il y eût chez le Roi, ce qui me l'a fait préférer à beaucoup d'autres qui y sont, & dont les formes grandes & majestueuses l'emportent infiniment sur les Berlines. Tout ce qu'on peut reprocher à ces sortes de voitures, c'est leur extrême pesanteur, qui en rend l'usage incommode & même impossible aux particuliers, auxquels les Berlines sont plus commodes; mais je crois que pour le Roi, ou les très-grands Seigneurs, on feroit très-bien d'en faire usage, sur-tout dans les cérémonies d'éclat, où ces voitures apporteroient plus de magnificence que toutes les autres, étant de plus très-naturel que tout ce qui appartient aux Princes, se ressente de leur grandeur, & que leurs voitures ne soient pas semblables à celles des particuliers, comme cela arrive tous les jours.

Ce sont ces réflexions qui m'ont engagé à donner, dans le quatrieme Chapitre de cette troisieme Partie, un exemple d'un grand Carrosse monté sur son train, d'une décoration moins lourde que celui dont je viens de faire la description, mais dont la forme sera toujours la même, comme étant la plus belle & la plus majestueuse qu'on puisse lui donner. Je joindrai à ce dessin, ceux d'une Berline & d'une Diligence, aussi montées sur leur train, afin qu'on puisse être mieux en état de juger de ce que j'avance ici.

§. II. *Description d'une Berline, & de toutes les parties qui la composent.*

LES Berlines en général, sont composées de six parties principales; savoir, le brancard ou balleau, *Fig.* 5, lequel sert de fond & de support à toute la caisse; d'un devant avec panneau par le bas, & avec glace mobile ou à coulisse par le haut; d'un derriere avec panneaux par le bas & par le haut, ou bien un faux panneau plein, ou d'un chassis, comme la Fig. 1. PLANCHE 174.

Les Berlines sont aussi composées de côtés avec panneaux par le bas, & faux panneaux ou glaces par le haut, (ou du moins de chassis pour les recevoir), de portieres avec panneaux par le bas & glaces par le haut, *voyez la Fig.* 2; enfin d'une impériale, laquelle couronne tout l'ouvrage, & le solidifie en recevant tout le pourtour de la caisse qui y est embreuvé. *Voyez la Fig.* 6. Ces principales parties sont elles-mêmes composées d'autres parties de détail qu'il est nécessaire de connoître; savoir, pour le brancard, *Fig.* 5, les deux battants *I*, *I*, deux

(*) Il peut bien se faire, & même il est fort à croire, que tous les Carrosses du dix-septieme siecle ne furent pas tous d'une même grandeur, & que celui dont je fais la description, lequel étoit à l'usage du Roi, devoit être plus grand que celui des particuliers, ainsi qu'on l'observe encore à présent; mais pour leur forme générale, elle devoit être à peu-près toujours la même; du moins je le crois ainsi.

PLANCHE 174.

traverſes de renflement *L*, *L*, les deux traverſes des bouts *M*, *M*, & les plafonds ou trapes *N*, *N*, qui rempliſſent le vuide du brancard, & forment le fond de la voiture.

Les faces de devant & de derriere, ſont chacune compoſées de deux battants, d'angles, *Q*, *Q*, nommés *pieds corniers*, (leſquels leur ſont communs avec les côtés) de traverſe d'en haut, *T*, *T*, & de traverſes de ceinture ou de milieu *S*, leſquelles ſont diſpoſées pour recevoir les panneaux *D* par-deſſous, & par-deſſus pour recevoir la glace, ſi elles ſont par-devant, ou bien ſi elles ſont par-derriere un panneau ſemblable à celui de deſſous, ou un faux panneau, que l'on recouvre de cuir comme celui *Y*, *Fig.* 4, ou bien ſeulement un chaſſis *E*, *Fig.* 1, deſtiné au même uſage. On obſervera qu'il n'y a point de traverſe d'en bas, au devant, au derriere, ni aux côtés, parce qu'aux premiers ce ſont les traverſes de brancards qui leur en ſervent, & qu'aux ſeconds, ce ſont les battants de ces mêmes brancards.

Les côtés ſont pareillement compoſés de deux battants, dont l'un eſt le pied cornier *Q*, du devant ou du derriere de la voiture, & l'autre battant *R*, *Fig.* 2, qui ſe nomme *pied d'entrée*, ſur lequel vient battre la portiere, ou bien ſur lequel elle eſt ferrée (*).

Au-deſſus de la portiere, il y a une traverſe *U*, très-étroite, nommée *friſe*, laquelle eſt aſſemblée dans le haut des pieds d'entrée, dont elle entretient la diſtance, & auxquels elle affleure pour ſervir de battement à la portiere.

Les côtés ont des traverſes d'en haut *T*, *T*, ainſi que les devants & les derrieres. Pour celles du milieu, on les nomme *accotoirs* ou *accoudoirs*, & quelquefois *traverſes d'ailerons*, ſur-tout quand les cuſtodes ou panneaux de deſſus ſont pleins & n'ont point de glaces. Au-deſſus des traverſes d'accoudoirs, ſont aſſemblés des montants *X*, *X*, nommés *montants de croſſes*, à cauſe de leur forme courbe : ces montants ſervent à encadrer la glace, ſuppoſé qu'il y en ait, ou le faux panneau que l'on recouvre de cuir, & à les ſéparer d'avec le panneau apparent, que l'on nomme *panneau de cuſtode*.

Au-deſſous de la traverſe d'accottoir, eſt un panneau apparent qui y entre à rainure & languette, ainſi que les autres panneaux apparents, dans le pied cornier, dans le pied d'entrée & dans le battant de brancard, lequel ſert de traverſe au côté, & reçoit le pied cornier & le pied d'entrée qui y ſont aſſemblés à tenon & mortaiſe, comme je l'expliquerai dans la ſuite.

Les portieres ſont chacune compoſées de deux battants & de trois traverſes ; ſavoir, une par le haut, une par le bas, & une autre au milieu, laquelle eſt rainée par-deſſous pour recevoir le panneau, ainſi que celle du bas, & par-deſſus eſt diſpoſée pour recevoir la glace ou le faux panneau, ſuppoſé qu'il y en ait.

(*) Je fais cette obſervation, parce que les portieres ſe ferrent toujours ſur le pied d'entrée, qui eſt ſur le devant de la Voiture, & que, par conſéquent, le côté dont je parle, peut être celui de devant ou celui de derriere.

Le pavillon, *Fig. 6*, eſt compoſé de deux battants *O, O*, & de deux traverſes *P, P*, aſſemblés à tenon & mortaiſe, leſquels forment ce qu'on appelle *le chaſſis du pavillon* ou *de l'impériale*, ſelon que ſont diſpoſées les courbes qui rempliſſent le vuide de ce chaſſis.

PLANCHE 174.

Lorſque ce vuide eſt rempli par pluſieurs courbes perpendiculaires au milieu de ce chaſſis & paralleles entr'elles, comme celles *g, g, Fig. 6*, on nomme le chaſſis *pavillon*.

Mais lorſqu'au contraire ces courbes tendent toutes à une ovale placée au milieu du chaſſis, & dans laquelle elles s'aſſemblent, pour lors ce chaſſis ſe nomme *impériale*, ce qui n'a plus guere lieu qu'aux voitures à trois cintres, ainſi que je le dirai en ſon lieu.

L'extérieur tant des impériales que des pavillons, eſt recouvert de planches de deux lignes d'épaiſſeur au plus, que l'on attache tant ſur le chaſſis que ſur les cerces ou courbes avec des pointes, en obſervant qu'elles repréſentent une ſurface très-unie, afin que le cuir que l'on tend deſſus, ne ſoit point expoſé à ſe couper, ni à faire de côtes ni de rides.

Tout ce que je viens de dire ne regarde que le dehors de la caiſſe; pour le dedans, il eſt compoſé de barres *o o*, *Fig.* 3 & 4, leſquelles ſervent à porter les panneaux & à les empêcher de ſe tourmenter, vu qu'ils ſont fortement arrêtés enſemble par le moyen du nerf battu & de la toile que l'on colle deſſus.

Il eſt encore d'autres barres, ainſi que celles *l l*, mêmes Figures, leſquelles, en rempliſſant le même objet que celles dont je viens de parler, ſervent auſſi aux Selliers à attacher la toile qu'ils nomment *de matelaſſure*, ce qu'ils ne pourroient faire ſur le panneau, ſans être expoſés au danger de le faire fendre, vu ſon peu d'épaiſſeur. L'intérieur de la voiture eſt encore compoſé de couliſſeaux *h h*, *Fig.* 3 & 4, leſquels ſervent à faciliter le mouvement des glaces & des faux panneaux, & en même temps à les retenir en place.

Deſſus & au nud de ces couliſſeaux, ſont placés des panneaux *i i*, nommés *panneaux de doublures*, leſquels ſervent à recouvrir les couliſſeaux, & à empêcher de caſſer les glaces lorſqu'elles ſont baiſſées; de plus, ces panneaux ſervent auſſi pour appuyer les ſiéges & les taſſeaux qui les portent, & en même temps aux Selliers pour attacher leurs garnitures & leurs étoffes.

Chaque Berline a deux ſiéges *m m*, dont l'un ſur le derriere & l'autre ſur le devant; le deſſus du premier ſe leve, & eſt pour cet effet placé dans un bâtis, au lieu que l'autre reſte en place, & n'a un devant *n* qu'à la moitié de ſa hauteur, au lieu que l'autre monte juſqu'en haut, pour des raiſons que je dirai dans la ſuite.

Il y a des Berlines au-deſſous deſquelles on pratique une caiſſe ou cave *G G*, *Fig.* 1, 2, 3 & 4, laquelle eſt de toute la grandeur intérieure du brancard, & dans laquelle on fouille par l'intérieur de la voiture, en faiſant ouvrir les deux parties du milieu du plafond du brancard.

Planche 174.

Ces caiſſes ou caves ne ſe pratiquent pas à toutes ſortes de voitures, mais ſeulement à celles de campagne ou à celles de peu de conſéquence, parce qu'elles ſont toujours un très-mauvais effet, à moins qu'elles ne ſoient très-petites, & alors elles ne peuvent être d'un grand uſage.

Voilà en général toutes les parties dont une caiſſe de Berline eſt compoſée, leſquelles changent quelquefois à raiſon de la forme & de l'eſpece de voiture à laquelle elles ſervent, mais dont la diſpoſition générale & la conſtruction ſont preſque toujours les mêmes, tous les changements dont ces parties ſont ſuſceptibles n'étant que dans leur grandeur ou dans leur décoration.

Quoique je ne parle ici que des Berlines, il faut cependant faire attention que preſque toutes les parties de détail ſont les mêmes à toutes les autres eſpeces de Voitures, & que ce que je dirai quand j'entrerai dans le détail circonſtancié de la conſtruction de chacune de ces différentes parties, ſera applicable non-ſeulement aux Berlines, mais encore à une infinité d'autres voitures, qui, quoique différentes de ces dernieres, ſoit pour la grandeur & la décoration, ſoit même pour la forme, ne laiſſent pas d'être aſſujéties aux mêmes regles de conſtruction.

CHAPITRE SECOND.

Des Bois ſervant à la conſtruction des Voitures en général.

Quoique j'aie parlé dans la premiere Partie de cet Ouvrage du bois propre à la conſtruction des voitures, il eſt néceſſaire d'en faire mention ici, vu que je ne l'ai fait que vaguement, & ſeulement pour indiquer les différentes eſpeces de bois, leurs qualités bonnes & mauvaiſes, ſans entrer dans aucun détail ſur le débit & l'emploi de ces mêmes bois, ce qui eſt cependant très-eſſentiel dans le cas dont il s'agit maintenant.

Section Premiere.

Du choix des Bois ſervant à la conſtruction des Voitures.

Les bois ſervant à la conſtruction des voitures, ſont ordinairement l'orme, le noyer noir & blanc, le tilleul & le peuplier.

L'orme eſt le plus en uſage, & eſt préférable à toutes les autres eſpeces de bois, du moins de ce pays, pour faire les bâtis des voitures, parce que ce bois eſt d'une qualité douce & extrêmement liant, ſes fils, quoique courts, étant entremêlés les uns dans les autres, ce qui fait que les moulures s'y pouſſent aiſément & proprement. Lorſqu'il eſt aſſez ſec, & que quelque menus

&

cintrés que l'on faſſe ces bois, ils ſont toujours aſſez forts pour réſiſter en les travaillant, ce que l'on ne pourroit pas attendre du chêne ou des autres bois de fil & poreux. Il faut cependant éviter que le bois d'orme ſoit trop ſec, parce qu'alors il tend à la pourriture, ce qui rend l'ouvrage moins ſolide; de plus, ce bois étant trop ſec ou paſſé, ce qui eſt la même choſe, devient extrêmement poreux, vu l'irrégularité de ſes fils, qui ſe préſentent la plupart comme à bois debout, ce qui fait qu'il abſorbe une grande partie de la couleur que l'on met deſſus & en ôte le brillant, ainſi que l'or, qui y perd une partie de ſon éclat.

PLANCHE 174.

Quoique je diſe que l'orme ſoit bon pour le bâtis des voitures, ce n'eſt pas que l'on ne puiſſe auſſi les faire en noyer blanc, ce qui ſeroit très-bon: mais comme ce bois eſt plus cher que l'orme, du moins à Paris, on ſe contente de ne faire que les traverſes des voitures de ce bois, c'eſt-à-dire, en noyer blanc, lequel n'étant point flotté, eſt très-liant & de fil, & par conſéquent plus propre à faire des tenons que le bois d'orme, ſur-tout dans les petits aſſemblages; c'eſt pourquoi on ne fait pour l'ordinaire que les traverſes des brancards, & celles des pavillons en bois d'orme.

Quoi qu'il en ſoit, je crois que pour peu qu'une voiture ſoit de conſéquence, on feroit très-bien de la faire toute en noyer, à l'exception du brancard, que l'on pourroit faire d'orme (*).

En général, les panneaux ſe font toujours de noyer noir, que l'on fait refendre à quatre lignes d'épaiſſeur au plus, & on doit avoir grand ſoin qu'ils ſoient parfaitement ſecs, afin qu'ils ne ſe tourmentent pas, ou qu'ils ne ſe redreſſent pas après avoir été cintrés au feu.

Il faut cependant éviter que ces panneaux ſoient trop ſecs, parce qu'alors ils ſont ſujets à ſe fendre, étant privés de tout ce qui leur reſte de ſéve & par conſéquent d'humidité, qui cependant leur eſt néceſſaire pour que le bois ſe prête à l'action du feu; pourvu, toutefois, que cette ſéve ne ſoit pas trop abondante, pour les raiſons que j'ai données ci-deſſus.

Le tilleul & le peuplier ſervent pour faire les caves des voitures, les faux-panneaux, les panneaux de doublures, & pour couvrir le deſſus des pavillons. Il n'y a pas grand choix à faire dans ces bois, parce que les parties où on les emploie ne ſont pas apparentes, étant toutes recouvertes d'étoffe; il ſuffit que ces bois ſoient aſſez ſecs, ce qui eſt très-eſſentiel, parce qu'ils ſe tourmentent moins & qu'ils ont plus de légéreté: qualité qui leur eſt abſolument néceſſaire.

(*) Si je ne parle ici que de l'orme & du noyer pour ſervir à la conſtruction des voitures, ce n'eſt que parce que ce ſont les bois de ce pays qui ſont les plus propres à cet uſage; car ſi on vouloit y employer d'autres bois, cela feroit indifférent, pourvu qu'ils euſſent les qualités de ceux-ci, c'eſt-à-dire, qu'ils fuſſent très-liants, d'un grain ſerré & le plus légers poſſible; ce qui eſt fort à conſidérer dans la conſtruction des voitures, dont on ne ſauroit trop diminuer le poids.

§. I. *De la maniere de débiter les Bois des Voitures.*

PLANCHE 175.

Le bois d'orme propre à faire les bâtis des voitures, se débite par tables de 5 pouces d'épaisseur, de 3 pouces, d'un pouce & demi & d'un pouce, comme les Figures 1, 2 & 3.

Dans les premieres, on prend les battants de brancard, que l'on chantourne les uns dans les autres, & que l'on coupe à la longueur convenable, c'est-à-dire, qu'il faut faire ensorte qu'en débitant ces tables dans le corps de l'arbre, elles se trouvent d'une longueur suffisante pour contenir juste plusieurs longueurs de pieces les unes au bout des autres, afin qu'il n'y ait point de perte, excepté celle qui est occasionnée par les fentes & les nœuds, laquelle est inévitable.

On prend dans ces mêmes tables les battants de pavillon, que l'on chantourne de même les uns dans les autres, avec la précaution néanmoins, de ne prendre ces battants de pavillon que dans les plus belles tables, ou du moins dans les parties les moins défectueuses, en y évitant sur-tout les nœuds vicieux, parce que les battants, ainsi que les traverses de pavillon, sont plus apparents & plus ornés que les battants de brancard, & que de plus les brancards étant beaucoup plus épais que les pavillons, on peut plus aisément y faire passer des défauts de bois qui ne seroient pas tolérables à ces derniers.

Dans les tables de trois pouces d'épaisseur, on débite les pieds corniers, que l'on prend pareillement les uns dans les autres; & dans celles d'un pouce & d'un pouce & demi d'épaisseur, on prend les battants des portieres, les pieds d'entrée & autres pieces de cette espece, que l'on débite pareillement les unes dans les autres, en observant, le plus qu'il est possible, que le fil du bois suive le contour des pieces que l'on débite, ce qui ne demande qu'un peu d'attention, parce que les fils du bois d'orme forment différentes sinuosités à peu-près semblables aux contours des pieces.

Cette observation est très-avantageuse pour la solidité de l'ouvrage & pour la facilité de l'exécution, parce que plus le bois est de fil, & moins il est sujet à se tourmenter, qu'il est plus fort que le bois tranché, & plus facile à travailler (*). *Voyez la Fig.* 4, qui représente le calibre d'un battant de brancard, & la *Fig.* 5, qui représente une table toute débitée. Voyez pareillement les *Fig.* 6 & 8, dont l'une représente le calibre d'un pied cornier, & l'autre celui d'un pied d'entrée, lesquels ont servi à débiter les tables, *Fig.* 7 & 9.

Pour le bois des panneaux, il se refend par tables de quatre lignes d'épaisseur, ainsi que je l'ai déja dit. Il faut observer qu'il soit le plus de fil possible, sur-tout pour les panneaux qui doivent avoir le plus de cintre, parce

(*) Ce que je dis ici pour le bois d'orme, peut aussi s'appliquer au noyer, supposé qu'on voulût que toute la carcasse d'une voiture fût de ce bois, ou enfin à tout autre bois dont on voudroit faire usage.

que quand le bois eſt trop tranché ou d'une inégale denſité, il ploie inégalement, ſe caſſe quelquefois, & eſt ſujet à revenir quand il eſt en place, ce qui eſt fort diſgracieux, & que l'on doit éviter avec ſoin. PLANCHE 175.

Le bois des caves doit avoir 6 à 7 lignes d'épaiſſeur, qui eſt celle des voliges ordinaires, quoiqu'on puiſſe en mettre de plus épais, ſur-tout aux grandes voitures ou à celles de campagne.

En général, il eſt bon que les Menuiſiers en Carroſſes ayent chez eux une proviſion de bois, non-ſeulement refendus par tables des différentes épaiſſeurs que j'ai données ci-deſſus, mais encore un nombre de pieces toutes débitées de chaque eſpece, comme battants de brancard, de pavillon, pieds corniers, &c, afin qu'elles ſoient parfaitement ſéches lorſqu'ils viennent à les employer; ce qui leur eſt d'autant plus facile, que les voitures de même eſpece étant toutes à peu-près ſemblables, tant pour la forme que pour la grandeur, ils ne courent aucun riſque en débitant ainſi le bois d'avance, ce qui ne pourroit être chez les Menuiſiers de bâtiment, vu la grande diverſité de leurs ouvrages.

Quant à la maniere de débiter les bois des bâtis des voitures, on le fait par le moyen des calibres que les Menuiſiers font d'après le deſſin & les meſures de la voiture qu'ils ont à faire; mais comme chaque eſpece de voiture eſt à peu-près ſemblable, ainſi que je l'ai déja dit, n'y ayant de différence eſſentielle que pour la décoration, les calibres une fois faits, ſervent à différentes voitures où ils ſe trouvent juſtes de meſure, ou s'il ſe trouve quelque différence de grandeur, on avance ou recule le calibre ſelon le beſoin; de ſorte que les calibres une fois faits ſervent non-ſeulement pour débiter le bois, mais encore pour le corroyer & le tracer; en ſorte que quand un Menuiſier en Carroſſes a une fois tous les calibres néceſſaires pour les différentes eſpeces de voitures, ils lui ſervent toujours, à moins que la mode ne change abſolument, ou qu'on veuille leur faire faire des voitures d'une grandeur & d'une forme extraordinaire, ce qu'alors ils appellent *voitures de fantaiſie*. De-là vient que toutes les voitures d'une même eſpece ſe reſſemblent & ſont comme faites au moule, ce qui, je crois, marque peu de génie & d'invention de la part des Ouvriers, leſquels, accoutumés à ſe ſervir des calibres qu'ils ont entre les mains, ne veulent pas ſe donner la peine de changer la forme, ou du moins la décoration de leurs voitures, dans la crainte d'être obligés de faire d'autres calibres, ou de changer, ſi je l'oſe dire, la routine de leur travail (*).

(*) Ce qui a cauſé le défaut de monotonie que l'on peut reprocher à nos voitures, eſt le peu de ſoin que prennent les Menuiſiers en Carroſſes, du moins pour la plupart, d'acquérir les lumieres néceſſaires à leur état, ce qui fait qu'ils ne peuvent pas changer la forme des voitures, vu qu'ils n'ont pas la capacité de les deſſiner ni d'en faire les calibres eux-mêmes; de ſorte que ce qui paſſe pour être un effet de la mode, n'eſt dû qu'au peu de ſavoir & d'émulation des Ouvriers, auquel, peut-être, a donné lieu le droit que les Maîtres Selliers ſe ſont arrogés, de fournir aux particuliers les voitures toutes finies, & d'entreprendre tout ce qui n'eſt point de leur reſſort, comme le train, la caiſſe, &c, qu'ils ne payent que le moins qu'ils peuvent aux autres Ouvriers; de ſorte que ces derniers étant bornés par la médiocrité du prix, cherchent tous les

SECTION SECONDE.

Des Outils des Menuisiers en Carrosses.

PLANCHE 175.

LES outils des Menuisiers en Carrosses sont les mêmes que ceux des Menuisiers en bâtiment, du moins pour ceux de la boutique, que les Maîtres fournissent à chaque Ouvrier en particulier, comme les établis, les affûtages, sergents, valets, scies à refendre, &c, qui sont toujours les mêmes, excepté qu'il seroit à souhaiter que les établis eussent des presses disposées horisontalement, c'est-à-dire, du sens de la table de l'établi, à laquelle il est bon qu'elles affleurent. Ces presses sont très-commodes pour pouvoir travailler des pieces foibles ou chantournées sur le champ, lesquelles on ne pourroit assurer sur l'établi, sans s'exposer au danger de les casser, ou du moins de les meurtrir, ainsi que le représente la Fig. 10, où cette espece de presse horisontale arrête une traverse dont le cintre, qui se trouve caché, est indiqué par les lignes ponctuées *a*, *b*, *c*, *d*.

Comme ces presses sont attachées à la table de l'établi, on peut faire la vis *g* en fer, afin qu'étant moins grosse, elle affoiblisse moins la table dans le dessous de laquelle on place un écrou qui retient la vis.

Il seroit à souhaiter que ces sortes de presses eussent deux vis, afin qu'elles serrassent également l'ouvrage; mais cependant on s'en passe par le moyen d'une tringle de fer plate, placée dans le côté de la table, & qui passe au travers de la jumelle ou joue de la presse *A B*, qu'on écarte autant qu'on le juge à propos, & qu'on arrête par le moyen d'une broche de fer *f*, laquelle passe au travers de la tringle, qui à cet effet est percée de plusieurs trous, afin de pouvoir resserrer ou écarter la jumelle.

Comme la saillie de la tringle pourroit nuire en travaillant lorsqu'on ne fait pas usage de la presse, on fait cette tringle mobile, c'est-à-dire, qu'on l'arrête d'un bout dans le côté de la table de l'établi, à laquelle on fait une rainure de la longueur & de l'épaisseur de la tringle de fer, laquelle vient s'y loger, & par conséquent affleurer le nud de la table. *Voyez la Fig.* 11, qui représente le côté de la table & la tringle de fer qui y est placée, laquelle est représentée au-dessus vue sur le plat, avec la broche *i* & la goupille *h*, qui sert à l'arrêter dans l'établi.

Quoique j'aie fait cette goupille comme une simple broche sans tête, il seroit cependant bon de la faire à vis d'un bout, afin qu'étant placée dans l'établi, elle ne fût point sujetté à tomber.

moyens possibles pour accélérer la façon de leurs ouvrages & pour épargner la matiere; ce qui a donné lieu à la mode de faire des voitures d'une décoration simple, & d'une délicatesse extraordinaire, qui, à la vérité, ont beaucoup de mérite quant à la main d'œuvre & à leur grande légéreté, mais qui n'auront jamais la solidité & la grace des voitures anciennes, c'est-à-dire, celles qui ont fait place à celles qui sont à la mode à présent.

Quant à la vis de fer, *Fig.* 12, on doit la faire d'environ 18 pouces de long, sur 1 pouce à 15 lignes de diametre, avec un collet ou base *l*, d'un bon pouce de saillie; le bout de cette vis *m*, au-delà de la base, doit être percé d'un trou dans lequel on fait passer la poignée *n o*, avec laquelle on serre & desserre la vis. PLANCHE 175.

Quant à l'écrou *p*, il doit être d'une forme barlongue, afin qu'il prenne moins dans l'épaisseur de la table, à 3 pouces du bord de laquelle on doit le placer, afin qu'il l'affoiblisse moins.

Quoique je ne parle ici que d'une presse horisontale, ce n'est pas que la presse perpendiculaire dont j'ai donné la description dans la premiere Partie de mon Ouvrage, *page* 56, ne soit aussi très-utile aux Menuisiers en Carrosses; & si je n'en parle pas ici, ce n'est que pour ne point me répéter, me contentant d'avoir représenté l'écrou *C* de cette presse, au pied de devant de l'établi. *Voy. la Fig.* 10.

Il n'y a que les outils de moulures qui different de ceux des Menuisiers en bâtiment, quoiqu'ils soient construits sur les mêmes principes, & qu'ils ayent à peu-près la même forme.

En général, une partie des pieces qui composent les caisses des voitures, sont cintrées soit sur le plan ou sur l'élévation, ou enfin de l'un & de l'autre sens, ce qui fait que les outils dont on se sert pour pousser les moulures, non-seulement ne peuvent pas être droits, mais encore il faut qu'ils soient très-courts, afin que dans les angles & à l'endroit des ressauts, ils puissent approcher le plus près possible; de sorte qu'à proprement parler, ces outils ne sont que des sabots auxquels on laisse une poignée pour pouvoir les tenir plus facilement. PLANCHES 176 & 177.

Ces outils, ainsi que ceux des Menuisiers en bâtiment, sont composés d'un fût, d'un fer & d'un coin; mais ils different des premiers, en ce que lorsqu'ils embrassent plusieurs membres de moulures, ils n'ont qu'un fer; de sorte qu'un seul & même outil avec un seul fer, forme quelquefois deux ou trois baguettes avec leurs dégagements, & un ou deux filets, ainsi que les représentent les *Fig.* 25, 26 & 27, *Pl.* 177.

Les outils des Menuisiers en Carrosses, different encore de ceux des Menuisiers en bâtiment, en ce que non-seulement ils se poussent comme ces derniers en parement & sur le plat de l'ouvrage, mais encore ils se poussent sur le champ, & quelquefois la joue appuyée sur la joue intérieure de la rainure ou de la feuillure, ou enfin par-derriere l'ouvrage; dans ce dernier cas les Menuisiers nomment ces outils *arbitraires*, c'est-à-dire, qu'ils sont d'une forme inverse des outils ordinaires. Je ne sai si ce mot *arbitraire* est bien dit; mais enfin c'est l'usage. *Voyez les Fig.* 9, 10, 11, 12, 13, 14, 15, 16, & celles 17, 18, 19, 20, 21, 22, 23 & 24 de la *Pl.* 177, lesquelles représentent deux outils droits tant

PLANCHES 176 & 177.

en élévation qu'avec leurs coupes, & le fer vu des deux côtés, ainsi que les outils qui leur sont arbitraires, détaillés de la même maniere.

On se sert des outils arbitraires, lorsque d'autres saillies de moulures ou des masses d'ornements empêchent le passage du conduit des outils ordinaires, ou bien quand le bois se trouve trop tranché ou de rebours pour être poussé du bon sens; alors pour éviter le bois de rebours & les éclats, on se sert des outils arbitraires, ce qui rend l'ouvrage plus propre & qui conserve parfaitement l'égalité des moulures & des filets.

Lorsqu'on fait des outils arbitraires, il faut bien faire attention qu'ils soient parfaitement semblables à ceux qu'ils remplacent; & pour y parvenir avec plus de précision & de diligence, il faut d'abord avoir soin que les pentes des deux outils soient bien égales entr'elles, tant sur la largeur, ou pour mieux dire la hauteur de l'outil, que sur l'épaisseur; ensuite il est fort aisé de rendre les deux fers d'une forme semblable, parce qu'étant faits à rebours l'un de l'autre, on peut se rendre compte de leur inégalité ou de leur perfection, en les présentant l'un sur l'autre du côté de la planche ou du taillant, ce qui est la même chose.

En général, il faut faire ensorte que tous les outils de moulure, tant simples qu'arbitraires, ayent des joues ou conduits des deux côtés, c'est-à-dire, tant en dedans qu'en dehors, afin que portant également par-tout, ils ne descendent pas plus dans un endroit que dans l'autre.

Comme ces outils sont très-courts, il est bon aussi que leurs conduits soient garnis de fer, afin qu'ils ne s'usent pas par le frottement qui devient très-considérable, à cause qu'un outil rond sert à pousser une partie bombée, ce qui ne peut être autrement dans les courbes d'une forme mixte, & aussi à cause de l'inégale dureté du bois sur lequel ils frottent, sur-tout aux courbes de bois d'orme.

Quant aux outils dont la joue entre & porte dans les rainures, comme elle ne peut être que très-mince, on doit la faire toute de fer, ainsi que je l'ai observé aux *Fig.* 13 & 14, *Pl.* 177.

Quoique j'aie dit que les outils des Menuisiers en Carrosses doivent être très-courts, il ne faudra cependant les faire de cette sorte, que quand on sera arrêté par quelque angle ou quelque ressaut; car pour ceux qui pourront être poussés tout le long de la piece, il faudra les faire le plus longs possible, c'est-à-dire, de 6 pouces de long au moins, afin d'en rendre l'usage plus doux, & que par conséquent ils soient plus aisés à pousser. Il faut aussi éviter de faire ces outils trop cintrés, parce qu'alors ils broutent autant que s'ils étoient trop courts.

Il est d'autant plus facile de faire ces outils plus longs qu'à l'ordinaire, que l'on fait présentement presque toutes les coupes des voitures d'onglet, du moins les principales, ce qui ne pouvoit être autrefois que l'on faisoit toutes les coupes quarrément aux nuds des arrasements, ce qui obligeoit de pousser tous les retours de moulures à bois de travers, & de pousser à la main le bois de fil où l'outil ne pouvoit point aller, quoiqu'on le fît le plus court possible, n'ayant quelquefois qu'un pouce de long d'après la lumiere. Ces assemblages quarrés se nomment *assemblages à la Carrossiere* : ils sont moins propres que les coupes d'onglet, & sont plus longs à faire, sans pour cela être beaucoup plus solides, ainsi que je le prouverai dans la suite, en parlant de la construction des voitures.

PLANCHES 176 & 177.

Quant à la disposition générale des outils de moulures des Menuisiers en Carrosses, c'est à peu-près la même chose que pour ceux des Menuisiers d'assemblages, tant pour la maniere de les faire que pour la pente de leur lumiere, & pour la maniere d'en affûter les fers ; c'est pourquoi je n'entrerai dans aucun détail à ce sujet, vu que j'ai traité cette matiere dans la premiere Partie de mon Ouvrage, me bornant à donner dans les Planches 176 & 177, la forme des outils les plus en usage, & d'après lesquels on pourra en faire une infinité d'autres de toutes especes, à raison des différents profils que l'on voudra employer, lesquels profils varient à l'infini, leurs formes n'ayant souvent d'autre regle que le goût de ceux qui les composent ; ce qui fait que je ne pourrai guere donner de principes à cet égard, me contentant d'en dessiner plusieurs de différentes especes, & d'avertir de ceux qui sont les plus en usage à présent, lesquels n'ont sûrement d'autre mérite que celui d'être à la mode.

PLANCHE 176.

Comme les profils des voitures sont pour l'ordinaire composés de beaucoup de membres, lesquels sont souvent en saillie les uns sur les autres, ou sur le nud de la carcasse, lorsque les bois sont corroyés, ainsi que je le dirai ci-après (*), on les prépare à recevoir les moulures, soit en y faisant des feuillures ou des rainures, sur lesquelles on fait passer les outils de moulures.

Les ravalements se font avec des bouvets de deux pieces, cintrées soit sur le plan soit sur l'élévation, ainsi que les représentent les *Fig.* 1 & 2, en observant de ne jamais les faire descendre jusqu'au fond du ravalement, parce que comme la plupart des bois des voitures sont cintrés, il y auroit à craindre que les fonds qui se trouveroient à bois de rebours ne fussent pas lisses ; c'est pourquoi on ne fait descendre les bouvets qu'à une bonne demi-ligne près du fond, que l'on atteint ensuite avec une guimbarde que l'on a soin de mener toujours à bois de fil.

Cette méthode de faire usage des guimbardes est très-bonne pour toutes les especes de Menuiseries en général, mais sur-tout pour celle-ci, où les membres de moulures étant très-petits, on ne sauroit trop prendre de précautions pour que

(*) Il auroit semblé plus naturel de ne parler de la maniere de pousser les moulures, qu'après avoir donné celle de corroyer les bois des voitures ; mais je n'aurois pu le faire sans me mettre dans le cas de me répéter ; c'est pourquoi j'ai préféré de parler de la maniere de pousser les moulures en faisant la description des outils ; ce qui ne dérangera pas l'ordre des Planches, & en même temps cela évitera la répétition.

PLANCHE 176.

les ravalements ſoient d'une profondeur égale, ſur-tout aux pieces, qui, comme les pieds corniers, ſont ornées de moulures ſur l'angle, leſquelles moulures deviendroient très-difformes, s'il y avoit la moindre différence de largeur ou de profondeur dans les ravalements de la piece.

C'eſt pourquoi on obſervera, en pouſſant les pieds corniers, de laiſſer toujours 3 à 4 lignes de bois à l'angle, afin de ſervir de point d'appui à la guimbarde.

Les Menuiſiers en Carroſſes font auſſi uſage des guillaumes de côtés, tant droits que cintrés, pour mettre les ravalements de largeur, ſuppoſé que le bouvet ſe ſoit dérangé, ou qu'il ne ſoit pas d'une largeur ſuffiſante.

Quoique je diſe que l'on ſe ſert de bouvet de deux pieces pour faire les ravalements, on ſe ſert auſſi quelquefois de bouvets ſimples, auxquels on obſerve une joue par-devant.

Quant aux rainures propres à recevoir les panneaux, elles doivent avoir 2 lignes d'épaiſſeur au moins, & on les fait avec des bouvets ſimples à languettes de fer, très-courts, afin qu'ils aillent par-tout, tant dans les parties droites que dans celles qui ſont creuſes ou bouges, ainſi que le repréſente la *Fig.* 3.

Comme ces bouvets peuvent auſſi ſervir à faire d'autres rainures que celles des panneaux, il eſt bon que leurs joues puiſſent aller & venir ſelon le beſoin, ce qui ſe fait de la maniere ſuivante : Au milieu de la largeur de l'outil & perpendiculairement au-deſſus du taillant du fer, on place une vis à tête quarrée, *A*, *Fig.* 3 & 4, que l'on fait arraſer au nud du bois, laquelle vis paſſe au travers de la joue que l'on ſerre par le moyen d'un écrou *B*, *Fig.* 4, de maniere que quand on veut écarter la joue, on deſſerre l'écrou & on écarte la joue autant qu'on le juge à propos, en obſervant ſeulement de mettre entr'elle & l'outil des cales qui l'empêchent de vaciller.

Il faut avoir ſoin que ces ſortes de vis ſoient taraudées à rebours, parce que ſi elles l'étoient à l'ordinaire, on les deſſerreroit en pouſſant l'outil. Il faut auſſi faire attention que ces eſpeces de bouvets ſoient arraſés du côté du fer, ainſi que je l'ai obſervé aux *Fig.* 3 & 4; parce que ſi le coin ou quelque autre partie excédoit, on ne pourroit pas faire de rainures dans le fond des ravalements.

Les *Fig.* 5, 6, 7 & 8, repréſentent un bouvet dont l'angle intérieur eſt arrondi; cet outil ne ſert qu'aux traverſes de milieu des portieres & autres glaces, pour faire la languette nommée *apſichet*.

Les Menuiſiers en Carroſſes font encore uſage d'un bouvet à ſcie, lequel ſert à faire de petites rainures ou nervures dans l'intérieur de la voiture, leſquelles ſervent à entrer l'extrémité de l'étoffe dont les Selliers les revêtiſſent. *Voyez les Fig.* 9 & 10.

Le reſte des Figures de cette Planche, repréſente les outils propres à pouſſer les pavillons; ſavoir, les *Fig.* 11, 12, 13 & 14, leſquelles repréſentent une mouchette propre à pouſſer les deux baguettes ſupérieures;

celles

celles 15, 16, 17 & 18, le quart de rond inférieur; & les *Fig.* 19, 20, 21 & 22, représentent le congé propre à pousser la gorge intermédiaire (*).

Les *Fig.* 1, 2, 3 & 4, représentent une mouchette propre à pousser la baguette supérieure du profil de la carcasse de la voiture; & celles 5, 6, 7 & 8, la même mouchette arbitraire de cette premiere. Les *Fig.* 9, 10, 11 & 12, représentent un bouvement ou talon propre à pousser sur le champ & en parement de l'ouvrage, aux pieces qui ont des rainures; & les *Fig.* 13, 14, 15 & 16, le même talon arbitraire du premier, avec une joue de fer pour entrer dans les rainures. Planche 177.

Les *Fig.* 17, 18, 19 & 20, représentent le même talon que le précédent, avec la baguette que l'on pousse au pourtour des glaces. Cet outil se pousse en parement & sur le champ du bois, & ne peut servir qu'au-dessus des traverses d'appui & d'accotoirs lorsqu'elles sont droites.

Les *Fig.* 21, 22, 23 & 24, représentent un talon avec sa baguette, lequel talon est arbitraire de celui dont je viens de parler. Cet outil se pousse sur le champ & la joue appuyée sur la joue de la feuillure propre à recevoir la glace.

Les *Fig.* 25, 26 & 27, représentent une mouchette double pour former les deux baguettes du brancard, laquelle mouchette a aussi son arbitraire; & les *Fig.* 28, 29 & 30, représentent le talon renversé qui se pousse au-dessous.

Enfin les *Fig.* 31, 32, 33, & celles 34, 35 & 36, représentent des mouchettes propres à former diverses baguettes avec leur dégagement.

D'après ce que je viens de dire, il est fort aisé de connoître la différence qu'il y a entre les outils des Menuisiers de bâtiment, & ceux des Menuisiers en Carrosses, & en même temps l'usage que l'on doit faire de ceux de la derniere espece, tant simples qu'arbitraires, lesquels outils peuvent prendre différentes formes à raison des différents profils, ainsi que je l'ai dit plus haut, sans que cela change rien à la maniere de les disposer & de s'en servir, laquelle doit toujours être la même dans tous les cas.

Pour les autres outils, comme guillaumes, mouchettes & rabots ronds, il n'y a pas de différence d'avec ceux des Menuisiers de bâtiment, si ce n'est qu'ils sont plus courts & quelquefois cintrés. Pour les outils propres à pousser à la main, comme les rapes, les gouges, &c, ce sont les mêmes que ceux dont j'ai parlé dans la premiere Partie de mon Ouvrage, *page* 49 *& suiv.*

(*) On observera, pour l'intelligence de ce que je dis ici, que j'ai fait choix d'une espece de profil tant pour les outils dont je parle, que pour ce que je dirai dans la suite, pour la construction des Berlines & des Diligences, afin que toutes les parties du discours soient d'accord ensemble, ce qui ne pourroit être, du moins sans quelque confusion, si je me servois de différents profils; c'est pourquoi, si l'on veut, on peut voir les Fig. de la Planche 185, lesquelles représentent les différents profils d'une voiture, dessinés grands comme l'exécution, ce qui pourra aider pour bien entendre non-seulement ce que je dis ici, mais encore ce que je dirai dans la suite.

SECTION TROISIEME.

Du Corroyage du Bois des Voitures.

PLANCHE 178.

LES caiſſes des Voitures étant cintrées ſur tous les ſens, du moins pour la plupart, & même d'un cintre irrégulier, il ſembleroit que le corroyage des bois en dût être très-difficile & demandât beaucoup d'attention & de connoiſſances dans l'Art du Trait; ce qui ſeroit exactement vrai, ſi les voitures étoient faites avec plus de préciſion qu'elles ne le ſont, & ſi en même temps les bois qui les compoſent étoient d'une largeur conſidérable, & qu'ils euſſent des champs & des profils larges & ſaillants, ainſi que ceux de la Menuiſerie d'aſſemblage; mais comme la plupart des voitures n'ont point de champs, ou n'en ont que de très-étroits, les plus gros bois qu'on y emploie à préſent, n'ayant pas plus d'un pouce de largeur apparente, y compris les champs & les profils, qui ont eux-mêmes très-peu de ſaillie; il s'enſuit que le corroyage des bois en devient bien moins difficultueux.

Ce n'eſt pas qu'en général il ne fût très-bon que les Menuiſiers en Carroſſes fuſſent inſtruits des principes de l'Art du Trait, du moins quant à tout ce qui eſt de leur reſſort, ainſi que je l'ai démontré au commencement de cette Partie; mais comme chaque eſpece de voiture eſt à peu-près toujours d'une même forme, ils ſe contentent de leurs calibres, d'après leſquels ils corroyent leurs bois, en augmentant plus ou moins l'épaiſſeur en raiſon du hors d'équerre qui leur eſt donné par l'évaſement ou renflement de la voiture, ce qui eſt la même choſe.

Les battants de brancard ſe corroyent d'abord droits ſur le champ *a b*, *fig.* 1, lequel côté ſe trouve par conſéquent être le dedans de la voiture; enſuite on les met d'équerre de ce même côté, & on les dégauchit du côté du creux; puis on les met d'épaiſſeur du côté du bouge. *Voyez les Fig.* 1 & 3.

Il y a des Menuiſiers qui commencent par les dégauchir & les mettre d'épaiſſeur avant de les mettre d'équerre & de les dreſſer ſur le champ, ce qui eſt aſſez indifférent, puiſque les deux méthodes tendent également au même but.

Quand les battants de brancard ſont ainſi diſpoſés, on les met de largeur de *c* à *d*, paralleles au-dedans dans tout l'eſpace qu'occupe la portiere, lequel eſpace doit être droit, du moins pour l'ordinaire; enſuite on les diminue des deux bouts de *c* en *e* & de *d* en *f*, de ce que la voiture a de renflement, de ſorte que le panneau de côté forme un angle avec la portiere; & on a ſoin de faire ſuivre au champ extérieur du battant de brancard, l'inclinaiſon donnée par le cintre du côté de la voiture, ſuppoſé qu'il y en ait, ce qui fait que ce champ extérieur n'eſt plus d'équerre avec le deſſus, ou pour mieux dire, le plat du battant, ce que je vais expliquer.

Dans la defcription que j'ai faite d'une Berline, *page* 465, on a pu remarquer que cette voiture étoit plus large à la ceinture qu'au brancard, & que cette inégalité étoit regagnée par un cintre en S; on a dû voir en même temps que le renflement de cette même Berline, prife à la ceinture, étoit plus confidérable qu'au brancard; d'où il s'enfuit, que non-feulement les battants de ces derniers ne peuvent pas être d'équerre avec leurs faces creufes ou bombées, puifqu'il faut que leurs faces extérieures fuivent le cintre de la voiture, mais encore que leur inclinaifon ne peut être la même dans toute leur longueur, ce qui fait que ces faces deviennent gauches en raifon des différents cintres de la voiture, ainfi que l'indiquent les *Fig.* 2 & 4, lefquelles repréfentent les coupes du battant de brancard, l'une prife fur la ligne *a b*, & l'autre fur celle *c d*, *Fig.* 3, dont l'inclinaifon donnée par les courbes *A B* & *C D*, *Fig.* 2 & 4, eft différente à raifon du plus ou moins de cintre de ces mêmes courbes.

PLANCHE 178.

Il eft très-néceffaire de faire attention à la pente de la face des battants de brancard, non-feulement pour que, lorfqu'ils font affemblés, ils fuivent exactement les contours de la voiture, mais encore pour que leurs profils reviennent avec ceux des pieds corniers & des autres pieces qui viennent s'y affembler, ainfi qu'on peut le voir dans la *Fig.* 5, où le parallélogramme *g h i l*, qui repréfente la faillie de la moulure d'équerre avec la ligne *u x*, ne fe rencontre plus avec les lignes *t m* & *n l*, lefquelles lignes repréfentent la faillie du profil pris parallélement à l'inclinaifon donnée par le cintre de la voiture.

Lorfque la face du battant de brancard eft ainfi inclinée, il faut prendre garde fi le profil eft en faillie des deux côtés, parce qu'alors il faut le remonter jufqu'à ce que le fond de fa faillie rencontre le deffous de la piece, ainfi que le parallélogramme *g o p q*; & fi au contraire le profil de la faillie n'eft qu'en dedans, on fe contente de l'incliner en dedans fans le faire remonter, ainfi que l'indique le parallélogramme *t r s l*, duquel le triangle *t g l* fe trouve fupprimé par la ligne *y l*, qui eft le deffous de la piece.

Pour ce qui eft de la maniere d'avoir l'inclinaifon & le gauche des battants de brancard, ainfi que des autres pieces qui compofent les voitures, j'en donnerai la théorie en parlant de la maniere de déterminer la forme des voitures & d'en faire tous les calibres.

Les traverfes de brancard, appellées *de renflement*, fe corroyent droites & d'équerre à l'ordinaire; cependant je crois qu'il feroit bon qu'elles fuffent hors d'équerre en raifon du cintre du brancard.

Pour ce qui eft des traverfes des bouts, on les corroye droites fur tous les fens, pour la raifon que je donnerai ci-après. Pour leurs équerres, elles font dirigées par les cintres tant intérieurs qu'extérieurs de la voiture.

Les battants & les traverfes de pavillon fe corroyent de même que les brancards, à l'exception que quand ils ne font qu'à un feul cintre, il faut les mettre plus épais de ce qu'ils remontent fur leur largeur, pour fuivre le bombage du

PLANCHE 178.

pavillon, ce qui est peu de chose à la vérité; mais c'est une attention qu'il est bon de faire, parce que si les pieces étoient corroyées quarrément, c'est-à-dire, d'équerre avec leurs champs, & qu'on voulût leur faire suivre la pente extérieure du pavillon, il ne seroit plus d'équerre avec la face de la voiture, ce qui feroit pencher leur profil, & ce qui est pis, changeroit la forme de leur cintre ou bombage, puisque les battants auroient plus de bombage sur le champ, & seroient par conséquent moins bombés sur l'élévation; ce qui seroit la même chose pour les traverses de pavillon, dont la rainure deviendroit bouge, & ne pourroit plus recevoir la traverse de devant, sans la faire bomber pareillement, ce qui ne pourroit être, puisqu'elle est faite pour porter la glace qui est droite sur sa surface, du moins pour l'ordinaire (*). *Voyez la Fig. 6*, où le parallélogramme *a b c d*, représente la coupe du battant du pavillon placé selon sa pente, laquelle en augmente l'épaisseur & la largeur, ainsi que l'indique le parallélogramme *e f g h*.

Quoique je dise que la largeur du battant de pavillon se trouve augmentée par son inclinaison, ce ne sera qu'autant qu'on voudra la faire suivre à son profil, ce qui ne fait pas bien; c'est pourquoi d'après le nud de la voiture, représenté par la ligne *i l*, on fera très-bien de mettre le profil de niveau, comme l'indique le parallélogramme *i m n o*, ce qui n'augmente pas la largeur de la piece, & en même temps releve le profil qui doit toujours être de niveau, l'inclinaison des faces supérieures de la voiture n'étant pas assez considérable pour se faire sentir dans la largeur du profil du pavillon. Quand le cintre du dessus d'un pavillon n'est pas considérable, tant sur la longueur que sur la largeur, la différence d'épaisseur de ses bâtis se réduit presqu'à rien; c'est pourquoi les Menuisiers en Carrosses n'y font pas attention; cependant de quelque maniere qu'ils s'y prennent, ils ne sauroient parer l'inconvénient qui se rencontre dans la construction des pavillons, sans y avoir égard, parce que s'ils font incliner leurs pieces, ils dérangent les cintres de faces & l'évasement de la voiture; ou bien s'ils les placent de niveau, ils ne peuvent plus les faire raccorder à l'endroit des assemblages, ainsi que je le prouverai en parlant de la construction des pavillons.

Le dessus des pavillons forme ordinairement un arc de cercle plein cintre, tant sur la longueur que sur la largeur; toute l'attention qu'on doit avoir, est que le dessus des courbes soit hors d'équerre en conséquence de la courbe du milieu, ce qui seroit aussi à souhaiter pour le dedans de ces mêmes courbes, afin que leurs arrêtes ne marquassent pas sur l'étoffe que l'on attache dessus.

(*) L'observation que je fais ici est très-essentielle, sur-tout quand le cintre des pavillons est considérable; mais comme la mode est de les faire presque droits, la différence que cause le renversement, se réduit presqu'à rien; ce qui fait que presque tous les Praticiens mettent les bois des pavillons d'une égale épaisseur, sans faire attention aux petits défauts qui y naissent par l'inclinaison de ces mêmes pieces, auxquelles on doit toujours faire attention, ainsi que je le prouverai dans la suite, en parlant de la construction des pavillons à un & à trois cintres.

Quant

Quant à la maniere d'avoir les cerces de ces différentes courbes, j'en donnerai la méthode en parlant des pavillons.

Planche 178.

Les pieds corniers se corroyent d'abord du côté du creux, comme les *Fig.* 7 & 8, en observant, lorsqu'on les dégauchit, de remonter le calibre à raison de l'inclinaison du dedans du pied, comme l'indiquent les lignes *a b*, *c d* & *e f*, *Fig.* 8 & 9.

Ces pieds corniers étant ainsi corroyés & dégauchis du côté du creux, on les met d'épaisseur du côté du bouge qui est le parement; ce qui étant fait, on marque l'arrasement du haut, du bas & du dessus de l'accotoir; puis on trace le haut du battant en ligne droite, & le bas par le moyen d'un calibre ployant, que l'on applique dans le creux du battant que l'on chantourne ensuite, en observant de les mettre d'équerre horisontalement, selon que l'indiquent les lignes *o*, *o*, *Fig.* 7, 8 & 9.

Quand je dis qu'on met les pieds corniers d'équerre, ce n'est pas que je veuille faire entendre qu'il faut qu'ils soient à angle droit, ce qui ne pourroit être, puisque les voitures sont évasées, du moins pour la plupart; je veux dire seulement qu'après s'être rendu compte de cet évasement, on corroye les pieds en conséquence, en observant de placer le calibre ou la fausse équerre horisontalement.

Comme l'évasement n'est pas le même dans toute la hauteur de la voiture, les équerres des pieds changent par conséquent, ce qui fait que les pieds corniers sont non-seulement hors d'équerre avec leurs faces, mais encore gauches depuis l'appui jusqu'en bas, le haut devant toujours être dégauchi pour les raisons que j'en donnerai ci-après.

Le dedans du pied cornier se met à peu-près de largeur, sur-tout lorsqu'il n'est pas visible & qu'il ne reçoit pas de glace, ce qui n'arrive qu'aux Diligences & aux autres voitures dont le pied cornier sert de pied d'entrée, lequel alors deviendroit d'égale largeur dans toute sa longueur.

Ce n'est cependant pas qu'il ne faille que les pieds corniers des voitures soient d'une largeur égale pour y pousser les moulures; mais cette largeur n'est apparente qu'en devant, ce qui se fait par le moyen d'un ravalement, ainsi que par les côtés.

Les ravalements dont je parle, se font pour faire paroître les pieds corniers moins larges, & on laisse de la force au-dedans du battant, du derriere de la rainure, ainsi que je le dirai en son lieu.

Le hors d'équerre des pieds corniers en change la largeur, parce que si on le met en dedans, comme à la Figure 12, cela repousse le ravalement plus loin; si au contraire ce hors d'équerre se met en dehors, il augmente la largeur du pied cornier. *Voyez la Fig.* 13.

J'ai dit plus haut que les équerres du bas des pieds n'étoient pas les

PLANCHE 178.

mêmes, c'eſt à quoi il faut faire attention en les marquant toutes les unes ſur les autres, afin de connoître ce qu'il faut augmenter ou diminuer de bois, ainſi que le repréſente la *Fig.* 14.

Cette obſervation eſt eſſentielle pour avoir au juſte l'arraſement des panneaux, leſquels ſont moins longs à raiſon de ce que les bois ſont plus hors d'équerre, ce qui eſt fort aiſé à comprendre, la ligne *a b* étant plus courte que celle *c d*, & celle-ci que celle *e f*, ce qui, par conſéquent, change la longueur des panneaux dont ces lignes repréſentent le devant prolongé au travers du pied cornier.

Aux voitures nommées *Angloiſes*, & aux Vis-à-vis, les pieds corniers ne ſont pas cintrés ſur le côté, mais forment un angle à l'endroit des accotoirs, ainſi que les pieds d'entrée & les battants des portieres, comme je le dirai en ſon lieu.

Les battants des portieres & les pieds d'entrée, ſe corroyent droits ſur le champ; & ſur la face ils ſont cintrés depuis l'accotoir juſqu'en bas, le reſte de la hauteur devant être droit pour recevoir les glaces; pour le dedans, ces battants ſont corroyés droits tant du haut que du bas juſqu'à l'appui, où ils forment un angle plus ou moins grand, ſelon que le cintre extérieur eſt plus ou moins conſidérable.

Comme les portieres ſont ordinairement droites ſur le plat, leurs battants doivent être d'équerre ſur tous les ſens. Il n'en eſt pas de même des pieds d'entrée, leſquels doivent être d'équerre avec la portiere en dedans de l'ouverture de cette derniere, & ſuivre en parement, ainſi que ſur l'épaiſſeur, l'inclinaiſon du renflement de la voiture, lequel étant inégal, ainſi que je l'ai déja dit, rend la ſurface cintrée de ces pieds non-ſeulement hors d'équerre avec le côté de l'ouverture de la portiere, mais encore gauche ſur ſa longueur.

Cette difficulté ſe rencontre pareillement en corroyant les battants des portieres de Diligences; c'eſt-à-dire, que leurs faces ne doivent pas être d'équerre avec leurs champs, mais au contraire ſuivre la pente du renflement de la voiture, lequel n'étant pas égal d'un bout à l'autre du battant, en rend par conſéquent la ſurface gauche, avec laquelle il faut mettre le dedans du battant d'équerre, du moins de la ſaillie de la moulure, ce qui augmente la largeur du battant, dont le parement forme un angle obtus avec ſon champ extérieur. *Voyez la Fig.* 10, qui repréſente un pied cornier de devant de Diligence, avec ſon évaſement & ſon gauche, lequel ne commence qu'à la hauteur d'appui. *Voyez* pareillement la *Fig.* 11, qui repréſente un battant de portiere de cette même Diligence, avec ſon hors d'équerre & ſon gauche.

Comme ces battants ſont ordinairement en ſaillie ſur le nud de la voiture, & que leurs faces, & par conſéquent leurs profils, doivent ſuivre l'inclinaiſon de la voiture, il faut d'abord commencer par tracer leur forme au nud du fond de leur ſaillie; enſuite de quoi il faut augmenter cette derniere, laquelle diminue à mesure que le hors d'équerre augmente. *Voyez la Fig.* 15, où cette différence de saillie est indiquée par les lignes *g h*, *i l* & *m n*, lesquelles sont abaissées des angles des parallélogrammes qui représentent cette saillie selon ses différentes inclinaisons.

PLANCHE 178.

Le champ des pieds d'entrée du côté du panneau, doit être d'équerre avec sa surface extérieure, du moins de toute la saillie des moulures, parce que comme ces pieds sont très-étroits, ils perdroient une partie de la force qui leur reste, si on les mettoit d'équerre de toute leur épaisseur.

Les traverses du haut & d'accotoirs, tant du corps de la caisse que des portieres, doivent être droites sur le plat, à cause des glaces qu'elles reçoivent, (lesquelles sont droites & dégauchies sur leurs surfaces, ainsi que je l'ai dit en parlant des pavillons), de même que pour recevoir les panneaux que l'on peut faire creuser au feu sur un sens seulement, mais non pas sur deux sens à la fois, ainsi que je l'expliquerai en parlant de la maniere de faire revenir les panneaux au feu.

Quant au champ des traverses dont je parle, il peut être chantourné ainsi qu'on le faisoit anciennement, & qu'on le pratique encore quelquefois, ce qui faisoit assez bien, & en même temps donnoit plus de force aux assemblages en augmentant la largeur des traverses; mais à présent la coutume est de les faire toutes droites & le plus étroites possible, du moins en apparence, puisque pour conserver la force des assemblages, on les fait d'une largeur convenable, & on y fait un ravalement du derriere de la rainure, & à la largeur qu'on le juge à propos.

Les traverses du haut de la carcasse de la caisse, ne peuvent pas être exactement droites, puisqu'elles suivent le cintre du pavillon; & on les fait assez larges pour qu'elles ayent la portée nécessaire pour la glace, la refuite de cette derniere, & ce que ces traverses entrent dans le pavillon, ce qui fait au moins 15 lignes de largeur; savoir, 4 lignes de portée de glace, 7 lignes de refuite, & 4 lignes dans le pavillon.

Les frises sont cintrées sur le champ, ainsi que le pavillon, & se font le plus étroites possible, toute leur force n'étant que dans leur épaisseur, qui est ordinairement de 18 lignes.

Les traverses du haut des portieres suivent le même cintre que les frises, sont de même largeur que les battants de portieres, & n'ont d'épaisseur que la saillie du profil, afin que les glaces puissent passer derriere, ce qui est général à toutes les traverses du haut des voitures, à l'endroit où il y aura des glaces ou de faux panneaux.

Voilà à peu-près tout ce qu'on peut dire touchant le corroyage des bois des voitures; en général, ce que je viens d'en dire, pour peu qu'on veuille y faire attention, étant applicable à tous les cas; & si on opere avec quelque précision, l'ouvrage doit toujours bien revenir, parce que comme

PLANCHE 178.

les bois sont de peu de grosseur, il est fort aisé de les faire revenir, supposé qu'il se trouve quelque erreur dans leur courbure, l'expérience faisant voir tous les jours que des pieds corniers, par exemple, corroyés avec toute l'exactitude possible, se tourmentent lorsqu'ils sont tout-à-fait élégis & qu'on les fait revenir en les assemblant.

J'ai dit plus haut que les battants de brancard, ainsi que ceux de pavillons, formoient un angle à l'endroit des portieres, par la raison que les glaces & les panneaux ne pouvant être que droits sur leur surface, cet angle étoit inévitable, à cause du renflement de la voiture, ce qui, à mon avis, fait un fort mauvais effet, auquel on pourroit remédier en faisant cintrer le renflement de la voiture d'un bout à l'autre de sa longueur, & en augmentant la saillie des profils du brancard & du pavillon au milieu de la portiere & des côtés, & en la diminuant aux angles de la voiture, ce qui donneroit une forme plus gracieuse, sans que cette différence de saillie fût beaucoup apparente.

De plus, on pourroit cintrer extérieurement les traverses du haut & celles d'accotoirs, & faire les feuillures & les rainures droites, en regagnant la différence qui se trouveroit dans l'épaisseur de leur joue par la saillie des moulures; différence qui seroit peu de chose en elle-même, & qui ne demanderoit qu'un peu plus de sujétion de la part de l'Ouvrier.

On pourroit aussi faire suivre le cintre des traverses aux rainures disposées à recevoir les panneaux, qui, quoiqu'ils ne puissent être cintrés que sur un sens, ainsi que je l'ai déja dit, pourroient cependant se prêter à ce cintre, vu le peu de bombage qu'il y auroit dans leur largeur; je ne parle pas de la possibilité qu'il y auroit d'avoir des glaces cintrées, ce qui une fois acquis, leveroit toute espece de difficulté, & faciliteroit à donner plus de mouvement dans la forme générale des voitures, ainsi que je le prouverai dans la suite (*).

SECTION QUATRIEME.

Des Panneaux des Voitures en général.

LES panneaux des voitures se font ordinairement de bois de noyer noir, appellé *noyer mâle*, comme je l'ai dit plus haut; ce n'est pas qu'on ne pût les faire d'autre bois, mais c'est qu'il est difficile, du moins dans ce pays, d'en trouver qui soit aussi liant, & dont les planches portent tant de largeur sans fentes ni nœuds vicieux.

La raison qui oblige à choisir des planches ainsi larges pour les panneaux des

(*) On ne doit regarder ce que je dis ici & ce que je dirai dans la suite touchant le bombage des voitures, que comme une opinion qui m'est propre, & que je ne propose que comme un conseil, sur-tout pour ce qui est des glaces cintrées, lesquelles, cependant, ne sont pas sans exemple, puisque j'ai vu un Vis-à-vis appartenant à M. le Duc d'Aumont, dont la glace de devant étoit disposée de cette maniere.

des voitures, eſt, que comme il faut qu'ils ſoient très-minces, non-ſeulement pour être plus légers, mais encore pour ployer plus aiſément, les joints qu'on y feroit à rainure & languettes ſeroient peu ſolides, & ſe caſſeroient lorſque l'on voudroit faire revenir les panneaux au feu, ou les cintrer (ce qui eſt la même choſe), ce qui oblige donc à les prendre dans une ſeule piece, du moins ceux qui ſont pour être cintrés ſur la ſurface; car pour ceux qui ſont droits à l'ordinaire, comme ceux des cuſtodes & ceux de derriere, on peut les faire de pluſieurs pieces, ce qui n'ôte rien à leur ſolidité, pourvu toutefois que le bois ſoit aſſez ſec, & que les joints ſoient bien faits & ne ſe tourmentent pas. PLANCHE 178.

Les panneaux ſe refendent à 4 lignes d'épaiſſeur, de ſorte que quand ils ſont corroyés & replanis, ils n'en ont que trois bonnes.

Quand il arrive qu'ils ſont refendus inégalement, ou bien que ce ſont des doſſes, on doit les mettre d'épaiſſeur, afin qu'ils ploient également par-tout.

Quant au choix des panneaux, il faut toujours faire en ſorte que ceux qui ſont diſpoſés pour être les plus cintrés, ſoient bien liants & d'une égale denſité, afin qu'ils ſe prêtent par-tout également à l'action du feu; comme auſſi éviter à ces panneaux les bois tranchés, parce qu'ils pourroient caſſer en les faiſant revenir.

En général, on finit les panneaux des voitures avant de les faire revenir, c'eſt-à-dire, qu'il faut qu'ils ſoient équarris, replanis & mis au molet avant de faire cette opération, afin qu'à meſure qu'on les fait revenir, ou puiſſe les mettre dans les bâtis d'abord qu'ils ſont bombés, ainſi que je le dirai ci-après; mais auparavant il eſt néceſſaire de donner une méthode sûre pour équarrir les panneaux, ou pour mieux dire, les tracer & les chantourner ſelon la forme qui leur eſt convenable, à raiſon de la place qu'ils doivent occuper & du cintre qu'ils doivent avoir; après quoi je donnerai les différentes manieres dont on ſe ſert pour les faire revenir au feu.

§. I. *De la maniere de tracer les panneaux, à raiſon de leurs différents cintres.*

On peut conſidérer les formes que l'on peut donner aux panneaux des Voitures, ſous trois points de vue différents; ſavoir, ceux qui doivent être cintrés également des deux bouts, c'eſt-à-dire ſur toute leur largeur; ceux qui ſont cintrés inégalement des deux bouts, ou quelquefois gauches; enfin ceux qui, cintrés réguliérement ou irréguliérement, ſe trouvent ſur un plan oblique, tels que les panneaux de côté des Berlines. PLANCHE 179.

Comme en général les panneaux des voitures, avant d'être cintrés au feu, ont une ſurface plane & unie, il eſt néceſſaire de trouver le développement de ces panneaux, afin d'avoir au juſte leur largeur & leur longueur, & en même temps leurs différents contours, leſquels leur ſont donnés par le gauche ou par les différents contours qu'ils doivent prendre, ce qui se fait de la maniere suivante:

PLANCHE 179.

Lorsque les panneaux sont également cintrés, après avoir tracé leur élévation géométrale, ainsi que la *Fig.* 2, on marque à côté le cintre ou calibre du panneau coté *A B*, que l'on divise en un nombre de parties à volonté, comme l'indiquent les points *q*, *r*, *s*, *t*, *u*, desquels points on mene à la *Fig.* 2, autant de lignes horisontales, comme celles *u* 4, *t* 6, *s* 8, *r* 10 & *q* 12; ensuite on développe la ligne courbe *A B* sur une ligne droite & perpendiculaire, ainsi que celle *x b*, laquelle ligne on divise en autant de parties que celle *A B*; puis des points *y*, *z*, *&*, *a* & ×, on mene à la *Fig.* 1, autant de lignes horisontales paralleles entr'elles; puis on prend sur la *Fig.* 1, la distance 1, 2, que l'on porte sur la *Fig.* 1, de *a* en *b*; celle 3, 4, de *c* en *d*; celle 5, 6, de *e* en *f*; celle 7, 8, de *g* en *h*; celle 9, 10, de *i* en *l*; celle 11, 12, de *m* en *n*; enfin celle 13, 14, de *o* en *p*; de sorte que l'espace compris entre *o a*, *a b*, *b p* & *p o*, est égal à celui qui est compris entre les lignes 14, 2; 2, 1; 1, 13 & 13, 14, dont il est le développement; ou pour parler plus clairement, la *Fig.* 1 est le développement de la *Fig.* 2, l'opération que j'ai faite pour une partie du panneau, pouvant s'appliquer au tout.

Que le cintre du panneau soit un arc de cercle comme le calibre *A B*, ou bien un cintre en S, comme le calibre *C D*, c'est toujours la même méthode, ainsi qu'on peut le voir aux *Fig.* 3 & 4, où la ligne *E F*, *Fig.* 3, est égale à celle *C D*, développée, & la distance *G H* est égale à celle *I L*, *Fig.* 4, ainsi du reste.

Il faut faire attention que dans tous les cas, on doit prendre les points de division sur le parement des calibres, ainsi que je l'ai observé aux deux exemples ci-dessus; parce que si l'on s'y prenoit autrement, on courroit risque de faire les panneaux trop étroits ou trop larges, selon que le parement de l'ouvrage seroit en bouge ou en creux.

Quand les panneaux sont gauches, comme dans le cas d'une portiere de Diligence, on commence par tracer le cintre ou calibre *M Q N*, que l'on divise en un nombre de parties à volonté, comme ci-dessus; ensuite on partage la saillie de ce calibre en deux parties égales au point *Q*, par lequel on fait passer la ligne *O P*, qui représente le devant de la coupe du côté droit du panneau; puis par chaque point de division, on fait passer autant de lignes horisontales, lesquelles traversent également le panneau vu géométralement, *Fig.* 6, & son développement *Fig.* 5. Ces lignes horisontales ne servent sur la *Fig.* 5 qu'à déterminer les points *g*, *h*, *i*, *l*, *m*, *n* & *o*, à la partie du panneau qui doit rester droite, lesquels points doivent par conséquent être d'une distance égale aux deux Figures, puisque la distance *O P*, représentée par celle *o g*, *Fig.* 5, est égale à celle *U Y*, *Fig.* 6.

On tire ensuite sur la *Fig.* 5, la ligne perpendiculaire *a b*, dont la distance de celle *g o*, eſt égale à celle *T U*, *Fig.* 6 ; & on fait la ligne *a b*, d'une longueur égale à celle *M Q N*, développée, laquelle ligne *a b* étant diviſée en parties égales aux points *a*, *f*, *e*, *z*, *d*, *c*, *b*, on fait paſſer par ces points autant de lignes qui vont répondre aux points de diviſion de la ligne *o g*, leſquels ont été donnés par les lignes horiſontales communes aux deux Figures. PLANCHE 179.

Ce qui a été fait juſqu'à préſent, n'a ſervi qu'à donner la largeur du panneau ; mais comme il eſt gauche, les parties qui ſe levent ou qui s'abaiſſent, ſe raccourciroient ſi le panneau étoit coupé quarrément, comme l'indique la ligne *a b*. Pour remédier à cet inconvénient, & pour avoir la véritable longueur du panneau à tous les points de diviſion, on trace à part la ligne 5, 1, égale à celle *T U*, au bout de laquelle ligne 5, 1, on éleve la perpendiculaire 1, 2, dont on fait la hauteur égale à celle *P N* ou *M O*, qui eſt le plus haut point d'élévation ou de rentrée du panneau, ce qui eſt la même choſe, puiſque la ligne *O P* partage le parallélogramme *M S N R*, en deux parties égales.

Enſuite on prend la diſtance *p q* ou *x y*, que l'on porte de 1 à 3 ; celle *r s* ou *t u*, que l'on porte pareillement de 1 à 4; & des points 2, 3 & 4, on mene au point 5 autant de lignes dont la longueur donne celle des diviſions obliques du panneau développé, qui leur ſont correſpondantes ; de ſorte que les diſtances *o* 6 & *g* 11, *Fig.* 5, ſont égales à celle 5, 2 ; celles *n* 7 & *h* 10, ſont égales à celle 5, 3 ; & celles *m* 8 & *i* 10, ſont égales à celle 5, 4; quant à celle *l z*, elle eſt néceſſairement égale à celle 5, 1, puiſque c'eſt le point de rencontre de la ligne courbe avec la droite, & où par conſéquent le panneau ne hauſſe ni ne baiſſe.

La ligne du milieu du panneau ſe trace de même que celle de l'extérieur, ainſi que je l'ai indiqué ſur l'élévation par les points × ×, qui ſont marqués de même ſur le plan, ce qui n'a beſoin d'aucune démonſtration.

Il faut faire attention que dans la conſtruction des *Fig.* 5 *&* 6, j'ai pris les points de diviſion pour le développement de la ligne courbe *M Q N*, du point *Q*, qui eſt le milieu de cette courbe, parce que, comme le cintre eſt d'une forme en S, il faut, pour y faire revenir le panneau, le chauffer des deux côtés, de maniere que l'action de ralongement ſe fait autant d'un côté que de l'autre, ce qui eſt plus naturel & ménage davantage la longueur du panneau, vu que ſi l'on faiſoit autrement, tout le ralongement ſe trouveroit d'un côté ; cependant il faut prendre garde à quel point du cintre ſe trouve la ligne droite, laquelle ne paſſe pas toujours par le milieu, ainſi que je l'ai fait paſſer dans les *Fig.* 5 *&* 6 ; & que quand le gauche eſt déterminé, c'eſt lui qui fixe le point de rencontre du cintre avec la ligne droite, ainſi que je vais le démontrer.

Soit le parallélogramme *A B*, *Fig.* 8, lequel repréſente le plan du panneau par en bas, & que la ligne *B C* perpendiculaire au-devant du panneau repréſente ſa projection ou la ſaillie du cintre, ce qui eſt la même choſe, il eſt très-aiſé de voir que toutes les lignes de diviſion du panneau repréſenté en plan

PLANCHE 179.

dans la Fig. 8, que ces divisions, dis-je, sont en dehors de la ligne *A B*, tant sur le plan *Fig.* 8, que sur les coupes tenant à la Fig. 7, lesquelles sont marquées des mêmes lettres que sur le plan, & que par conséquent le point *A*, *Fig.* 7, est la rencontre des deux surfaces du panneau, ce qui arrive aux portieres de Diligences, où le bas de la portiere est d'équerre avec la saillie du cintre du pied d'entrée; ce qui fait que tout le hors d'équerre, causé par le cintre & le gauche du panneau, se trouve en dessus ainsi que le ralongement, qui est aussi tout d'un côté, comme on peut le voir dans la Fig. 7, laquelle n'a besoin d'autre démonstration que l'inspection de la Figure, dont la construction est la même qu'aux Figures précédentes, puisque la longueur des lignes de l'élévation est égale à celles du plan, *Fig.* 8, qui leur sont correspondantes, lesquelles longueurs peuvent aussi se tracer sur le devant du plan, en décrivant du point *A* comme centre, & de tous les points où les lignes de division rencontrent la ligne *B C*, qui est la projection, autant d'arcs de cercle, lesquels venant à rencontrer la ligne *A B* prolongée indéfiniment, donnent la distance *B G*, *Fig.* 8, égale à celle *H G*, *Fig.* 7, & ainsi des autres, lesquels sont trop près les uns des autres pour être marqués des mêmes lettres, ce qui, d'ailleurs, est assez inutile, vu que toutes les lignes de division sont marquées des mêmes lettres & chiffres, tant sur le plan que sur la coupe & l'élévation.

Les mêmes arcs de cercle peuvent aussi servir pour décrire la ligne du milieu, ainsi qu'on peut le voir dans la Figure ci-dessus.

D'après ce que je viens de dire, on peut aisément faire toutes sortes de panneaux gauches, de quelque forme que ce soit, en faisant seulement attention au point de rencontre des deux surfaces, lequel doit être d'équerre avec les côtés des battants, & par conséquent perpendiculairement à la projection ou saillie du cintre, lequel point de projection donne toujours une ligne de niveau sur l'élévation, ainsi que celle *l z*, *Fig.* 5, & celle D E, *Fig.* 7, la distance *E F* n'étant que le ralongement nécessaire pour le hors d'équerre du panneau, lequel, aux portieres de Diligences, n'est jamais quarré par le bas.

S'il arrivoit qu'on voulût tracer sur le panneau développé, des coupes prises sur le plan *Fig.* 8, ainsi que celles *I C* ou *L B*, on se serviroit toujours de la même méthode, c'est-à-dire, qu'on prendroit les distances qu'il y auroit du point *A*, jusqu'aux points où ces lignes coupent celles de division, lesquelles distances on porteroit sur l'élévation aux lignes correspondantes à celles du plan, ainsi que je l'ai indiqué par les lignes ponctuées *I M G* & *L M E*, *Fig.* 7.

PLANCHE 180.

En donnant la maniere de tracer le développement des panneaux gauches, j'ai supposé qu'ils étoient droits sur une rive, d'après laquelle on pouvoit marquer les longueurs des lignes de division; il s'agit maintenant de donner la maniere de tracer les panneaux, qui non-seulement seroient gauches, mais encore dont les deux côtés seroient d'un cintre différent, ce qui se fait toujours par la même méthode, laquelle est seulement un peu plus compliquée.

On

On commence d'abord par tracer à côté du panneau les deux coupes des bouts, ainsi que celles *A* & *B*, *Fig.* 1; ensuite après les avoir divisées, non pas chacune d'elles en parties égales, mais par des divisions prises sur l'une des deux, & menées à l'autre par des lignes paralleles, on fait sur les deux lignes des extrémités du panneau, le développement de chacune des courbes, en observant de prendre bien exactement les distances qu'il y a entre chaque division, soit qu'elles soient égales ou inégales entr'elles; ensuite, par chaque point de division développé, on trace des lignes sur lesquelles il reste à tracer les largeurs & les contours du panneau, ce qui se fait de la maniere suivante: PLANCHE 180.

De toutes les divisions on abaisse des perpendiculaires, dont on porte les distances sur les projections du plan *C D*, dont on prolonge la ligne du devant *a m*, indéfiniment; ensuite, par chaque point de projection, on fait passer les lignes de division du plan, lesquelles représentent celles de l'élévation, que l'on prolonge jusqu'à ce qu'elles rencontrent la ligne *a m* au point *n*; pour la ligne *b f*, au point *o*; pour celle *c g*, au point *p*, qui se trouve hors de la Planche; pour la ligne *d h*, au point *q*, hors de la Planche; pour la ligne *c i*; enfin au point *r*, pour la ligne *b l*: puis de chacun de ces points on éleve autant de perpendiculaires à chacune des lignes de l'élévation qui leur sont correspondantes, & que l'on prolonge à ce sujet. Le reste se fait selon la méthode ordinaire, c'est-à-dire, que l'on fait la distance 1, 2, égale à *a e*; celle *s* 4, égale à *n f*; celle *t* 6, égale à *o g*; celle *u* 8, égale à *p h*; celle *x* 9, égale à *qc*; & celle *y* 11, égale à *rb*: ensuite on porte la distance *fb* de 4 à 3; celle *g c* de 6 à 5; celle *h d* de 8 à 7; celle *c i* de 9 à 10; & celle *bl* de 11 à 12.

Puis on divisera chaque ligne soit du plan soit de l'élévation, en deux parties égales, ce qui donnera la ligne du milieu du panneau.

Pour peu qu'on veuille faire attention à ce que je viens de dire ci-dessus, il est fort aisé de voir que pour avoir les surfaces développées d'un panneau de l'espece dont je parle, il faut le considérer comme faisant partie du développement des surfaces de deux cônes qui se pénetrent, & dont les sommets seroient opposés.

Lorsque les panneaux sont sur un plan biais, comparaison faite avec leur projection, on commence par tracer l'élévation géométrale & la coupe; ensuite on trace le plan au-dessous de l'élévation géométrale, ainsi que dans la *Fig.* 3; puis après avoir fait le développement de largeur du panneau, *Fig.* 2, on en a le contour en relevant des perpendiculaires du plan que l'on éleve à chaque ligne de division qui leur sont correspondantes, ainsi qu'on peut le voir dans cette Figure.

S'il arrive que le bout du panneau, au lieu d'être une ligne droite comme la ligne *A B*, *Fig.* 3, (laquelle est représentée par celle *F G H*, *Fig.* 2,) si, dis-je, cette ligne étoit une ligne courbe comme celle *C D E*, de chaque point où cette courbe coupe les lignes horisontales de l'élévation on abaisse autant

PLANCHE 180.

de perpendiculaires sur le plan, jusqu'à ce qu'elles rencontrent les lignes de division qui sont correspondantes à celles de l'élévation dont partent les perpendiculaires; puis on porte la longueur des lignes du plan sur l'élévation développée *Fig.* 2, où l'on fait la distance *a* 1 égale à *h* 2; celle *b* 3 égale à *i* 4; celle *c* 5 égale à *l* 6; celle *d* 7 égale à *m* 8; celle *e* 9 égale à *n* 10; celle *f* 11 égale à *o* 12; & celle *g* 13 égale à *p* 14.

Si les panneaux biais étoient en même temps gauches ou de différents cintres des deux bouts, on se serviroit toujours de la même méthode, en observant de prendre les distances pour déterminer la longueur du panneau sur les lignes du plan, prolongées jusqu'à ce qu'elles rencontrent la base de ce même plan, comme dans la Figure 1.

Ce que je viens de dire touchant la maniere de tracer les panneaux des voitures, renferme une méthode générale pour tous les cas possibles, du moins elle y est applicable; c'est pourquoi je ne m'étendrai pas davantage à ce sujet; de plus, on peut recourir à la partie de l'Art du Trait, dont la connoissance & les principes sont absolument nécessaires pour bien entendre ce que je viens de dire ici & ce que je dirai dans la suite de cet Ouvrage, qui y aura rapport.

Je sais bien que les Menuisiers en Carrosses ne prennent pas, du moins pour la plupart, toutes les précautions dont je viens de parler pour tracer les panneaux des voitures, se contentant de les tracer d'après les bâtis, & de laisser du bois de plus où ils le croient nécessaire; ensuite de quoi ils les cintrent & les mettent dans les bâtis où ils les ajustent; & s'il se trouve qu'ils soient trop longs ou trop larges, ils écartent également les bâtis d'un bout à l'autre, & tracent sur le panneau un trait au pourtour de ces mêmes bâtis, ce qui leur fait voir l'endroit où le panneau porte, & où il faut en ôter.

Comme les voitures sont peu cintrées, & que par conséquent leurs panneaux ont peu de ralongement, il est assez aisé de les tracer sans recourir aux pratiques que j'ai données ci-dessus, du moins cela paroîtroit ainsi, s'il n'arrivoit pas tous les jours, que malgré l'expérience qu'ont les Ouvriers, laquelle leur a seule donné le ralongement & la forme de leurs panneaux, s'il n'arrivoit pas, dis-je, qu'ils font des panneaux trop étroits ou trop courts, de sorte qu'ils n'ont presque pas de languette à certains endroits, ou, ce qui est quelquefois pis, on voit le jour au travers, de maniere que ces panneaux ne peuvent pas servir; c'est pourquoi on doit prendre le parti le plus sûr, qui est celui des principes, lequel non-seulement garantit la justesse de l'opération, mais encore accélere l'exécution de l'ouvrage.

Ce n'est pas qu'il faille tracer ainsi tous les panneaux des voitures, un de chaque espece étant suffisant pour tracer dessus ceux des voitures d'une même forme & grandeur.

De plus, la théorie, fondée sur de bons principes, rassure l'Ouvrier, & le met à portée de les suivre ou de s'en écarter avec raisonnement & connoissance de cause.

Quand les panneaux ſont tout-à-fait chantournés, on acheve de les replanir le plus parfaitement poſſible, afin qu'il n'y reſte point d'onde ni aucune eſpece de bois de rebours, ce qui eſt néceſſaire pour que les peintures & les vernis que l'on applique deſſus, ſoient & paroiſſent parfaitement unis.

Planche 180.

Lorſque les panneaux ſont tout-à-fait replanis, on les met au molet à environ deux lignes d'épaiſſeur, ces panneaux ne ſe mettant pas au molet comme ceux de la Menuiſerie ordinaire, c'eſt-à-dire, avec un feuilleret; mais au contraire, on ſe contente d'y faire un chanfrein, lequel étant pris de coin, ne diminue pas conſidérablement l'extrémité de la languette, & conſerve davantage de force au panneau. *Voyez la Fig.* 4.

Il faut avoir ſoin que les languettes ſoient très-juſtes, parce que pour peu que les panneaux ſe trouvent courts, il y auroit du jour entre ces derniers & la joue du bâtis, ſur-tout aux endroits où ils ſeroient cintrés en bouge, ce qui feroit un très-mauvais effet, auquel on ne pourroit remédier qu'en callant derriere les panneaux, ce qui ne fait jamais bien, & de plus la grande juſteſſe des panneaux, tant ſur la longueur & la largeur que ſur l'épaiſſeur, étant eſſentielle à la ſolidité d'une voiture.

§. II. *De la maniere de faire revenir les Panneaux par le moyen du feu.*

Il eſt pluſieurs manieres de faire revenir les panneaux ſelon qu'on veut les cintrer à bois de fil ou à bois de travers, leſquelles manieres je vais donner ci-après, avec l'avantage & le déſavantage de chacune d'elles, afin que l'on puiſſe préférer l'une ou l'autre de ces différentes méthodes, non pas parce que c'eſt l'uſage, mais au contraire ſelon que le cas ſemblera l'exiger.

Les panneaux des voitures ſe cintrent ordinairement ſur la largeur du bois, ce qui eſt la meilleure maniere, comme je le prouverai ci-après; ce n'eſt pas qu'on ne puiſſe faire revenir les panneaux à bois de fil, c'eſt-à-dire, les faire ployer ſur la longueur, ce que l'on fait quelquefois pour épargner le bois de largeur, qui eſt toujours plus cher que l'autre; mais cette maniere de faire ployer les panneaux eſt abſolument vicieuſe, parce qu'ils ſont ſujets à ſe redreſſer après avoir été employés, ce qui fait un très-mauvais effet, le milieu d'un panneau devenant droit pendant que les côtés ſont cintrés; de plus, le bois des panneaux en ſe redreſſant ainſi, fait déjoindre les traverſes en les obligeant de ployer au milieu, & quelquefois rompt les languettes de côté, & ſe fend à différents endroits, ce qui eſt fort diſgracieux lorſqu'une voiture eſt toute finie, puiſque pour remettre un autre panneau, il faut la démonter toute entiere, c'eſt-à-dire, défaire non-ſeulement l'ouvrage du Menuiſier, mais encore celui du Serrurier, du Peintre & du Sellier.

On ne doit donc employer les panneaux à bois de fil, que quand les

PLANCHE 180.

voitures n'auront pas de cintre sur l'élévation, ou du moins assez peu pour qu'on ne craigne pas qu'ils se redressent; car dans tout autre cas cette maniere d'employer les panneaux est absolument à rejetter, & si j'en parle ici, ce n'est que pour en faire connoître tous les inconvénients & le mauvais usage.

La meilleure maniere de creuser, ou pour mieux dire, de faire ployer les panneaux, est de les faire à bois de travers, c'est-à-dire sur sa largeur, parce que les pores du bois de travers se resserrent ou se dilatent beaucoup mieux que le bois de fil, vu que dans le premier cas ce sont les couches annulaires qui se resserrent ou se dilatent, ce qui leur est naturel; au lieu que dans le second cas, ce sont les fibres ligneuses, lesquelles tendent toujours à se redresser pour peu qu'elles soient libres de le faire, ou qu'elles y soient excitées par la trop grande chaleur ou par l'humidité.

Il suit de ce raisonnement, que la maniere de cintrer le bois au feu sur le bois de fil, est absolument vicieuse, ainsi que je vais le démontrer, & que quand on cintre les panneaux à bois de travers, on fera très-bien, quand ils ne le feront que d'un sens, de les creuser du côté de la dosse, parce que les rayons ou mailles des bois étant plus distants l'un de l'autre de ce côté que du côté du cœur, il y reste par conséquent plus de parties tendres, lesquelles prêtent plus aisément à la pression; ce qui arrive tout naturellement aux bois qu'on laisse exposés à l'air, lesquels se bougissent toujours du côté du cœur, ainsi que je l'ai expliqué ailleurs.

Quand les panneaux seront cintrés en S, il n'y aura pas d'autre choix à faire que le plus beau côté du bois, pour en faire le parement de l'ouvrage, à moins toutefois qu'il n'y ait une partie de ce cintre beaucoup plus cintrée d'un côté que de l'autre; dans ce cas, il faudroit mettre le côté cintré le plus creux du côté de la dosse, ainsi qu'aux panneaux cintrés d'un seul côté.

Il est encore une observation à faire avant de creuser & même de débiter les panneaux, qui est de faire suivre, autant qu'il sera possible, le fil du bois avec le parallélisme des divisions des cintres, parce que quand le fil du bois se trouve oblique avec le niveau des cintres, ils ploient difficilement, font des ondes & même des plis marqués, ce qui est aisé à concevoir, puisqu'ils tendent à être à bois de fil, ce qui les met dans le cas de se ployer mal aisément & inégalement.

Quand on a pris toutes les précautions nécessaires pour disposer les panneaux, & que la voiture est prête à monter, on fait revenir les panneaux de la maniere suivante :

On allume d'abord un feu clair & vif; puis après avoir mouillé avec une éponge le côté du panneau qu'on veut faire bougir, on présente le côté opposé au feu jusqu'à ce que le panneau soit suffisamment cintré, en observant toujours de mouiller le panneau à mesure qu'il chauffe & qu'il creuse, & d'y présenter le calibre de temps en temps pour voir s'il creuse assez & également

tant

tant sur la largeur que sur la longueur, c'est-à-dire, si un des bouts n'est pas plus ou moins creusé que l'autre.

PLANCHE 180.

Dans le premier de ces deux cas, c'est-à-dire, quand on s'apperçoit qu'il creuse plus d'un côté que de l'autre, soit parce que le feu est de côté ou que le bois est d'une inégale densité, on écarte du feu le côté qui creuse trop vîte, ou même on le cache avec une barre de fer, *Fig.* 5, large de 3 à 4 pouces, que l'on tient prête à cet effet.

Quand il chauffe plus d'un bout que de l'autre, ce qui arrive presque toujours à celui d'en bas, on y remédie en retournant bout pour bout.

Comme il arrive quelquefois que les panneaux sont d'une forme mixte, & qu'il y auroit à craindre qu'ils ne se cintrassent trop, on fait d'abord un feu d'une médiocre étendue; puis on prend des barres de fer ou même de bois, que l'on met devant le panneau à l'endroit que l'on veut empêcher de se cintrer, lesquelles barres empêchent l'action du feu, & conservent le panneau dans son état naturel.

On peut aussi augmenter ou diminuer l'action du feu, en mouillant plus ou moins le derriere du panneau, c'est-à-dire, le côté que l'on veut faire bougir, parce qu'en augmentant l'humidité, on aide à la dilatation du bois, & par conséquent à l'action du feu qui tend à pousser; & qu'au contraire, en diminuant l'humidité, le bois se dilate moins & résiste davantage au feu.

Ce que je viens de dire pour tout un côté d'un panneau, peut aussi s'appliquer pour des parties de ce même panneau, lesquelles se trouvent d'une inégale densité, c'est-à-dire, plus dures ou plus tendres, & ont par conséquent besoin d'être plus ou moins mouillées.

J'ai dit plus haut qu'il falloit faire un feu clair & vif, il faut cependant éviter qu'il soit trop violent, parce qu'alors la chaleur saisiroit le bois trop vivement, & ne laisseroit pas le temps à l'humidité de pénétrer, ce qui l'exposeroit à se fendre en séparant les parties qui le lient; au lieu qu'une chaleur modérée, secondée de l'humidité extérieure, fait ouvrir doucement les pores du bois, & y facilite l'entrée de l'humidité, qui, en ramollissant les parties poreuses, les rend capables de pression & d'élasticité.

Quand les panneaux sont cintrés en S, il est fort aisé de leur faire prendre leur forme, puisque quand on les a suffisamment cintrés par un côté, on les retourne de l'autre, ce qui ne souffre aucune difficulté.

Quand les panneaux ne sont cintrés que sur un bout ou qu'ils sont gauches, comme ceux d'une Diligence à la Françoise, on se sert toujours de la même méthode, en observant de faire entrer le bout qui doit être droit dans un morceau de bois rainé à cet effet, & on a soin de ne mouiller & de ne chauffer le panneau qu'à l'endroit que l'on veut cintrer & gauchir. *Voy. la Fig.* 6.

Il faut aussi faire attention d'éloigner du feu le bout du panneau qui doit rester droit, en le penchant en dehors, ou en faisant ensorte que le feu ne monte pas plus haut qu'il n'est nécessaire.

PLANCHE 180.

Si les panneaux sont d'un cintre inégal par les deux bouts, on les fait d'abord cintrer jusqu'à ce que le côté le moins cintré soit revenu; ensuite on met ce côté dans la rainure de la piece où il doit aller, ou dans toute autre d'un contour semblable, & on racheve de le cintrer de l'autre bout, ainsi que ci-dessus.

On fait revenir les panneaux un à un, c'est-à-dire, que d'abord qu'un panneau est cintré, il faut le mettre dans son bâtis, ce qui lui conserve sa forme en l'empêchant de se redresser; de plus, cela donne le temps aux barres de fer de se refroidir, ce qui ne pourroit être si l'on faisoit revenir plusieurs panneaux de suite, parce que les barres de fer venant à s'échauffer, feroient un effet tout contraire à celui qu'on en attend, puisque par leur chaleur elles augmenteroient l'action du feu au lieu de l'empêcher.

Lorsqu'on veut cintrer les panneaux sur le bois de fil, on s'y prend de la maniere suivante :

Après avoir préparé les panneaux, c'est-à-dire, les avoir replanis & mis au molet, on fait chauffer une barre de fer d'un médiocre degré de chaleur, afin qu'elle soit assez chaude pour faire cintrer le bois sans pour cela y faire aucune marque; ensuite on arrête le bout du panneau sur l'établi avec le valet, en observant de mettre dessous ce dernier une barre de toute la largeur du panneau, laquelle l'empêche de se creuser à bois de travers, puis on passe la barre de fer entre l'établi & le panneau, à l'endroit où on veut le faire ployer, en observant de le mouiller en même temps, & d'appuyer sur l'autre bout pour lui faire prendre sa forme, & en avançant ou reculant la barre de fer selon qu'il est nécessaire.

Il est encore une autre maniere de cintrer les panneaux à bois de fil, qui est d'en assurer le bout sur le bord de l'établi, de maniere qu'il sorte tout-à-fait en dehors; ensuite de quoi on fait porter le milieu sur une barre de fer supportée par deux montants de bois que l'on avance ou recule au besoin; puis on met au-dessous du panneau, un fourneau plein de feu que l'on approche ou qu'on éloigne du panneau selon qu'il est nécessaire : on appuie sur l'autre bout du panneau pour le faire ployer, & on a soin de le mouiller en même temps qu'on le chauffe.

Il y auroit cependant à craindre qu'en appuyant sur le bout on ne le fît fendre; c'est pourquoi il seroit bon de le faire entrer dans un morceau de bois rainé, ce qui seroit très-commode.

Comme la barre de fer qui supporte le panneau, pourroit s'échauffer & brûler le panneau, on peut y substituer une piece de bois sur le champ, ce qui levera toute difficulté (*).

(*) Quoique je donne ici deux manieres de cintrer les panneaux à bois de fil, ce n'est pas que j'en approuve l'usage, au contraire je le regarde comme très-dangereux; je n'en parle donc

Ce que je viens de dire touchant la maniere de chantourner & de faire revenir les panneaux au feu, renferme à peu-près tout ce qu'on peut dire à ce sujet, la pratique & l'expérience qui en eſt le fruit, donnant tous les autres ſecours dont on peut avoir beſoin, ſur-tout pour le cintrage des panneaux, dont les bois doivent être plus ou moins chauffés ſelon qu'ils ſont durs ou tendres, & qu'ils ſont plus près du cœur ou de la doſſe de l'arbre, ce qui fait qu'il n'eſt guere poſſible d'en dire davantage à ce ſujet.

PLANCHE 180.

Il faut faire attention que les bois ne peuvent être cintrés que ſur un ſens, ou du moins que de très-peu de choſe, quoique dans l'exacte vérité ils ne puiſſent pas être cintrés des deux ſens à la fois, c'eſt-à-dire, à bois de travers & à bois de fil, parce qu'il faudroit que le bois ſe rétrécît ou ſe rélargît inégalement dans ſon étendue, ce qui eſt impoſſible au bois, & ne peut avoir lieu qu'aux métaux tels que le fer, le cuivre, &c, leſquels ſe rétrégnent au marteau, ſoit à froid ou à chaud.

C'eſt cette impoſſibilité de creuſer les panneaux ſur les deux ſens à la fois, qui eſt une des principales cauſes qui empêchent de faire les voitures cintrées ſur le plan & ſur la face verticale, du moins d'un cintre conſidérable, (car s'il n'y avoit que 3 à 4 lignes de cintre, le panneau ployeroit aiſément,) ce qui cependant feroit un très-bel effet, ainſi que je l'expliquerai ci-après; il eſt vrai que cela obligeroit à prendre les panneaux dans du bois d'une forte épaiſſeur, ce qui coûteroit ſeulement plus cher, ſans pour cela rendre la caiſſe plus peſante, comme pluſieurs Menuiſiers l'objectent, puiſque l'on peut évuider ces panneaux en dedans, (ainſi que font les Luthiers, aux tables de leurs inſtruments) à l'épaiſſeur ordinaire, ou du moins à peu-près; car il ſeroit bon que ces panneaux fuſſent un peu plus épais que les autres, du moins à l'endroit du bois tranché, ce qui en augmenteroit la ſolidité ſans qu'ils fuſſent pour cela beaucoup plus lourds.

ici que pour ne rien laiſſer à deſirer au ſujet de la maniere de cintrer les panneaux de tous les ſens poſſibles; de plus cette derniere, quoique d'un mauvais uſage pour les panneaux des voitures, peut être bonne & ſervir dans d'autres occaſions; c'eſt ce qui m'a engagé à en parler ici, ainſi que je l'ai annoncé dans la ſeconde Partie de cet Ouvrage.

CHAPITRE TROISIEME.

De la forme & disposition des Voitures modernes en général.

Le premier changement arrivé à nos Voitures modernes, a été de les fermer au pourtour au-dessus des accotoirs, ce qui a été une des principales différences qu'il y ait eu entre les Coches & les Carrosses, ainsi que je l'ai dit *page* 463.

Au commencement les Carrosses étoient exactement fermés au pourtour, excepté au-dessus des portieres, lesquelles étoient ouvertes & se fermoient avec des rideaux, afin de garantir des injures de l'air l'intérieur de la voiture; ensuite on les ferma avec des verres, puis avec des glaces, l'usage de ces dernieres étant devenu plus commun.

Les premieres glaces étoient à demeure dans les portieres, ce qui les exposoit à deux inconvénients; savoir, celui de se casser en ouvrant ou en fermant la portiere, & de priver d'air l'intérieur de la voiture, ce qui est très-incommode, sur-tout dans les temps chauds. Pour remédier à ces deux inconvénients, on a imaginé de rendre les glaces mobiles, non pas en les faisant ouvrir verticalement, ce qui auroit été très-incommode ou même impossible, mais au contraire en les faisant descendre dans un espace pratiqué dans l'épaisseur de l'appui de la portiere, ce qui a levé toute espece de difficulté, & a rendu les voitures plus magnifiques & plus commodes, en facilitant l'usage des glaces non-seulement aux portieres, mais encore au devant, aux côtés, à la place des panneaux de custode, & même au derriere de la voiture, comme on le pratique quelquefois aux Carrosses d'Ambassadeurs & autres voitures magnifiques.

Toutes ces glaces peuvent être mobiles & se remplacer par des faux-panneaux, que l'on ôte des voitures quand on veut y mettre des glaces, ou bien qui descendent à coulisses dans l'intervalle des panneaux de doublure ainsi que les glaces, de maniere que ces dernieres & les faux-panneaux se trouvent renfermés dans l'épaisseur de la voiture, sans qu'il soit nécessaire de les transporter ailleurs lorsqu'on veut les changer.

L'usage des glaces est d'une très-grande commodité, & augmente beaucoup la magnificence des voitures; mais aussi il a le défaut d'en borner la forme, sur-tout lorsqu'elles sont mobiles, parce qu'alors il faut que les places destinées à les recevoir, soient droites & dégauchies, & que quand une voiture est d'une forme trop cintrée, ou que les cintres, n'étant pas semblables, forment un gauche, il arrive alors que l'on est obligé de faire rentrer les panneaux de doublure en dedans de la voiture, ce qui en diminue la largeur & qui est très-incommode; c'est pourquoi avant d'entrer dans un plus grand détail touchant

la

la forme de chaque efpece de voiture, j'ai cru qu'il étoit néceffaire de donner une regle générale touchant le mouvement des glaces, de la place qu'elles peuvent & doivent occuper tant fur l'épaiffeur que fur leurs largeurs & hauteurs, comparaifon faite avec celles de la voiture, de leurs formes, & des différentes efpeces de couliffeaux dans lefquels coulent les glaces & les faux panneaux, afin que cette connoiffance une fois acquife, on foit à portée de déterminer au jufte le cintre des voitures, la grandeur & la forme des panneaux, & l'épaiffeur des parties qui reçoivent les glaces, comme les pieds d'entrée, les battants de portieres, &c.

Section Premiere.

Maniere de déterminer la hauteur & la largeur des Glaces, comparaifon faite avec celles de la Voiture.

La hauteur & la largeur des portieres font fort aifées à déterminer, parce que c'eft la largeur du dedans de la portiere, plus un recouvrement de 4 à 5 lignes de chaque côté, qui donnent la largeur de la glace. Quant à fa hauteur, après avoir déterminé la forme générale de la voiture, & par conféquent la hauteur de la portiere, ainfi que la Figure 1, on divife cette hauteur en deux parties égales, prifes du deffus de la traverfe d'en bas, dans les deux angles au-deffous de la traverfe d'en haut pris au milieu du cintre, plus 4 lignes de plus, qui font néceffaires pour la portée de la glace, & une de ces deux parties eft la hauteur de cette derniere, & l'autre détermine le deffus de l'accotoir; de forte que quand la glace eft baiffée, elle fe trouve tout-à-fait cachée dans la hauteur de l'appui de la portiere, comme je l'ai obfervé à la Fig. 1, où la glace *a b c d*, cotée *A*, eft de même forme & grandeur que celle cotée *B*, laquelle j'ai marquée des mêmes lettres que l'autre, & qui eft tout-à-fait cachée dans la hauteur de l'appui de la portiere, de forte que la hauteur *g e* eft égale à celle *e f*. Planche 181.

Il eft des occafions où pour grandir la hauteur de la glace, on entaille les deux côtés de la traverfe d'en bas, jufqu'à ce qu'il n'y refte dans les angles que 6 lignes de bois d'après les feuillures, comme l'indique la ligne *i l*, ce qui augmente la hauteur de la glace de près d'un pouce, & ce qui, par conféquent, abaiffe l'accotoir de pareille hauteur, c'eft-à-dire, environ un pouce; mais il faut prendre garde qu'en abaiffant ainfi les accotoirs, on ne grandiffe trop la hauteur des glaces de cuftode, de maniere qu'elles ne puiffent plus être contenues dans l'appui de côté, ce qui arrive quand le fond de la voiture eft beaucoup cintré, & qu'au contraire l'impériale l'eft peu.

On remédie à cet inconvénient, en faifant une entaille dans le brancard pour y faire entrer le bas de la glace de cuftode; mais il faut prendre garde que cette

PLANCHE 181.

entaille ne ſoit trop profonde & qu'elle n'ôte la ſolidité du brancard ; c'eſt pourquoi lorſqu'on fait la diviſion de la hauteur des glaces d'une voiture, il faut avoir non-ſeulement égard à la hauteur de la portiere, mais encore aux côtés de cuſtode, afin que les glaces puiſſent être toutes contenues dans la hauteur des appuis, ſans être obligé de faire des entailles trop profondes dans les battants de brancard, ainſi que je l'ai obſervé dans la Fig. 1, où la glace de cuſtode cotée *D*, eſt de même forme & grandeur que celle *C*, & quoique entaillée dans le brancard, dont le deſſus eſt repréſenté par la ligne *m n o*, elle laiſſe encore un pouce de bois plein en deſſous, ce qui eſt ſuffiſant.

Les glaces de cuſtode ſont toutes cintrées par le bas, parce que le fond des voitures l'étant auſſi, il faut qu'elles puiſſent y être contenues ; il eſt cependant des occaſions où ces glaces ſont quarrées ; mais ce ne peut être que quand les voitures ſont très-grandes, & quand elles ſont cintrées en S au lieu de l'être en cul-de-ſinge, c'eſt-à-dire, faiſant une partie d'ovale.

D'ailleurs ces glaces quarrées ne peuvent raiſonnablement s'employer que dans les voitures à trois cintres, où la plus grande hauteur de la portiere fait remonter l'appui, & par conſéquent diminue la hauteur des cuſtodes ; car autrement les glaces de cuſtode quarrées ſont inexécutables, ainſi qu'on peut le voir à celles cotées *E*, dont l'angle *p* ſort en dehors du brancard.

Quoique j'aye tracé droit le deſſus des accotoirs tant des portieres que des cuſtodes, on peut les cintrer ſi on le juge à propos, en obſervant ſeulement que les glaces ſoient toujours contenues dans la hauteur des appuis, ſans qu'aucune de leurs parties excede en aucune maniere le deſſus des traverſes d'accotoirs.

De quelque maniere que l'on diſpoſe les glaces de cuſtode, & de quelque largeur que ſoient les traverſes qui leur ſervent de battement, il faut toujours qu'il reſte 9 lignes de jeu entre le deſſus de la glace & le pavillon, ce qui eſt néceſſaire pour la portée de la glace & pour la refuite de la languette ou apſichet de l'accotoir qui retient la glace en place ; ce qu'il faut auſſi obſerver aux glaces de portieres, c'eſt-à-dire, que quand elles ſont levées & que les portieres ſont fermées, il ſe trouve toujours entre le deſſus de la glace & le deſſous de la friſe 6 lignes de jeu pour la refuite de l'apſichet, qui, jointes à 3 lignes de portée au moins, font les 9 lignes demandées.

Quand les glaces de cuſtode ſont immobiles, on peut les faire de toute la largeur de cette derniere, ce qui ne ſouffre aucune difficulté ; mais ce ne peut être qu'aux voitures d'une décoration magnifique.

Aux portieres de Diligences, où la traverſe du bas n'eſt pas de niveau, on doit ſe borner au côté le plus court, auquel on fait quelquefois une entaille à la traverſe, afin de ne pas trop hauſſer la traverſe d'appui ou d'accotoir, ce qui eſt la même choſe, & donner plus de hauteur à la glace. *Voyez la Fig.* 2, où la glace eſt marquée à ſa place & deſcendue dans l'appui.

Quant aux glaces de devant, c'eſt la même choſe qu'à celles des côtés, c'eſt-à-dire, que quand on veut qu'elles ſoient mobiles, leur largeur eſt bornée par celle du bas de la voiture priſe entre les deux pieds corniers, ce qui fait qu'aux voitures ordinaires on fait deux petits pilaſtres aux deux côtés de la glace, leſquels regagnent l'inégalité de largeur de la voiture. PLANCHE 181.

La largeur de ces pilaſtres eſt donnée par la largeur intérieure de la voiture, ainſi que je l'ai déja dit & que l'indiquent les lignes *a b* & *c d*, *Fig.* 3; cependant quand par économie ou pour quelqu'autre raiſon, on veut diminuer la grandeur de la glace, on fait non-ſeulement ces pilaſtres plus larges, mais encore on met une friſe au-deſſous de la glace, laquelle en diminue la hauteur comme les pilaſtres en diminuent la largeur, ce qui en même temps grandit l'intérieur de la voiture, comme je l'expliquerai ci-après.

Quand les glaces du devant des voitures ſont immobiles, on peut les faire de toute la grandeur de l'ouverture, ſans aucune eſpece de pilaſtre ni de friſe. Ces glaces entrent à rainure dans un des pieds corniers, & à feuillure dans l'autre, ſur lequel on rapporte une piece à queue ou à vis, laquelle retient la glace ainſi qu'aux glaces de cuſtodes immobiles.

Pour les voitures dont la largeur du devant eſt égale du haut en bas, comme les Diligences, les Vis-à-vis & autres, on peut y mettre des glaces de toute la largeur; ce qui ne ſouffre aucune difficulté. *Voyez la Fig.* 4.

Quant à la hauteur de ces glaces, c'eſt-à-dire, de celles du devant des voitures, elle eſt toujours bornée par le deſſus de la traverſe d'appui, qui doit être de niveau au pourtour de la voiture, du moins c'eſt l'ordinaire, & par le milieu du cintre de la traverſe du haut; il faut cependant faire attention qu'elles puiſſent, lorſqu'on les baiſſe ainſi que toutes les autres, être contenues dans l'appui, au-deſſus duquel elles doivent affleurer; c'eſt pourquoi une élévation telle que celle *Fig.* 3 & 4, ne ſuffit pas, il faut y joindre une coupe, afin de ſe rendre compte de la place que la glace doit occuper dans la voiture, en raiſon de ſa hauteur & du cintre de cette derniere, ainſi que je vais l'expliquer en parlant des couliſſes propres à recevoir la glace & les faux panneaux.

§. I. *Des Couliſſes & des Couliſſeaux propres à recevoir les Glaces, leurs formes, proportions & conſtruction.*

LES glaces des voitures ſont contenues dans un chaſſis dont je donnerai la forme & la conſtruction dans la ſuite, ne s'agiſſant préſentement que d'en connoître l'épaiſſeur, laquelle doit être de 5 lignes, afin qu'avec l'étoffe dont ce chaſſis eſt entouré, ainſi qu'un des côtés de la couliſſe de la glace, on puiſſe déterminer au juſte la largeur, ou pour mieux dire, l'épaiſſeur de cette couliſſe, laquelle, d'après ce que je viens de dire, ne peut pas être moindre que de 6 lignes ou 7 lignes au plus, puiſqu'il ne reſte que deux lignes pour placer trois épaiſſeurs d'étoffe, qui eſt ordinairement du velours, & le jeu néceſſaire pour que PLANCHE 182.

PLANCHE 182.

la glace coule aisément sans cependant être trop à l'aise, parce que si cela étoit, l'ébranlement de la voiture pourroit faire casser les glaces, ce qui est fort à craindre.

Il faut donc que non-seulement la glace soit prise juste quand elle est levée, mais encore quand elle est baissée; c'est pourquoi on doit faire en sorte que les coulisses n'ayent que 7 lignes de largeur à leur extrémité supérieure cotée *A*, *Fig.* 2, 7 lignes également du devant de l'apsichet *B*, au dedans de la joue, ou pour mieux dire, d'après la saillie de la moulure.

Il faut qu'il y ait pareillement 7 lignes de jeu entre le derriere de la traverse & le dedans de la joue de la coulisse cotée *C*, & que la même distance se trouve pareillement en bas, cote *D*, de maniere que la distance de 7 lignes se trouve seulement aux points *A*, *B*, *C*, *D*, ce qui est nécessaire pour retenir la glace & l'empêcher de balotter, soit qu'elle soit levée ou qu'elle soit abaissée.

Quant à l'épaisseur de cette coulisse dans tout le reste de sa hauteur, elle est déterminée par le cintre de la voiture, qui lui donne plus ou moins de largeur dans la partie de l'appui, à raison de ce que le cintre de la voiture s'écarte plus ou moins de la ligne droite. Pour bien entendre cette partie de la théorie des voitures, il faut d'abord faire attention que dans tous les cas la superficie des glaces est droite & dégauchie, & qu'elles ne peuvent se prêter à aucun cintre ni gauche; c'est pourquoi il faut que les places disposées à recevoir les glaces soient parfaitement droites & dégauchies, afin que quand elles sont dans l'apsichet ou feuillure du dessus de la traverse d'appui, elles portent également partout.

Or, pour avoir les différentes largeurs des coulisses, on s'y prend de la maniere suivante:

Après qu'on a déterminé le cintre de la voiture & tracé le dessus de la traverse d'appui, ainsi que le point le plus haut de la glace, comme celui coté *A*, on commence à marquer 7 lignes de largeur à ce point, ainsi que je l'ai dit plus haut; ensuite on met au nud de l'appui 17 lignes de distance du dedans en dehors de la coulisse; savoir, 7 lignes pour l'apsichet, 3 lignes d'épaisseur de languette, & 7 autres lignes pour le passage de la glace; puis du point *a* au point *b*, on tire une ligne droite qui est le dedans de la joue de la coulisse; on fait la même opération par le bas, ce qui donne également le dedans de la joue, ou pour mieux dire, le dedans du panneau de doublure qui sert de joue.

Quant au dedans de la coulisse du côté du panneau, il ne peut être une ligne droite ainsi que la ligne *c d*, parce que si cela étoit, la glace, en remontant, viendroit rencontrer la joue supérieure de la coulisse au point *d*, ce qui l'empêcheroit de monter plus haut, à moins que la glace ne ployât, ce qui est impossible.

Le dedans de la joue doit donc être une ligne courbe, dont on a le contour en faisant passer au derriere de l'apsichet plusieurs lignes droites d'une longueur égale à celle de la glace, ainsi que celles *e f* & *g h*, lesquelles étant plus élevées l'une l'une que l'autre, & touchant par leurs extrémités supérieures au dedans de la joue de la coulisse du haut, donnent à leurs extrémités inférieures autant de points par où passe la courbe décrite par le bas de la glace, dont les lignes *c d*, *e f* & *g h*, représentent la surface. Planche 182.

On fait la même chose avec une regle de 7 lignes d'épaisseur, & d'une largeur égale à celle de la glace, laquelle regle on fait passer au derriere de l'apsichet, & appuyer du bout supérieur au dedans de la coulisse, & on la fait monter tout le long de cette derniere, de maniere qu'en attachant un crayon ou une pointe au bout inférieur de la regle, on trace tout de suite la courbe demandée, à laquelle on ajoute une à deux lignes de jeu, afin que la glace ne soit point trop gênée dans son mouvement.

S'il arrivoit que les cintres d'appui fussent différents, il faudroit les marquer l'un sur l'autre, afin d'en connoître le gauche, (qui ne peut être que par le bas, puisque le haut doit toujours être dégauchi,) & l'on opéreroit à l'ordinaire, afin que les deux coulisses fussent dégauchies entr'elles, quoique l'appui fût gauche en parement, ainsi que l'indique la ligne *i l m* (*).

S'il arrivoit que les voitures fussent cintrées à rebours de la Figure que je viens d'expliquer, c'est-à-dire, qu'au lieu d'être en bouge comme cette derniere, elles fussent en creux, ce qui arrive aux portieres des Chaises de poste, on se serviroit toujours de la même méthode, excepté que l'on feroit l'opération de l'autre sens, ainsi qu'on peut le voir dans la *Fig.* 8, où les lignes *n o*, *p q* & *r s*, représentent la surface intérieure de la glace, & celles *t u* & *u x*, la joue de la coulisse du côté du parement.

Les coulisses des portieres se font de la même maniere & par la même méthode que celles dont je viens de parler, ainsi qu'on peut le voir dans la *Fig.* 4, & se prennent dans les battants, la glace se plaçant par en haut, & la traverse n'ayant d'épaisseur à cet effet, que la joue de la coulisse, ou pour mieux dire, la saillie du profil, ainsi que je le dirai en parlant des portieres.

Lorsqu'on veut que les faux-panneaux soient contenus dans l'épaisseur de la voiture, ainsi que les glaces, cela ne change rien à la maniere de faire les coulisses, excepté qu'on en augmente la largeur de 10 lignes par le bas seulement; savoir, 7 lignes pour le faux-panneau, & 3 lignes pour la languette qui sépare les deux coulisses; quelquefois cette languette se fait de cuivre d'une ligne d'épaisseur, ce qui rend les bois moins épais, & par conséquent moins lourds, ce qui est fort à considérer : pour le haut de la coulisse, elle doit toujours être de même largeur qu'aux coulisses simples; cependant comme il arrive quelquefois que le peu de cintre du parement de l'ouvrage, oblige de faire les coulisses plus larges par le haut, afin que la joue de la coulisse *a b c*, *Fig.*

(*) Ce que je dis ici n'a guere lieu qu'aux portieres de Diligences, où la différence n'est pas si grande que je l'ai marquée ici, ce que je n'ai fait qu'afin de rendre la chose plus sensible, & afin de n'avoir point à me répéter.

6, devienne droite, & que le faux-panneau puiſſe monter aiſément, on fait venir le haut de cette joue en adouciſſant, afin qu'elle n'ait que 7 lignes de large à ſon extrêmité ſupérieure, pour les raiſons que j'en ai données ci-deſſus.

PLANCHE 182.

L'obſervation que je fais ici eſt auſſi applicable aux couliſſes des glaces de devant de Vis-à-vis, & à celles de Chaiſes de poſte, ainſi que je l'ai repréſenté dans la *Fig.* 7, qui eſt un battant ou pied cornier de Vis-à-vis, & dans la *Fig.* 8, dont la démonſtration eſt applicable à la glace du devant d'une Chaiſe de poſte.

Les couliſſes ſe font dans les battants de portieres, comme je viens de le dire; pour ce qui eſt des glaces de côté des voitures, on fait leurs couliſſes d'un côté dans le pied d'entrée, & de l'autre dans des couliſſeaux qui ſe rapportent à plat ſur les panneaux de cuſtode, leſquels leur ſervent de joue intérieure ſeulement par le haut; pour le bas, ils ont une joue, laquelle ne va que juſques ſur le panneau, dont elle ſuit les contours.

Les couliſſeaux ſe font de la même maniere que les couliſſes; c'eſt pourquoi je n'entrerai pas dans un plus grand détail à ce ſujet, l'inſpection ſeule des Figures étant plus que ſuffiſante. *Voyez la Fig.* 1, qui eſt le couliſſeau de la *Fig.* 2; la *Fig.* 3, qui eſt celui de la *Fig.* 4; enfin la *Fig.* 5, qui eſt le couliſſeau de la *Fig.* 6: auxquels couliſſeaux j'ai obſervé des entailles pour recevoir les traverſes d'appui & les barres qui portent les panneaux.

Les glaces de portieres ſe retirent par le haut; mais celles de cuſtodes ne peuvent pas ſortir de même, vu qu'il faudroit démonter le pavillon, ce qui n'eſt pas poſſible; c'eſt pourquoi on a imaginé de les faire ſortir à refuite par le côté, par le moyen d'une barre à queue placée dans le couliſſeau du côté du panneau, lequel lui ſert de joue.

Cette barre à queue doit avoir 7 lignes quarrées, afin que quand elle eſt ôtée, on puiſſe faire entrer la glace à ſa place, laquelle a pour lors la refuite néceſſaire pour ſortir de l'autre couliſſe, laquelle n'a, ainſi que toutes les autres, que 5 lignes de profondeur.

Les barres à queue ne s'attachent pas ordinairement, étant ſuffiſamment retenues par le frottement de l'étoffe dont elles ſont entourées, & dont ſont garnies les feuillures qui les reçoivent; c'eſt pourquoi il faut avoir ſoin que ces barres à queue ſoient moins fortes que la place qu'elles doivent occuper, afin de laiſſer de la place pour l'étoffe. *Voyez les Fig.* 9 & 10, qui repréſentent un couliſſeau ainſi diſpoſé, coupé au plus haut & à l'appui, & les *Fig.* 11 & 12, qui repréſentent des couliſſeaux ſans barre à queue, coupés de même maniere, mais diſpoſés pour recevoir des glaces & des faux-panneaux.

La largeur des couliſſeaux eſt ordinairement de 16 lignes, afin qu'ils ayent aſſez de bois d'après la rainure pour y placer les vis avec leſquelles on les attache au bâtis; quant à leur hauteur, ils viennent finir par le bas ſur le brancard, & par le haut on les laiſſe paſſer d'un demi-pouce au-deſſus des traverſes, afin qu'ils entrent tout-en vie dans les battants de pavillons, ainſi que les pieds corniers & les pieds d'entrée. PLANCHE 182.

Ce que je viens de dire des couliſſeaux de côté, doit auſſi s'appliquer à ceux de devant, excepté que l'on fait quelquefois ces derniers de 2 lignes plus minces que les autres.

Le bas des couliſſes ainſi que des couliſſeaux, n'a pas de joue en parement, c'eſt-à-dire, en dedans de la voiture depuis le nud de l'appui; mais au contraire on y fait une entaille ſur toute leur largeur, de l'épaiſſeur de la joue ſupérieure, laquelle entaille eſt faite pour recevoir les panneaux de doublure, leſquels tiennent lieu de joue, & garantiſſent les glaces lorſqu'elles ſont baiſſées.

Ces doublures ſe font de bois blanc de 4 lignes d'épaiſſeur, qui eſt celle de la joue intérieure des couliſſeaux; on les met toujours couchées, & ſur la rive du haut, c'eſt-à-dire, à l'endroit de l'accotoir; on y met une alaiſe d'environ 3 pouces de large, laquelle a 7 lignes d'épaiſſeur au moins, & qui eſt néceſſaire pour porter la garniture d'accotoir que les Selliers y mettent. *Voyez les Fig. 2, 4 & 6*, où j'ai marqué les panneaux de doublure en coupe avec leurs alaiſes ou emboîtures, & les *Fig. 1, 3 & 5*, où l'entaille eſt faite pour recevoir les panneaux de doublures, & l'épaiſſeur de ces derniers qui y eſt marquée par des lignes ponctuées.

§. II. *Des Chaſſis de Glaces, des faux-Panneaux & des Jalouſies de toutes eſpeces; leurs formes & conſtruction.*

Après avoir traité des couliſſeaux, il eſt tout naturel de parler des chaſſis de glaces & des faux-panneaux auxquels ils ſervent, afin de terminer tout de ſuite ce qui concerne la partie des glaces, & de ne point interrompre la deſcription des voitures, dont je ne parlerai qu'après avoir fini toutes les parties de détail, tant intérieures qu'extérieures. PLANCHE 183.

Les chaſſis de glaces ſe font de bois de noyer ou d'orme, mais plus ſouvent de noyer, ce qui eſt meilleur; ils ont 5 lignes d'épaiſſeur ſur 7 lignes de largeur aux battants, 9 lignes à la traverſe du bas, & 11 lignes à celle du haut, du moins pour l'ordinaire.

Au milieu de l'épaiſſeur des chaſſis de glaces, on fait une rainure de 4 lignes de profondeur ſur 3 lignes d'épaiſſeur, ce qui eſt néceſſaire pour recevoir les deux côtés de l'étoffe dont ces chaſſis ſont garnis, & pour recevoir la glace qui eſt chanfreinée au pourtour pour lui donner de l'entrée.

Le dehors du bois des chaſſis doit être très-arrondi ſur tous les battants, afin d'en faciliter le coulement; on doit auſſi en arrondir les arêtes intérieures, pour que l'étoffe ne ſe coupe pas.

Les chaſſis s'aſſemblent à tenons & mortaiſes à l'ordinaire; mais on ne les cheville ni ne les colle point, parce que les Selliers ne pourroient pas y faire entrer la glace. *Voyez les Fig.* 1 & 2, qui repréſentent un chaſſis vu en coupe & de face, & un profil grand comme l'exécution.

PLANCHE 183.

Lorſque ces chaſſis ſont cintrés en ovale, comme il arrive aux voitures à trois cintres, ce que j'ai indiqué par des lignes ponctuées *Fig.* 2, on aſſemble la traverſe du haut en enfourchement dans les battants à la retombée du cintre, en obſervant de faire l'enfourchement dans la traverſe cintrée, & le tenon dans les battants. *Voyez la Fig.* 2, cote *A*.

Pour rendre ces chaſſis plus ſolides, & mettre moins de bois tranché dans les traverſes, on fait cintrer le bout du battant & on fait le joint plus haut, ce qui diminue le bois tranché de la traverſe, & par conſéquent augmente la ſolidité du chaſſis. Voyez la même Figure, cote *B*.

Les faux-panneaux ſe font de bois blanc afin d'être plus légers, de 4 lignes d'épaiſſeur au plus, pour que lorſqu'ils ſont garnis de cuir en dehors & d'étoffe en dedans, ils n'ayent que 6 lignes d'épaiſſeur au plus, & qu'ils paſſent aiſément dans les couliſſes.

Les faux-panneaux ſe font de planches jointes enſemble à l'ordinaire, & on les emboîte par les deux bouts afin de les rendre plus ſolides, & qu'ils ne puiſſent pas coffiner aiſément; de plus, comme ces emboîtures ne peuvent être aſſemblées qu'à rainures & languettes vu leur peu d'épaiſſeur, il faut avoir ſoin que le bois ſoit très-ſec, afin qu'il ne faſſe aucun effet, ce qui ſeroit d'autant plus déſagréable, que le cuir qu'on colle & qu'on applique deſſus, feroit des plis & ſe rideroit, ſi le bois venoit à ſe retirer.

Il faut auſſi avoir grand ſoin que les faux-panneaux ſoient parfaitement replanis, parce que la moindre onde qui ſe trouve paroît au travers du cuir, ce qui fait un mauvais effet. En général, on ne met de faux-panneaux qu'aux glaces de cuſtodes, du moins pour l'ordinaire; cependant on peut auſſi en mettre aux portieres, ſur-tout aux voitures de campagne que l'on voudroit tenir cloſes pendant la nuit.

Les arêtes du pourtour des faux-panneaux doivent être arrondies, ſur-tout ſur la largeur, pour faciliter le coulement, ainſi qu'aux chaſſis de glaces. *Voyez les Fig.* 3 & 4, qui repréſentent un faux-panneau vu de face & en coupe.

Quand on met des faux-panneaux au derriere des voitures, leur conſtruction eſt la même qu'à ceux dont je viens de parler, excepté qu'ils doivent être plus épais, étant beaucoup plus grands & ne deſcendant pas dans des couliſſes, ce qui ne ſeroit cependant pas abſolument impoſſible.

Il eſt des faux-panneaux, tant pour les portieres que pour les autres glaces; qui, quoique pleins en apparence, peuvent cependant avoir des jours & donner de l'air à l'intérieur de la voiture. Ces eſpeces de faux-panneaux, ou pour mieux dire, de jalouſies, ne ſont pas recouverts d'étoffe en dedans ni en dehors, mais ſont de bois apparent, & ont, ou du moins peuvent avoir, 6 lignes d'épaiſſeur.

Ils

Ils ſont compoſés de bâtis dans leſquels ſont aſſemblés des panneaux dont l'épaiſſeur égale la moitié de celle des bâtis ; ces panneaux ſont percés à jour, & forment différents compartiments. Planche 183.

Au derriere de ces panneaux, & par conſéquent en dedans de la voiture, ſont placés d'autres panneaux, leſquels ſe meuvent à couliſſes dans les bâtis, & ſont percés des mêmes compartiments que ceux du parement, de maniere qu'en les pouſſant d'un côté, les jours des compartiments ſe trouvent vis-à-vis l'un de l'autre, & donnent du jour & de l'air à l'intérieur de la voiture, & qu'en les pouſſant d'un autre côté, les jours ſe trouvent exactement fermés. *Voyez la Fig.* 5, qui repréſente un de ces panneaux vu en parement, & dont les jours cotés *a*, *a*, ſont ouverts ; & ceux cotés *b*, *b*, ſont fermés. Voyez auſſi la *Fig.* 6, qui repréſente le même chaſſis vu par derriere, avec une partie des panneaux ouverte & l'autre fermée, ainſi que dans l'autre Figure, & où j'ai marqué par des lignes ponctuées les jours qui ſe trouvent bouchés, tous cotés des mêmes lettres.

Pour parvenir à bien faire les compartiments de ces ſortes de jalouſies, il faut d'abord faire attention que tous les pleins & les vuides des panneaux de dehors & de ceux du dedans ſoient égaux entr'eux, & que les pleins ſoient plus larges que les vuides, afin qu'en faiſant mouvoir les panneaux de derriere, ces pleins cachent non-ſeulement les vuides du panneau de devant, mais encore recouvrent deſſus, afin de boucher totalement le jour, ou pour mieux dire, que les pleins des deux panneaux bouchent mutuellement leurs vuides & recouvrent deſſus.

Il faut auſſi faire attention que ſoit que les panneaux intérieurs ſoient ouverts ou fermés, ils portent juſte contre les bâtis de la jalouſie, afin qu'ils ſe trouvent tout de ſuite à leur place, ſans qu'il ſoit beſoin de prendre aucune précaution pour les faire ouvrir ou fermer exactement. *Voyez la Fig.* 7, où j'ai deſſiné au double des Figures ci-deſſus, une partie de jalouſie, dont la moitié eſt ouverte & l'autre fermée, au-deſſus de laquelle eſt marquée la coupe de cette même jalouſie, partie ouverte & partie fermée, & cotée des mêmes lettres que ſon élévation, & d'après leſquelles Figures on peut aiſément voir tout l'ordre que l'on doit mettre dans les ouvertures de ces jalouſies.

J'ai auſſi tracé au bas de la même Figure, la coupe du bâtis ſans aucun panneau, afin qu'on en puiſſe voir l'aſſemblage.

Quant aux panneaux, ils ſont à frottement l'un ſur l'autre ; & pour que les deux rainures ne ſe confondent pas, on fait la rainure du panneau mobile, de moitié moins profonde que celle du panneau dormant, ce qui fait que les deux panneaux, quoique dans une même rainure, tiennent ou ſe meuvent indépendamment l'un de l'autre. *Voyez la Fig.* 8, qui repréſente la coupe d'une traverſe avec un bout de battant ainſi rainé.

Comme ces faux-panneaux ou jalouſies ſont apparents, il faut les faire de bois propre, ſur-tout quand ils ne ſont pas peints; c'eſt pourquoi on peut non-ſeulement y employer le noyer, mais encore le bois de roſe, de violette, ou tout autre bois précieux.

PLANCHE 183.

PLANCHE 184.

On fait encore d'autres jalouſies pour les Carroſſes, leſquelles ſont ſemblables à celles des croiſées de bâtiment, c'eſt-à-dire, qu'elles peuvent être mobiles ou immobiles, ainſi que ces dernieres, à condition, toutefois, qu'elles ſeront enfermées dans un bâtis, ainſi que je vais le dire ci-après.

Les jalouſies de voitures ſont de deux eſpeces; ſavoir, celles dont les lattes ſont immobiles, & celles dont les lattes ſont mobiles: dans les deux cas, on doit y faire un bâtis au pourtour, de la même forme & grandeur que ceux des chaſſis de glaces, dans leſquels bâtis on place des lattes d'une ligne d'épaiſſeur au plus; ces lattes s'aſſemblent en entaille d'une ligne de profondeur, ce qui eſt ſuffiſant, parce qu'une plus grande profondeur affoibliroit trop les battants.

Comme les lattes ſont extrêmement minces & qu'elles pourroient ployer ſur leur longueur, on les entretient par le moyen d'un ruban que l'on colle & attache au milieu de la jalouſie & ſur le devant des lattes. *Voyez la Fig.* 1.

Ces jalouſies ne doivent pas avoir plus de 6 lignes d'épaiſſeur, afin qu'elles puiſſent couler aiſément; c'eſt pourquoi on doit faire affleurer toutes les lattes, ainſi que je l'ai obſervé dans la Fig. 3, laquelle en repréſente un bout de coupe grand comme l'exécution.

Quant aux jalouſies mobiles, elles ſont très-commodes, parce qu'on les ouvre à tel degré qu'on veut, & qu'on les ferme même tout-à-fait, ainſi que le repréſente la *Fig.* 2.

Les lattes de ces jalouſies ſe recouvrent à feuillure les unes ſur les autres, & ſont arrêtées dans les bâtis par le moyen d'un goujon de cuivre, qui entre d'un bout dans ces derniers, & de l'autre reçoit dans un enfourchement la latte qui y entre toute en vie.

On fait mouvoir ces lattes par le moyen d'un reſſort, lequel eſt placé dans le milieu de la traverſe d'en bas, & qui eſt attaché à un ruban qui tient toutes les lattes, de maniere que quand le reſſort eſt libre, il contraint toutes les lattes à deſcendre en contre-bas, & par conſéquent fait fermer la jalouſie, comme on peut le voir dans la *Fig.* 4.

Quand on veut ouvrir la jalouſie, on tire le bout du ruban *a*, *Fig.* 4 & 5, lequel tenant à toutes les lattes les fait ouvrir, & on arrête ce ruban à un crochet *b*, mêmes Figures, lequel retient la jalouſie ouverte à tel degré qu'on le juge à propos, ce qui eſt fort aiſé à concevoir, puiſqu'en tirant le ruban en contre-bas, on comprime le reſſort dont la tenſion tient les lattes en reſpect, & les empêche de ſe mouvoir.

Ces jalouſies ſont d'un uſage très-facile, puiſque pour les ouvrir ou les fermer, on n'a qu'à arrêter le ruban qui tient aux lattes, ou le lâcher; toute la précaution qu'il faut avoir, c'eſt de lâcher le reſſort toutes les fois qu'on veut baiſſer la jalouſie dans ſa couliſſe.

PLANCHE 184.

Les deux eſpeces de jalouſies dont je viens de parler, ſont, pour l'ordinaire, à bois apparent; c'eſt pourquoi on fera très-bien de les faire de bois précieux, ainſi que celles dont j'ai parlé plus haut; cependant comme il arrive quelquefois que les Selliers les garniſſent en taffetas verd collé deſſus, ſur-tout celles qui ſont immobiles, il ne faut pas alors y mettre de ſi beau bois, du noyer blanc étant ſuffiſant.

On fait uſage des faux-panneaux & des jalouſies dont je viens de parler, non-ſeulement aux glaces de portieres, mais encore à celles de devant & de cuſtode; c'eſt pourquoi je n'en parlerai pas davantage.

Cependant il faut faire attention que quand les glaces de cuſtode ſeront arrondies comme la Fig. 7, il faut toujours en faire le dehors comme le chaſſis *Fig. 6*, parce que comme on met des pitons *a*, *a*, aux deux côtés des chaſſis, dans leſquels paſſent des fils de laiton qui ſervent à les conduire, il faut néceſſairement que les pitons ſe trouvent tout en haut du chaſſis, afin que quand il eſt baiſſé, l'autre extrémité du fil de laiton ſe trouve à l'entrée de la couliſſe d'appui, ce qui eſt néceſſaire pour pouvoir l'arrêter commodément, le panneau de doublure étant poſé : de plus, cet angle de chaſſis étant conſervé ne nuit à rien, & ſert à maintenir le chaſſis dans la couliſſe, laquelle doit toujours être perpendiculaire, ainſi que l'indiquent les lignes *a*, *b*, des deux Figures.

Ce que je viens de dire touchant les chaſſis des glaces de cuſtode, doit auſſi s'entendre de leurs faux-panneaux & de leurs jalouſies, ainſi que je l'ai déja dit, ſuppoſé qu'on y faſſe uſage de ces dernieres, ce qui eſt rare.

Le vuide des glaces ſe remplit encore d'une autre maniere que celles dont je viens de faire mention, ce qui, à la vérité, ne regarde pas le Menuiſier, n'étant, à proprement parler, que l'affaire du Serrurier & du Sellier; c'eſt pourquoi je n'en parlerai ici que pour en donner une idée.

Les fermetures dont je parle, ne ſont que des rideaux de toile, ou plus ſouvent de taffetas qu'on nomme *ſtores*, leſquels ſont attachés ſous le pavillon & s'abaiſſent ſur l'appui des glaces où on les arrête; ces rideaux ſont roulés ſur un tube ou tuyau de fer blanc, lequel renferme un reſſort que l'on comprime lorſqu'on fait deſcendre le rideau, de maniere qu'en le lâchant, le reſſort le fait remonter tout ſeul, ainſi que le repréſentent les *Fig.* 8 *&* 9.

Comme on veut quelquefois tenir le ſtore à moitié baiſſé, on le retient par le moyen d'un ruban que l'on attache à la tringle du bas du ſtore, & que l'on arrête à un crochet diſpoſé au-deſſus de l'appui de la glace.

Il eſt une autre maniere d'arrêter le ſtore à telle hauteur que l'on veut, qui eſt un peu plus compliquée, à la vérité, mais qui eſt plus commode.

Cette maniere conſiſte à attacher à un des bouts du tuyau *a*, *Fig.* 10 *&* 13

PLANCHE 184. une rondelle taillée & dentelée *b*, en forme de cremaillée, dans les dents de laquelle entre un redent ou encliquetage *c*, lequel tend à remonter en contre-haut par le moyen d'un ressort *d*; ce ressort prête lorsqu'en faisant descendre le store, la rondelle dentelée, en tournant, fait baisser le redent qui reprend aussitôt sa place, & par conséquent arrête le store à la place où il se trouve.

Lorsqu'on veut que le store remonte tout-à-fait, on fait descendre le redent par le moyen d'un ruban *e* qu'on y attache, avec lequel on le tient baissé jusqu'à ce que le store soit tout-à-fait remonté.

Pour ce qui est de la méchanique qui fait monter le rideau, ce n'est autre chose qu'un ressort à boudin, lequel est attaché d'un bout sur la tringle de fer qui sert d'axe au ressort, & qui est attachée solidement par les deux bouts de maniere qu'elle ne puisse tourner; l'autre bout du ressort est attaché à un tampon de bois percé à jour pour pouvoir tourner sur l'axe immobile, & qui est arrêté avec le tuyau de fer-blanc qui porte le rideau que l'on roule au pourtour, de maniere que pour faire descendre le rideau, il faut faire tourner le tuyau, ce qui comprime le ressort à boudin, lequel se dilate lorsqu'on lâche le rideau, & fait retourner le tuyau en sens contraire. A l'autre bout du tuyau est un autre morceau de bois de pareille grosseur que le premier, lequel est pareillement attaché au tuyau, & est percé d'un trou pour faire passer l'axe immobile. *Voy. la Fig.* 10, qui représente un store dépouillé de son tuyau, celle 11, qui est la coupe du store sans le ressort, & celles 12 & 13, qui représentent les deux bouts du store avec les gâches dans lesquelles il est arrêté.

Le store doit être un peu plus large que l'ouverture de la glace, pour qu'il puisse recouvrir des deux côtés de l'ouverture; quant à sa grosseur, elle doit être depuis 9 lignes jusqu'à un pouce, afin que le taffetas étant roulé autour ne fasse pas plus de 15 lignes de diametre, cette largeur étant à peu-près celle qui reste entre le dedans de la frise de la portiere & le dedans du pavillon.

Ce que je viens de dire touchant les glaces des voitures, renferme toute la théorie de ce qu'on doit savoir à ce sujet, & c'est d'après ces connoissances que l'on peut parvenir à rendre les voitures commodes & magnifiques, en procurant à ceux qui en font usage toutes les aisances possibles, en donnant à ces mêmes voitures la forme la plus gracieuse & la plus élégante, sans s'écarter néanmoins des regles invariables de leur construction, sur-tout en ce qui a rapport aux glaces.

Avant de traiter de la forme des voitures, je vais donner la forme & la grosseur des principales pieces qui les composent, en raison d'un profil que j'ai adopté, afin que tout ce que je dirai dans la suite touchant la décoration & la construction d'une Berline & d'une Diligence, qui sont les deux voitures sur lesquelles je m'étendrai davantage, afin qu'il n'y ait point de contradiction tant dans les parties générales, que dans celles de détail dont je traiterai,

traiterai, & que ces profils une fois bien connus, ainsi que les parties de la voiture où on les emploie, aident à l'intelligence du discours, & l'abrege, s'il est possible. PLANCHE 184.

SECTION SECONDE.

Description des profils d'une Berline, & de la grosseur des bois dont elle est composée.

De telle forme que soient les profils d'une Berline, les bois sont toujours à peu-près d'une même grosseur, du moins pour les Berlines ordinaires; de sorte que celles dont les profils sont très-étroits, n'ont qu'une légéreté apparente, les bois y étant tous aussi larges qu'aux autres, d'après le ravalement fait pour pousser la rainure, ainsi qu'on peut le voir à la *Fig.* 1, où la largeur de celle du pied cornier est d'un pouce & demi quarré, au lieu qu'il n'y en a que 13 lignes de largeur apparente. PLANCHE 185.

Cette diminution de largeur des pieds corniers, ôte beaucoup de la force des assemblages, puisque les traverses du haut ne pouvant avoir d'épaisseur que la saillie du profil, leur assemblage ne peut avoir que la distance *a b*, dont une partie est encore occupée par la rainure.

Pour les traverses d'appuis ou d'accotoirs, comme elles sont plus épaisses, on peut en rendre l'assemblage plus solide en le reculant sur le derriere, ce qui donne un assemblage *c d* très-court à la vérité, mais que l'on peut rendre très-solide en faisant passer un second assemblage en enfourchement, lequel est semblable à celui du haut.

Le profil de ce pied cornier n'a que 5 lignes de saillie, plus 3 lignes pour la rainure & le ravalement de derriere. Cette rainure regne tout le long du pied cornier; mais dans le pied d'entrée coté *A*, *Fig.* 2, elle n'a lieu que dans l'appui, parce qu'au-dessus, au lieu & place de cette rainure, on fait une baguette ou toute autre moulure qui sert de battement à la glace.

Cette double moulure sert aussi à reculer la glace plus loin que le devant de la rainure, afin qu'il reste à celle de custode l'épaisseur du panneau sur lequel elle coule; elle est aussi nécessaire à la portiere, afin de donner à la traverse du haut assez d'épaisseur pour y faire un tenon.

Le pied d'entrée, tel qu'il est représenté dans la *Fig.* 2, est coupé au-dessus de l'appui & est dans sa plus grande largeur, qui est de 16 lignes, afin qu'après la largeur du profil & du petit champ qui regne au pourtour de toute la voiture, il reste encore 3 lignes pour la portée du recouvrement de la portiere.

Il y a des occasions où l'on fait les pieds d'entrée plus étroits; mais de quelque maniere qu'ils soient, ils ne peuvent avoir moins de 10 lignes de largeur, (l'épaisseur étant prise ici pour la largeur) pour peu qu'on veuille y conserver quelque solidité.

Le dedans du pied d'entrée est fouillé en forme de coulisse, ainsi que je l'ai dit plus haut. Pour ce qui est de l'arête extérieure, c'est-à-dire, du côté de

PLANCHE 185.

la portiere, à 4 lignes du devant, on y fait un petit ravalement *a*, d'une bonne ligne de profondeur, lequel vient à rien sur l'autre arête, & au fond duquel ravalement on donne un petit coup de bouvet à scie ou autre, dans lequel les Selliers font entrer l'extrémité de l'étoffe dont la surface affleure le nud du bois, par le moyen du ravalement que l'on a fait.

Sur l'arête intérieure, c'est-à-dire, au-dedans de la voiture, on fait une feuillure *b*, de deux lignes de large, & d'une profondeur égale au ravalement que l'on a fait pour placer le panneau de doublure qu'on a soin de couper au nud de cette feuillure : on doit aussi arrondir l'arête du pied d'entrée & le bout du panneau de doublure, afin que cette arête ainsi arrondie, ne nuise pas à l'entrée de la voiture, & que les habits de ceux qui y sont, ne se trouvent pas pris entre le pied d'entrée & la portiere, à laquelle on fait la même opération.

La feuillure que l'on fait tant sur l'arête intérieure du pied d'entrée, que sur celle des battants de portieres, cotée *B*, sert à placer la couture & le galon qui l'enveloppe, & par conséquent à empêcher qu'ils ne fassent une trop grande saillie en dedans de la voiture.

On fait pareillement de petites feuillures sur l'arête intérieure des coulisses *c*, *c*, qui servent au même usage que celles dont je viens de parler, & on observe de faire une petite rainure *d d* sur la joue de devant de la coulisse, à 2 ou 3 lignes de l'arête, dans laquelle on fait entrer l'extrémité de l'étoffe. Il y a des Menuisiers qui font cette rainure dans l'angle de la coulisse, ce qui est à peu-près la même chose ; mais je crois cependant que la premiere maniere est la meilleure, parce que l'étoffe qui entoure les chassis de glaces, frottant contre d'autres étoffes, n'est pas sujette à s'écorcher.

Les feuillures dont je viens de parler se font à tous les endroits des voitures où il doit y avoir des coutures & des galons saillants, de même que les ravalements & les petites rainures ou nervures qu'on doit faire à tous les endroits où l'étoffe finit, afin qu'elle n'excede pas le nud du bois, & qu'étant introduite & collée dans la rainure, elle ne soit pas exposée à s'enlever.

Les battants de portieres ne peuvent pas être plus étroits que celui qui est représenté dans la *Fig.* 2, cote *B*, lequel a 16 lignes de largeur, parce qu'il faut qu'il reste au moins 6 lignes de plein bois entre la feuillure & la coulisse, pour qu'on puisse y placer la ferrure, lesquelles, jointes à 5 lignes de coulisse, font 11 lignes, les 5 lignes restantes servant à la largeur de la feuillure, entre laquelle & le pied d'entrée, il doit y avoir 2 lignes de distance ; savoir, une bonne ligne pour l'épaisseur de l'étoffe, & le reste pour le jeu.

La feuillure des battants de portieres doit être un peu en pente en dedans, afin que le jeu se trouve égal dans toute l'épaisseur ; cependant il faut faire attention qu'au battant du côté de l'ouverture, (qui doit toujours être sur le derriere de la voiture) la feuillure doit toujours être plus en pente que de l'autre côté, afin d'en faciliter l'ouverture. *Voyez la Fig.* 9, *Pl.* 186.

Pour avoir cette pente au juste, & pour ne point travailler au hasard, du point *a*, *Fig.* 8, *Pl.* 180, qui est le dehors de l'ouverture du côté des fiches, de ce point, dis-je, comme centre, & d'une ouverture égale à la largeur de la portiere, prise du dehors du recouvrement au fond de la feuillure, on décrit l'arc de cercle *b c*, *Fig.* 9, même Planche, lequel donne la pente nécessaire à la feuillure de la portiere, laquelle pente augmente le jeu, qu'on pourroit cependant rendre égal en disposant le pied d'entrée parallélement à cette pente, comme l'indique la ligne *d e*, même Fig. PLANCHE 185.

Il est encore une autre maniere de faire les ouvertures des portieres, qu'on nomme *à double feuillure*, laquelle est très-bonne, parce que non-seulement elle facilite tout naturellement l'ouverture de la portiere, mais encore parce qu'elle rend l'ouverture plus close; cependant on ne doit employer cette ouverture que quand les battants auront 20 lignes de largeur au moins, afin qu'il reste toujours 6 lignes de plein bois d'après le fond de la seconde feuillure; c'est pourquoi ces sortes d'ouvertures, quoique très-bonnes, ne se font guere qu'aux voitures à panneaux arrasés, où elles sont indispensables, ou, comme je viens de le dire, à celles dont les battants de portieres seront assez larges pour pouvoir souffrir deux feuillures. *Voyez la Fig.* 4.

Comme les battants de portieres sont plus larges que les pieds corniers, on peut y faire un assemblage plus fort aux traverses de milieu & du bas, & cependant toujours avec un enfourchement, ainsi que je l'ai observé à la *Fig.* 3, qui représente une traverse d'appui de porte-vue en dessus.

La *Fig.* 5 représente la coupe d'un battant de pavillon, avec le profil qui est le plus en usage à présent, ce qui, au reste, ne fait rien à la chose, puisqu'il est très-indifférent de quelle forme soit ce profil. Je ne m'étendrai pas beaucoup ici sur ce qui regarde les pavillons, vu que cette description ne se peut faire que dans la suite; tout ce que je puis dire maintenant, c'est qu'il faut qu'ils aient 3 pouces de largeur de bois, non-compris la saillie de leurs profils, laquelle peut être plus ou moins grande à raison de sa forme & de sa hauteur; ces trois pouces de largeur sont nécessaires, premiérement, pour recevoir la frise de la porte qui entre toute en vie dans le battant de pavillon, comme l'indique la ligne *a b*; cette frise affleure aux pieds d'entrée en dedans & en dehors de la voiture, lesquels, à cet endroit, ont environ un pouce & demi d'épaisseur, qui, pris sur 3 pouces, laissent un pouce & demi de saillie au pavillon en dedans de la voiture, ce qui est nécessaire pour que l'on puisse y placer commodément les stores.

Cette saillie se met ordinairement en pente, afin de ne laisser qu'environ 8 à 9 lignes d'épaisseur au pavillon, ce qui est suffisant pour y attacher une frange ou crépine, & pour y mettre une baguette *C* garnie d'étoffe & quelquefois de broderie, d'après laquelle pend une frange ou crépine.

Ces baguettes sont méplattes & droites sur le côté qu'elles doivent être attachées au pavillon. Les Menuisiers ne les attachent pas eux-mêmes, mais les fournissent toutes faites aux Selliers, qui les attachent après les avoir garnies.

PLANCHE 185.

Pour le dehors du pavillon, on y fait une feuillure d'après la hauteur du profil, pour recevoir les ornements de fonte qu'on y met; le reste s'abat en chanfrein selon la pente totale du pavillon, ainsi que je le dirai dans la suite.

Lorsqu'on ne met pas de ces ornements de fonte au-dessus des pavillons, on substitue à leur place une baguette ou toute autre moulure de bois, laquelle s'attache sur le pavillon, & cache l'extrémité du cuir sur lequel elle recouvre.

La *Fig.* 6 représente une traverse du haut, soit de face ou de custode, laquelle, ainsi que je l'ai dit, n'a d'épaisseur que la saillie du profil; quant à sa largeur, elle doit avoir, premiérement celle du profil & du champ, plus 4 lignes qui entrent dans le pavillon. Quand c'est une traverse de custode, on la diminue de largeur à l'endroit où elle reçoit le panneau, & on y fait une rainure pour le recevoir, ainsi que je l'ai indiqué par des lignes ponctuées.

On doit observer de faire un petit ravalement en pente & une nervure au derriere de ces traverses, lequel sert à placer l'étoffe, & à l'empêcher de faire saillie sur le bois.

La *Fig.* 7 représente une traverse de frise avec celle du haut de la portiere, & celle du haut de chassis de glaces; ces traverses sont toutes disposées à la place qu'elles doivent occuper, & dessinées de grandeur naturelle, ainsi que celle de frise, à laquelle j'ai marqué l'assemblage *D*, lequel passe à côté de celui de la traverse de custode, cote *E*. La traverse de frise entre de 4 lignes dans le pavillon, ainsi que toutes les traverses du haut de la voiture, auxquelles on conserve les tenons de toute leur largeur, parce qu'on laisse passer les battants de 6 lignes plus longs que le dessus de ces traverses, ce qui leur sert d'épaulement. Quant à la largeur de la traverse de frise, elle est bornée par la portée ou recouvrement de la portiere, plus le champ, (lequel doit régner du dessus de la portiere avec le dehors du profil) & les 4 lignes qu'elle entre dans le pavillon, ce qui fait environ 10 lignes de largeur en tout.

On doit aussi faire un ravalement & une nervure au-dessous de la traverse de frise, laquelle regne avec celle des pieds d'entrée, & sert au même usage.

La *Fig.* 8 représente une traverse d'appui de portiere avec celle du bas du chassis de glaces, à la place qu'elles doivent occuper.

La traverse de portiere est réduite à la moindre largeur possible, puisqu'elle n'a point de champ, la moulure en occupant toute la largeur apparente, & le reste de sa largeur étant rejetté derriere la rainure du panneau, d'après laquelle on fait un ravalement d'environ une ligne, pour faciliter l'entrée du panneau, ce que j'ai pareillement observé aux rainures du pied cornier, *Fig.* 1.

Au-dessus de la traverse, est la languette *F*, nommée *apsichet*, laquelle sert à retenir la glace en place; c'est pourquoi il faut lui donner 4 à 5 lignes de hauteur, afin que les ressauts de la voiture ne puissent pas faire passer la glace par-dessus, ce qui l'exposeroit à se casser.

La

La distance du devant de l'apsichet, jusqu'à la joue de la coulisse du battant représenté par la ligne *a b*, doit être de 7 lignes au plus, afin que la glace y entre juste & ne balotte pas, comme je l'ai dit en parlant des coulisses des glaces, *page* 500 & suivantes.

PLANCHE 185.

Le dessus du ravalement de l'apsichet doit être un peu en pente & former un arrondissement dans le fond, afin de faciliter l'écoulement des eaux, & empêcher qu'elles ne séjournent dessus.

J'ai dit plus haut que la traverse du milieu de la portiere étoit réduite à la plus étroite largeur possible ; pour s'en convaincre, on n'a qu'à jetter les yeux sur la *Fig. 9*, qui représente une traverse d'accotoir prise à l'endroit où elle reçoit deux panneaux, & où par conséquent la baguette de devant du profil est supprimée ; il est aisé, dis-je, de voir que cette traverse ne pourroit pas être plus étroite, puisque pour qu'il reste un peu de bois entre les deux rainures, on est obligé de faire ces dernieres moins profondes qu'ailleurs.

Lorsqu'il n'y a point de glaces aux custodes des voitures, les traverses d'accotoirs sont de la même forme que la *Fig. 9*, dans toute leur longueur ; & alors on les nomme *traverses d'ailerons*, à cause de la saillie qu'on laisse en dedans pour porter la garniture ou accoudoir que les Selliers y posent. Quelquefois ces traverses saillissent aussi en dehors, afin de donner plus de largeur à l'accotoir ; mais on ne les fait ainsi qu'aux voitures de campagne, lesquelles sont revêtues de cuir au-dessus de l'appui, & qui par conséquent ne sont pas susceptibles de grande décoration.

La *Fig.* 10 représente une partie de la coupe d'un battant de brancard, prise à l'endroit d'un panneau de côté, dans laquelle j'ai indiqué la place de l'assemblage du pied cornier ou du pied d'entrée, ce qui est égal, puisque leurs assemblages sont les mêmes.

Ces assemblages doivent avoir 6 lignes d'épaisseur au moins, & être disposés de façon que le devant passe au nud du ravalement, du moins c'est l'usage ; car je crois que l'ouvrage en seroit plus solide si on reculoit l'assemblage, afin de laisser de la joue entre le ravalement, ainsi que l'indiquent les lignes *a b* & *c d*, & en faisant passer le reste de l'épaisseur des pieces en enfourchement par-dessus cette joue.

Quant à la hauteur du ravalement du brancard, elle est donnée par celle de la moulure qui passe au-dessous, c'est-à-dire, celle *e f*, d'après laquelle on met la distance *f g* égale à celle *h i*, *Fig.* 1, & le reste se ravale ainsi qu'on le voit dans la Fig. 10.

Il arrive quelquefois qu'on supprime tout-à-fait la moulure du bas du brancard, à la place de laquelle on fait passer la moulure du derriere, ou pour mieux dire, de l'angle du pied cornier, ce qui ne fait d'autre changement dans le brancard, que de faire descendre plus bas le ravalement dont il est ici question, & de faire les assemblages de brancard avec les pieds corniers à traits de

PLANCHE 185.

Jupiter, comme je le dirai dans la ſuite. Quant aux pieds d'entrée, dans le cas dont je parle, ils s'aſſemblent toujours à l'ordinaire, c'eſt-à-dire, à tenons & mortaiſes, qu'il faut alors reculer plus loin que le ravalement, ſi l'on veut conſerver quelque ſolidité à l'ouvrage, à cauſe de la grande profondeur du ravalement.

La *Fig.* 11 repréſente un battant de brancard coupé dans toute ſa groſſeur & à l'endroit de la portiere. La largeur ordinaire des battants de brancard, doit être de 5 pouces au milieu du renflement, ſur deux pouces & un quart d'épaiſſeur, dans lequel ſe fait le ravalement de la marche ou feuillure qui reçoit la portiere, & dont la hauteur & la largeur ſe déterminent de la maniere ſuivante :

Après avoir déterminé la largeur & la forme du profil du brancard, ainſi que je l'ai dit ci-deſſus, on fait d'abord un ravalement dans le brancard de toute la largeur de la portiere, & on le fait deſcendre à 4 lignes près du deſſous de cette derniere, lequel doit régner avec le derriere du profil, ainſi que l'indique la ligne *m n*, *Fig.* 10 & 11.

Quant à la largeur de ce ravalement, elle eſt déterminée par l'épaiſſeur de la portiere à cet endroit, d'après laquelle il faut qu'il y ait un demi-pouce de jeu au moins, pour pouvoir contenir le cuir dont la marche, ou pour mieux dire, le brancard eſt garni, & la garniture de la portiere, ce qui donne aux voitures ordinaires 2 pouces un quart à 2 pouces & demi de largeur de ravalement, lequel ne ſe fait pas de niveau ſur ſa largeur, mais qu'on fait remonter d'une bonne ligne ſur le derriere, afin que les ordures ne s'y arrêtent pas; ſur le devant du ravalement, & à ſix lignes du nud du champ, on fait un renfoncement d'une bonne ligne & demie de profondeur en venant à rien ſur le derriere, lequel ſert à placer le cuir de garniture & les clous qui l'attachent au brancard, de ſorte que la tête de ces clous affleure au nud du bois.

Reſte enſuite à faire la feuillure pour recevoir la portiere ; on la fait la moins profonde poſſible, afin qu'il ne s'y arrête point d'ordure qui puiſſe nuire à la portiere, qui entre toute en vie dans cette feuillure, ce qui eſt meilleur que de faire ouvrir la portiere à recouvrement, ainſi que par le haut & par les côtés, parce que ce recouvrement étant très-foible, eſt ſujet à ſe pourrir ; de plus, la portiere portant ainſi ne peut pas deſcendre, ce qui eſt un très-grand avantage.

Pour le dedans du brancard, on n'y fait point de feuillure pour recevoir les plafonds à l'endroit de la portiere, parce que c'eſt l'épaiſſeur du bois de la cave qui en ſert, & il n'y a qu'aux deux extrémités où les plafonds ſont mobiles; ou bien quand il n'y a point de cave, on fait aux battants de brancard des feuillures de 6 à 7 lignes de largeur ſur 9 lignes de profondeur au moins, comme je l'ai indiqué par une ligne ponctuée, dont l'extrémité vient au-deſſus de l'aſſemblage des traverſes de brancard.

Quant au deſſus du brancard, il doit être liſſe avec le deſſus des plafonds,

& c'est ce dessus de brancard que l'on nomme *la marche de la voiture*, du dessus de laquelle on compte sa hauteur, laquelle dépend toujours du dessus de la marche au-dessous de la frise, ce qui est tout naturel, puisque ce sont les parties les plus proches de l'intérieur de la voiture tant du haut que du bas, & entre lesquelles il faut nécessairement passer pour entrer dedans.

PLANCHE 185.

Pour ce qui est de la traverse de portiere représentée *Fig.* 12, il est inutile d'en faire aucune description, parce que ce ne seroit qu'une répétition de ce que j'ai dit jusqu'à présent, l'inspection seule de la Figure étant suffisante, & que de plus je traiterai à part de la construction des portieres, ainsi que de toutes les autres parties des voitures.

PLANCHE 186.

Les profils dont je viens de donner la description, sont tous séparés les uns des autres, & ne donnent, ce me semble, pas une idée assez claire des formes des diverses parties d'une voiture, prises à différentes hauteurs ; c'est pourquoi j'ai cru qu'il étoit nécessaire de faire voir ces différents profils assemblés tant de largeur que de hauteur, afin qu'on puisse voir d'un seul coup d'œil les différentes formes que prennent les pieces qui composent une Berline, & par conséquent toutes autres especes de voitures, qui, telles qu'elles puissent être, sont toujours faites à l'imitation de celle dont je parle.

La *Fig.* 1 représente le plan de l'angle d'une Berline du côté de la face, prise au-dessus de l'appui, avec les pieds corniers, le panneau de pilastre, le montant de glace, qui est par derriere arrasé au pilastre, & qui, par économie, y est assemblé à rainure & languette (*) ; au derriere du montant de glace, est placé le coulisseau avec sa barre à queue.

La *Fig.* 4 représente le même angle d'une Berline, mais coupé dans la hauteur de l'appui, & dans lequel se trouvent les panneaux de doublures & le coulisseau.

Les *Fig.* 2 & 3 représentent la coupe de l'angle de la même Berline, mais vue de côté & coupée au-dessus de l'appui ; dans la *Fig.* 2, se trouvent compris le pied cornier, le panneau & le montant de custode, avec le coulisseau qui est placé derriere & garni de barres à queues ; & dans la *Fig.* 3, sont compris les pieds d'entrée & les battants de portieres.

Les *Fig.* 5 & 6 représentent le même côté de Berline, coupé dans la hauteur de l'appui, ainsi que la *Fig.* 4.

La *Fig.* 7 représente le plan, ou pour mieux dire, la coupe d'un pied cornier de Diligence, auquel j'ai donné un pouce & demi d'épaisseur, afin de le rendre plus solide, & d'avoir assez de place pour y mettre une barre à queue ; sur ce pied d'entrée est un battant de portiere de même forme que ceux ci-dessus, ce qui ne demande aucune explication.

La *Fig.* 8 représente un autre pied cornier de Diligence, lequel n'a que 14

(*) Je dis par économie, parce que si le profil étoit pris & ravalé dans l'épaisseur du panneau, l'ouvrage en feroit plus solide, sans que cela fût plus difficile à faire ; mais en même temps cela coûteroit plus de bois, ce qui est la principale raison pour laquelle on rapporte ce montant ainsi que ceux des custodes, qui se rapportent de la même maniere.

PLANCHE 186.

lignes d'épaisseur, ce qui le rend, à la vérité, plus léger, mais en même temps ce qui empêche d'y mettre des barres à queues pour la refuite de la glace, ou du moins n'en permet qu'une très-mince, ce qui fait que les coulisses ne peuvent être que très-peu profondes, & c'est un grand inconvénient, auquel on peut remédier en enlevant une des joues des coulisses & la rapportant avec des vis; mais cette joue ainsi supprimée affoibliroit trop ce pied, lequel a d'autant plus besoin de force, que la portiere est ferrée dessus.

Ce pied cornier dont je parle, ainsi que le battant de portiere qui y est joint, ne sont pas disposés comme les autres dont j'ai fait la description ci-devant, où la portiere fait avant-corps sur le reste de la caisse, mais au contraire le pied cornier & le battant de portiere sont sur le même plan & forment ensemble un pilastre, ce qui fait assez bien de ce côté de la portiere; mais de l'autre côté, représenté *Fig.* 9, ce n'est pas la même chose, parce que le battant de portiere étant obligé d'emporter la moulure, le panneau se trouve découvert à l'ouverture de cette derniere, &, n'étant retenu par aucune rainure, est exposé à travailler & à se coffiner, le clou d'épingle avec lequel il est attaché avec le pied d'entrée sur lequel il passe, n'étant pas suffisant pour le retenir: on peut objecter à ces raisons, que la toile & le nerf qui sont collés derriere empêchent l'effet que je crains ici; mais l'expérience fait voir que quelque précaution que l'on prenne, le meilleur moyen de retenir les panneaux, est de les enfermer dans des rainures.

Les ouvertures de portieres ainsi disposées, ont encore un autre défaut, qui est que comme elles emportent avec elles le retour des moulures horisontales de toute la saillie de l'onglet, ce qui est inévitable, quelque précaution que l'on prenne en faisant les portieres, elles font toujours quelque mouvement; ce qui fait qu'alors les moulures horisontales ne se rencontrant plus avec leurs bouts qui tiennent après la portiere, font un très-mauvais effet, auquel il est impossible de remédier; de plus, les panneaux passant ainsi par-dessus les pieds d'entrée, en diminuent l'épaisseur, & par conséquent la force, sans parler de la difficulté qui se rencontre, quand il y a des glaces aux custodes des voitures ainsi disposées, comme je le prouverai dans la suite.

On ne peut cependant nier que cette façon de faire ouvrir les voitures, n'ait de grands avantages quant à la décoration en général, parce qu'on peut faire régner les moulures de la portiere avec celles de la voiture, tant par le haut que par le bas; de sorte que les panneaux & les glaces deviennent de même hauteur, du moins en suivant le contour de la voiture, dont les champs sont les mêmes & viennent au nud de ceux de la portiere, laquelle ouvre de dessous le pavillon, comme on peut le voir dans la *Fig.* 10.

Quand les portieres ouvrent ainsi, il n'y a point de frises apparentes au-dessus de ces dernieres, & celle qu'on y met se trouve cachée derriere, en observant de la reculer assez pour que quand la portiere est fermée, il se trouve

entre

entre le devant de la frise & le derriere de la traverse du haut de la porte, 7 lignes de distance au moins, afin qu'on puisse lever la glace librement.

Planche 186.

Pour le bas de l'ouverture de la portiere, il n'y a point de différence pour l'ouverture avec celle dont j'ai parlé plus haut, si ce n'est qu'on recule plus loin la premiere feuillure du brancard, pour qu'il reste de la force entre le fond de la rainure de la traverse du bas de la porte, & la feuillure qu'on fait sous cette même traverse. *Voyez la Fig.* 10.

Quelque grands que paroissent les avantages qui résultent pour la décoration & la symmétrie des voitures, en faisant ouvrir leurs portieres comme aux *Fig.* 8, 9 & 10, il faut pourtant leur préférer la premiere maniere pour les raisons que j'ai dites plus haut, & que je déduirai plus au long en parlant des voitures à panneaux arrasés, parce que si l'ouverture du haut & du bas fait bien, en récompense celle des côtés fait très-mal, sur-tout dans le cas d'une Berline, à moins toutefois qu'on ne puisse changer quelque chose à l'ouverture des côtés, que l'on pourroit placer dans le dégagement de quelque profil, ce qui leveroit toutes les difficultés, ainsi que je le prouverai en parlant des différents profils & ornements des voitures.

La *Fig.* 11 représente la coupe perpendiculaire d'une voiture prise au milieu du derriere, & à laquelle j'ai supposé un panneau plein par derriere de 6 lignes d'épaisseur; & j'ai représenté au bas une partie de la traverse de brancard, avec la naissance du panneau cintré qui entre dedans, laquelle j'ai placée perpendiculairement au-dessous de celle d'appui ou de ceinture, ce qui, naturellement ne doit pas être, à cause du cintre; mais je ne l'ai placée ainsi que pour épargner la place, & ne pas déranger l'ordre des Figures.

La *Fig.* 12 représente une autre coupe d'une Berline, prise à l'endroit d'une custode; & la *Fig.* 13 enfin, représente la coupe de cette même Berline, prise au milieu de la portiere.

D'après tous les plans & coupes que je viens de donner tant en grand séparément qu'en petit, des diverses parties assemblées, il sera fort aisé d'entendre ce que je dirai dans la suite, tant pour la décoration que pour la construction de toutes les especes de voitures, dont les principes sont toujours à peu-près les mêmes, ainsi que je l'ai déja dit & que je le prouverai dans la suite.

Section Troisieme.

De la maniere de déterminer la forme des Voitures & d'en faire les Calibres.

La commodité étant ce qu'on doit le plus préférer dans la disposition & dans la forme des Voitures, il faut, avant de procéder à déterminer leurs formes & grandeurs, se rendre compte de l'usage auquel on veut les destiner, & du nombre de personnes qu'elles doivent contenir, du rang & même des goûts de

Planche 187.

PLANCHE 187.

ces mêmes personnes, afin de leur donner des grandeurs qui soient convenables à chacune d'elles.

Comme jusqu'à présent j'ai fait l'application de tout ce que j'ai dit, tant pour la décoration que pour la construction, à une Berline telle qu'on les fait à présent, je continuerai toujours de même, en appliquant ce que j'ai à dire touchant la forme des voitures & leurs calibres, à la même Berline, laquelle étant la plus compliquée des voitures, donne le ton à toutes les autres qui n'en sont que des diminutifs, malgré la différence qu'il semble y avoir entre elles.

Pour tracer l'élévation d'une voiture, il faut d'abord faire choix des profils & des formes qu'on veut y employer, tant pour le corps de la voiture que pour le brancard qui rentre plus ou moins en dedans de la caisse, à raison des ouvertures des portieres ou des différents profils qu'on y emploie, comme je l'ai dit plus haut.

Ensuite on fixe la hauteur de la Berline, *Fig.* 1, qui est de 4 pieds 4 à 5 pouces au moins, entre le dessus *A* de la marche & le dessous de la frise *B*, d'après la largeur de laquelle on établit le cintre du pavillon de la voiture, qui est ordinairement un arc de cercle de 2 pouces de retombée sur les angles, laquelle retombée est marquée par la ligne *C D*; puis on détermine la largeur, ou pour mieux dire, la longueur de la voiture par le haut, laquelle doit être, du moins pour l'ordinaire, de 5 pieds 5 pouces; savoir, 20 pouces & demi pour chaque largeur de custode, & 2 pieds de largeur d'ouverture de portiere, prise entre les deux pieds d'entrée que l'on trace par deux lignes perpendiculaires *E F* & *G H*; on fixe ensuite la hauteur de l'appui ou cintre de la voiture, laquelle se trouve environ (*) au milieu de la hauteur de l'ouverture de la portiere, ainsi que la ligne *I L*, à laquelle ligne on donne 5 pieds de longueur; savoir, 18 pouces pour chaque custode, & 2 pieds pour l'ouverture de la portiere, ce qui donne 2 pouces & demi de pente à chaque bout de la voiture, laquelle pente on trace par les lignes *C I* & *D L*, que l'on prolonge indéfiniment au-dessous de la ligne de ceinture; reste à tracer le cintre du brancard & du bas de la voiture, ce qui se fait de la maniere suivante :

Au-dessus & à 5 pouces de distance de la marche de la voiture, on trace une ligne horisontale *M N*, à laquelle on donne environ 4 pieds de longueur; puis par les points *I*, *M*, *O*, *N*, *L*, on fait passer une courbe qui n'est ni

(*) Je dis environ, parce qu'on ne peut pas déterminer cette hauteur au juste, sans auparavant avoir tracé la forme du cintre du bas de la portiere, & par conséquent du brancard, comme je l'ai dit *page* 497, en parlant de la maniere de déterminer la hauteur des glaces; mais comme on ne peut pas tracer le cintre du brancard sans auparavant avoir fixé la longueur de la voiture à l'endroit de la ceinture, il faut nécessairement tracer la ligne de ceinture avant toute chose, en observant de ne la pas mettre beaucoup plus haute ni plus basse qu'il ne faut, afin de n'avoir pas de grands changements à faire quand le cintre du bas de la portiere est tracé; de plus, une voiture une fois tracée, sert pour toutes les autres, en y ajoutant ou retranchant quelque chose. Je ne fais ici cette observation, que pour le cas où on se trouveroit de tracer une Berline sans qu'on en eût aucun modele dessiné ou exécuté.

portion de cercle ni d'ovale, mais dont chaque moitié eſt composée de trois parties d'arcs de cercles, leſquels forment une courbe gracieuſe & ſans aucun jarret, ce qui eſt d'autant plus vrai, que les rayons de ces arcs de cercles paſſent par les centres de ceux qui les avoiſinent, & auxquels ces mêmes rayons ſont perpendiculaires, comme on peut le voir dans la *Fig.* 1, où la ligne *P Q*, qui eſt un rayon du grand arc du milieu de la courbe, paſſe par le point *R*, qui eſt le centre du ſecond arc *P S*, dont le rayon *S R* eſt prolongé juſqu'à ce qu'il rencontre la ligne *I T*, laquelle eſt perpendiculaire à celle *I C*; de ſorte que le point *T* devient le centre du dernier arc de cercle *S I*, lequel ne ſauroit faire aucun jarret avec la ligne droite *I C*, puiſque celle *I T*, qui eſt un rayon de cet arc, eſt perpendiculaire à cette derniere.

PLANCHE 187.

Le contour extérieur de la voiture étant ainſi déterminé, on y ajoute en dedans les largeurs indiquées par le profil dont on a fait choix, & on trace la traverſe du bas de la portiere, tant dans ſa largeur apparente que dans ſa largeur réelle, (ainſi que je l'ai obſervé à toutes les parties de cette voiture, où les largeurs réelles ſont diſtinguées des largeurs apparentes par une teinte plus foncée) afin de pouvoir fixer au juſte la hauteur de l'appui, lequel une fois tracé, on acheve de marquer le reſte de la voiture vue de côté.

Il faut faire attention que je ſuppoſe ici qu'une partie du brancard ſaille en deſſous de la Berline, comme il eſt marqué dans le profil que j'ai adopté ; mais s'il arrivoit qu'on voulût qu'il ſaillît davantage, il faudroit au contraire que le deſſous du brancard affleurât à la ligne *M P O*, ce qui ne changeroit rien au cintre de la voiture, & ne feroit qu'éloigner ou rapprocher le deſſus de la marche de la ligne *M N*.

Le cintre des montants de croſſe des cuſtodes, ſe trace par la même méthode que celui du fond ou cul-de-ſinge de la voiture, c'eſt-à-dire, par divers arcs de cercles dont on fait paſſer les rayons dans le centre des uns & des autres, en obſervant que le plus haut de ces arcs de cercles ne faſſe tangente avec la ligne *U X*, (qui eſt parallele à celle *I C*,) qu'au haut du montant de la cuſtode, afin d'éviter que ce dernier ne paroiſſe rentrer du haut, ce qui arrive toutes les fois qu'il ſe trouve dans une certaine longueur parallele avec la ligne *U X*.

Après avoir ainſi tracé le côté de la voiture, il eſt fort aiſé d'en tracer la face, vu que toutes les hauteurs en ſont bornées par celles de côté, comme on peut le voir dans la *Fig.* 6, où toutes les hauteurs ſont bornées par les lignes horiſontales *C D*, *I L* & *M N*, *Fig.* 1, que j'ai prolongées de cette Figure à la *Fig.* 6, afin de faire mieux ſentir le rapport qu'elles ont & doivent néceſſairement avoir entr'elles ; reſte à déterminer la largeur de la Berline, laquelle doit avoir 3 pieds 5 pouces de largeur par le haut à la retombée du cintre, ce qui eſt eſſentiel à obſerver, 3 pieds 4 pouces à la ceinture ou traverſe d'appui, & 3 pieds au nud du brancard.

De maniere que la voiture eſt évaſée par le haut d'un demi-pouce de chaque

PLANCHE 187.

côté, lequel évaſement eſt une ligne droite depuis le haut juſqu'à l'appui, lequelle ſe termine en S par le bas pour regagner les deux pouces de différence qui ſe trouvent de chaque côté entre la largeur de la voiture à la ceinture, & celle de cette même voiture au nud du brancard.

Pour le cintre de face du haut, on le fait le moins bombé poſſible, en obſervant d'en faire deſcendre la retombée au nud de celle du cintre de côté.

Quant à la largeur des pilaſtres de devant, elle ſe détermine, ainſi que je l'ai dit plus haut, par la rentrée intérieure des pieds corniers, ou bien par la grandeur de la glace qu'on veut y mettre. *Voyez la Fig. 6*, laquelle repréſente la face d'une Berline diſpoſée de ces deux manieres, c'eſt-à-dire, le côté marqué *Y*, diſpoſé pour recevoir une glace de la plus grande hauteur & largeur poſſible, & l'autre côté marqué *Z*, diſpoſé avec une friſe & un grand pilaſtre pour diminuer la grandeur de la glace.

Ce que je viens de dire n'eſt que pour ſervir à tracer les voitures vues géométralement, mais ne peut ſervir à les tracer totalement, parce que non-ſeulement ces mêmes voitures ſont évaſées & cintrées tant ſur la face que ſur les côtés, mais encore évaſées par leur plan, ce qui donne du ralongement non-ſeulement aux parties cintrées qui les compoſent, mais encore aux parties droites, comme les traverſes de côté & tous les battants en général, ainſi que je vais l'expliquer.

Pour donner de la grace à la forme des Berlines, & pour les rendre plus commodes, on s'eſt aviſé de les bomber dans le milieu de leur largeur, ſurtout à l'endroit de la ceinture, ce qui les a rélargies ſans pour cela augmenter la largeur du brancard; c'eſt ce bombage que les Menuiſiers en Carroſſes nomment *renflement*, lequel fait une des plus grandes difficultés qui ſe rencontrent dans la conſtruction des voitures.

Ce renflement eſt plus ou moins conſidérable, ſelon les différentes eſpeces de voitures, comme je le dirai en ſon lieu, & eſt différent dans la hauteur d'une même voiture; de ſorte que les faces des plans d'une Berline, pris à l'endroit du brancard, à la ceinture & au pavillon, ne ſont point paralleles entr'elles, ce qui donne des gauches dans les côtés de la voiture, leſquels ſont tolérables dans la partie de l'appui, mais qui ne peuvent ſe ſouffrir dans le haut quand il eſt deſtiné à recevoir des glaces.

La partie du côté de la Berline où ſe place la portiere, eſt toujours droite, de ſorte que le renflement ſe fait du dehors de cette derniere; c'eſt pourquoi lorſqu'on veut tracer le plan du renflement d'une voiture, on y abaiſſe des lignes perpendiculaires du dehors de la portiere, comme celle × 1; (la moitié de la Figure ſuffiſant pour le tout;) du nud du brancard, comme celle *M* 2; du nud de la ceinture, comme celle *S* 3; & du haut du dehors de la voiture, comme celle *C* 4.

On fait la même opération ſur l'élévation de face, *Fig. 6*, c'eſt-à-dire, qu'on abaiſſe des perpendiculaires du dehors de la voiture au nud du pavillon & de la ceinture,

ceinture ; puis le point 5, *Fig.* 7, étant ſuppoſé le même que celui *c*, *Fig.* 6, on porte ſur la ligne du milieu de l'élévation continuée juſques ſur le plan, la diſtance *c b*, *Fig.* 6, de 5 à 6, *Fig.* 7 ; & celle *c a* de 5 à 7 ; puis des points 5, 6 & 7, on mene autant de lignes paralleles & horiſontales aux perpendiculaires de l'élévation qui leur ſont correſpondantes, ce qui détermine ſur le plan les ſaillies tant de face que de côté de la ceinture, & du haut de la voiture ; reſte à marquer ſur ce plan le renflement, ce qui ſe fait de la maniere ſuivante :

PLANCHE 187.

Au point où la ligne 2, 5, coupe celle × 1, on porte ſur cette derniere la diſtance de 9 lignes, qui eſt le renflement du brancard, de *d* à 8 ; puis du point 2 au point 8, on mene une ligne qui eſt la pente du brancard, & du point 8, on mene une ligne parallele à celle 2, 5, laquelle donne le devant de la portiere à l'endroit du brancard.

On fait la même opération pour le pavillon, c'eſt-à-dire, qu'on porte la diſtance de 2 pouces & demi, qui eſt le renflement ordinaire, de *f* à 1 ; puis du point 4 au point 1, on tire une ligne qui eſt la pente du pavillon priſe au nud de la caiſſe, & de la retombée de ce même pavillon repréſentée ſur l'élévation par la ligne *C D*.

Reſte à préſent à tracer le renflement de la voiture à l'endroit de la ceinture : la maniere la plus ordinaire de le faire, eſt de prendre la diſtance *a b*, *Fig.* 6, & de la porter de 1 à 9, *Fig.* 7 ; & du point 9 au point 3, on tire une ligne, laquelle donne la pente de la ceinture de la voiture, ou pour mieux dire, ſon renflement d'appui. Cette maniere de déterminer le renflement des voitures, eſt vicieuſe, en ce qu'elle produit un gauche dans la cuſtode, lequel pourroit être tolérable s'il n'y avoit pas de glace ; mais quand il y en a, il n'eſt pas poſſible de le ſouffrir, à moins qu'on ne laiſſe du jour entre la glace & la joue des couliſſes, ce qui eſt fort déſagréable à voir, & ce qui arrive cependant à bien des voitures, où on n'a pas pris les précautions néceſſaires pour éviter ce gauche, lequel eſt fort aiſé à connoître par le plan, puiſque la ligne 3, 9, qui eſt le nud de la ceinture, n'eſt pas parallele à celle 4, 1, qui eſt le haut de la voiture repréſenté par la ligne *C D*, *Fig.* 1, laquelle doit toujours être priſe horiſontalement à cauſe de l'inclinaiſon de la face de la voiture, & afin qu'étant parallele à celle d'appui, elles produiſent enſemble des ſurfaces dégauchies, ce qui ne pourra jamais être tant que les lignes du plan, qui repréſentent celles dont je parle, ne ſeront pas paralleles entr'elles, ainſi que celles 4, 1, & 3, 9.

Ce qui donne lieu au gauche dont je parle, c'eſt qu'on donne ordinairement la même pente aux pieds d'entrée comme aux pieds corniers, ſans faire attention à la pente que ces derniers ont par les deux bouts de la voiture, ce qui augmente la pente de côté, vu le renflement de la voiture, ainſi que je vais le démontrer.

Soit le point *A*, *Fig.* 8, l'angle de la voiture pris à la ceinture, & la diſtance

PLANCHE 187.

A B, la pente du pied cornier par l'un des bouts : soit pareillement la distance *B D*, la pente de ce même pied cornier sur le côté, il est fort aisé de voir que la ligne *A D* est l'arête extérieure du pied cornier représenté en plan ; ensuite du point *D*, qui représente l'angle du haut de la voiture, on tire la ligne *D C*, selon l'évasement donné par le renflement du haut de la voiture, pris à la hauteur de la ligne *C D*, *Fig.* 1 ; il s'ensuivra nécessairement, que pour que la ceinture se dégauchisse avec le haut de la voiture, il faut que du point *A*, qui est l'angle extérieur de la voiture, pris à l'endroit de la ceinture, on mene une ligne *A G* parallele à celle *C D*, & que la distance *A F*, prise entre ces deux lignes, & perpendiculairement à la ligne *A B*, devienne beaucoup plus grande que celle *A E* ou *B D*, ce qui est la même chose, & ce qu'il falloit démontrer.

Il suit de cette démonstration, que pour avoir la pente d'une voiture à l'endroit des pieds d'entrée, après avoir tracé le renflement du haut de la voiture, on prend avec un compas la distance du point 3, *Fig.* 7, au point *g*, que l'on porte de *i* en *l*; & par les points 3 & *l*, on fait passer une ligne, laquelle est nécessairement parallele à celle 4, 1 ; & du point *m*, où cette premiere rencontre la ligne × 1, qui est le dehors de la portiere, on mene une autre ligne *m n* parallele à celle 1 *o*, de sorte que la distance *m* 1 ou *n o*, est la pente des pieds d'entrée prise depuis le dessus de l'appui, jusqu'au nud de la retombée du cintre de la voiture, représenté par la ligne *C D*, *Fig.* 1.

S'il arrivoit qu'au lieu de la pente des pieds corniers, ce fût celle des pieds d'entrée qui fût donnée, on se serviroit toujours de la même méthode, en retournant seulement l'opération, c'est-à-dire, en menant du point *m*, que je suppose donné, une ligne parallele à celle 1, 4, que l'on prolongeroit jusqu'à ce qu'elle rencontrât la ligne perpendiculaire abaissée de l'angle *I* de la voiture, *Fig.* 1.

L'observation que je fais ici touchant le parallélisme des différents plans d'une voiture, est très-essentielle, sur-tout lorsqu'on y fait usage des glaces, parce que non-seulement il faut que les places destinées à recevoir ces dernieres soient parfaitement dégauchies, mais encore il faut éviter que l'appui de ces mêmes glaces ait beaucoup de gauche, parce que cela oblige à prendre beaucoup de place pour leurs coulements, lesquels devant aussi être dégauchis, diminuent la grandeur intérieure de la voiture.

Après avoir tracé le plan des différents renflements de la voiture, il est très-aisé de déterminer la forme extérieure des pieds d'entrée, & par conséquent des portieres, ce qui se fait de la maniere suivante :

Sur les prolongations des lignes *C D*, *I L* & *M N*, *Fig.* 1, on éleve une perpendiculaire ainsi que celle *A B*, *Fig.* 3, représentée par le point *o*, *Fig.* 7, ou par le point 1, ce qui est la même chose ; puis on prend la distance *o n* ou 1 *m*, même Figure, que l'on porte *Fig.* 3, de *B* à *C*, & duquel point on éleve à la ligne de ceinture une ligne perpendiculaire, laquelle la rencontre au point *E*, ce qui donne la pente du devant du pied d'entrée, dont l'arête, ou pour mieux dire la ſurface de la partie ſupérieure, eſt repréſentée par la ligne *E A*, laquelle ſurface coupe la ligne perpendiculaire à la rencontre de la ligne *C D*, *Fig.* 1, prolongée juſques & au-delà de la *Fig.* 3 ; on prend enſuite la diſtance *o p* ou 1, 8, *Fig.* 7, qu'on porte de *B* à *D*, *Fig.* 3, par lequel point *D*, on fait paſſer le bas du cintre en S de l'appui, qu'on fait le plus doux poſſible, pour la raiſon que j'ai dite en parlant des couliſſes des glaces, *page* 499 *& ſuivantes.*

Planche 187.

Le cintre en S des pieds d'entrée dont je parle, ne peut pas être exactement le même que celui des pieds corniers, (que j'ai tracé dans cette Figure par une courbe ponctuée, afin de la diſtinguer d'avec la courbe des pieds d'entrée) parce qu'étant beaucoup plus longue que cette derniere, elle feroit mal ſi elle ſuivoit le même cintre, lequel n'eſt pas ſi gauche qu'il paroît l'être ici, vu les différents plans que donnent le cul-de-ſinge de la voiture & ſon renflement.

Il eſt cependant vrai qu'il y a un peu de gauche ; mais c'eſt très-peu de choſe, puiſque la diſtance *C s*, *Fig.* 3, eſt égale à celle *q* 3, *Fig.* 7 ; laquelle diſtance eſt donnée par la ligne *r* 8, qui étant parallele à celle 3, 9, ne peut, par conſéquent, produire qu'une ſurface droite.

Tout le gauche qu'il y a n'eſt donc que de la diſtance *s t*, *Fig.* 3, ce qui eſt très-peu de choſe, & à quoi on pourroit cependant remédier, en faiſant, comme je viens de le dire, le côté du brancard parallele en plan avec la traverſe d'appui.

Pour la ligne du milieu de la portiere, repréſentée par celle *F I L*, *Fig.* 2, c'eſt le même cintre & la même pente qu'au pied d'entrée, les diſtances *F G* & *F H*, *Fig.* 2, étant égales à celles *D C* & *D B*, *Fig.* 3, parce que les portieres ſont ordinairement ſur une ſurface droite, en obſervant cependant, quand les portieres ſont corps ſur les pieds d'entrée, d'augmenter leur ſaillie ſur le calibre, ainſi que l'indique la ligne ponctuée × × ×. Il faut encore faire attention que comme la pente & la rentrée du cintre des *Fig.* 2 *&* 3 ſont bornées par le haut & par le bas par la rencontre des lignes *C D* & *M N* de l'élévation, *Fig.* 1, avec les perpendiculaires dont les ſurfaces ſont repréſentées ſur le plan *Fig.* 7, par les lignes 1 *o* & 8 *p* ; il faut faire attention, dis-je, que ces lignes, qui ſont droites ſur le plan, changent de forme, ſoit par la ſortie des lignes droites du haut, repréſentées *Fig.* 2 *&* 3, par les perpendiculaires *L* 1 *& A* 2, dont la hauteur eſt bornée par des lignes ponctuées provenantes de l'élévation *Fig.* 1 ; de ſorte que les points 1 & *o* du plan *Fig.* 7, s'écartent de la ligne droite 1 *o*, de la diſtance 1 *a* & 2 *b*, *Fig.* 2 *&* 3.

Ce que je viens de dire pour le haut de la voiture, doit auſſi s'obſerver pour le bas, parce que pour que le cintre en S faſſe bien, il faut qu'il rentre d'après la ligne *M N*, *Fig.* 1, de maniere que le brancard ne peut pas avoir exactement la même forme que celui qui eſt repréſenté par les lignes du plan 2, 8, *p*, mais encore il faut que ces brancards ſoient hors d'équerre pour ſuivre le

PLANCHE 187.

cintre de la voiture, ainsi que l'indiquent les lignes perpendiculaires *Fu*, *Fig.* 2, *D x* & *t y*, *Fig.* 3, dont les distances avec la rentrée des cintres d'après lesquels elles sont abaissées, donnent l'évasement & le hors d'équerre du brancard, ce que j'expliquerai dans la suite avec plus d'étendue en parlant de la forme & de la construction des pavillons & des brancards.

Il est encore un autre changement dans la forme des différents plans d'une Berline, qui n'est pas nécessaire & indispensable comme celui dont je viens de faire mention, mais qui feroit un très-bon effet. Ce changement dont j'ai déja parlé en traitant du corroyage des bois des voitures, *page* 484, consiste à éviter le défaut que produisent les angles formés par les portieres & les côtés de la voiture, défaut auquel on peut remédier en donnant aux différents plans de la voiture une forme bombée, du moins quant à l'extérieur, ainsi que l'indique la ligne 2 *z p*, *Fig.* 7, laquelle, sans augmenter le renflement de la voiture, en adoucit seulement l'angle 8, ou bien comme la ligne 4, 1, *&*, laquelle passant par l'angle 1, augmente le bombage du milieu de la voiture.

On ne sauroit disconvenir que cette forme bombée feroit beaucoup mieux que celle à pan qui est en usage à présent, sans pour cela être plus difficile à l'exécution, ainsi que je l'ai dit plus haut, en observant toutefois de conserver le parallélisme nécessaire pour le revêtissement des glaces, ainsi que je l'ai indiqué ci-dessus.

Ce que je viens de dire jusqu'à présent, n'est applicable qu'aux différents plans d'une Berline, à la forme & à la longueur des pieds d'entrée & des battants de portieres, dont le cintre & l'évasement n'est que sur un sens.

Il s'agit maintenant de déterminer la longueur & la forme des pieds corniers, lesquels sont non-seulement évasés sur deux sens, mais encore dont les cintres & l'évasement sont différents, ce qui en rend l'opération un peu plus compliquée, ainsi que je vais l'expliquer.

Les pieds corniers étant cintrés des deux côtés & inégalement, il faut nécessairement avoir le calibre ralongé de chaque cintre, afin de n'employer que le moins de bois qu'il est possible, & en même temps conserver le fil du bois & éviter le bois tranché qui se rencontreroit nécessairement dans les pieds corniers si on les prenoit à plein bois, c'est-à-dire, qu'après les avoir cintrés géométralement, comme les représentent les *Fig.* 1 & 6, on leur donnât la pente & l'évasement nécessaire, ce qui éviteroit la peine de faire des calibres ralongés, mais en même temps emploieroit davantage de matiere, & augmenteroit le bois tranché, ce qu'il faut absolument éviter.

Le premier calibre ralongé dont on a besoin, est celui du cul-de-singe représenté géométralement par la ligne *N L D*, *Fig.* 1, lequel se trace de la maniere suivante :

Le cintre géométral du côté du pied cornier étant tracé, & celui de face, ainsi que la *Fig.* 1 & 6, le dessus de l'appui étant déterminé par la ligne *L E*, *Fig.*

Fig. 1 & 6, on divise la hauteur de l'appui en un nombre de lignes paralleles à cette derniere, ainsi que celles *b s*, *d t*, *f u*, *h x*, *l y* & *N C*; ensuite de l'extrémité supérieure du dedans du pied cornier, *Fig.* 6, à l'endroit le plus cintré, on fait passer une ligne droite *B D*, à laquelle on mene une parallele *A C*, ce qui donne d'abord l'épaisseur de la piece dans laquelle doit être pris le pied cornier, & en même temps la pente & le ralongement du calibre, qui se trace comme je vais l'indiquer.

PLANCHE 187.

On trace à part, *Fig.* 4, une ligne perpendiculaire ainsi que celle *G H*; puis on prend sur la ligne *A C*, *Fig.* 6, les distances données par les lignes horisontales qui la coupent, que l'on porte sur la ligne *G H*, *Fig.* 4, du point *F* aux points *n*, *o*, *p*, *q*, *r* & *H*; de sorte que la distance *F H* est égale à celle *E C*, *Fig.* 6, ainsi des autres points, sur lesquels on éleve autant de perpendiculaires à la ligne *G H*, *Fig.* 4, dont les longueurs étant égales à celles de la Figure premiere qui leur sont correspondantes, donnent le cintre ralongé, c'est-à-dire, que l'on fait la distance *F* 8, *Fig.* 4, égale à *L* 1, *Fig.* 1; celle *n* 9 égale à *b* 2; celle *o* 10 égale à *d* 3; celle *p* 11 égale à *f* 4; celle *q* 12 égale à *h* 5; celle *r* 13 égale à *l* 6; & celle *H* 14 égale à *N* 7; ensuite pour l'évasement du haut du calibre, on prend sur la *Fig.* 6, la distance *E A*, qu'on porte de *F* en *G*, duquel point au point 8, on fait passer une ligne droite qui est la pente ou évasement du calibre ralongé, qu'on met ensuite de largeur selon qu'il en est besoin.

Le premier calibre étant fait, on trace le second, qui doit être ployant, de la maniere suivante:

On trace la perpendiculaire *L N*, *Fig.* 5, sur laquelle on porte les distances données sur l'intérieur du pied cornier, *Fig.* 1, par la rencontre des lignes paralleles, c'est-à-dire, qu'on porte la distance *x a*, *Fig.* 1, de *M* à *l*, *Fig.* 5; celle *a c*, de *l* à *m*; celle *c e*, de *m* à *n*; celle *e g*, de *n* à *o*; celle *g i*, de *o* à *p*; & celle *i m*, de *p* à *N*; puis par les points *M*, *l*, *m*, *n*, *o*, *p* & *N*, on éleve autant de perpendiculaires à la ligne *L N*, dont la longueur donne le cintre du calibre, en faisant la distance *M* 20, *Fig.* 5, égale à la distance 14 *z*, *Fig.* 6; celle *l* 21 égale à celle 15 *s*; celle *m* 22 égale à celle 16 *a*; celle *n* 23 égale à celle 17 *b*; celle *o* 24 égale à celle 18 *d*; celle *p* 25 égale à celle 19 *e*; enfin la distance *N* 26 égale à celle *a c*; puis on prend la distance 8 *G*, *Fig.* 4, qu'on porte de 20 à *L*, *Fig.* 5, ce qui donne la longueur du calibre qui se met de largeur à l'ordinaire.

Si au lieu de prendre ce calibre au dedans de la courbe, comme je viens de le faire, on vouloit le prendre au dehors, on suivroit toujours la même méthode, en observant seulement de prendre les distances horisontales sur le dehors de la courbe, ce qui n'a besoin d'aucune démonstration.

Quant à la véritable longueur de l'arête du pied cornier, elle n'est pas

Planche 187.

difficile, puiſqu'elle eſt donnée par la longueur de l'hypoténuſe d'un triangle rectangle, dont le grand côté eſt égal à la longueur perpendiculaire du pied cornier, & dont le petit côté eſt égal à la ſaillie du pied cornier pris ſur l'angle, ainſi que je l'ai démontré dans la ſeconde Partie de cet Ouvrage, en parlant des arêtiers biais, *page* 343 *& ſuiv.* mais comme cette démonſtration eſt faite ſous un autre point de vue, j'ai cru devoir en faire ici une autre démonſtration plus analogue au cas dont je parle.

Soit, *Fig.* 9, l'angle *A B C*, l'angle de la voiture pris à la ceinture de la voiture, & l'angle *E D F*, l'angle extérieur de la voiture pris au haut du pied cornier, dont on veut avoir la longueur ou projection priſe dans l'angle, on commence par tracer cette projection en plan, en tirant une ligne droite du point *A* au point *E*, ſur leſquels points on éleve une perpendiculaire à la ligne *A E*; puis la hauteur perpendiculaire du pied cornier étant bornée, comme par exemple de *E* en *G*, de ce point au point *A*, on mene une ligne droite, dont la longueur eſt celle de l'angle du pied cornier.

Il eſt encore une autre maniere d'avoir cette longueur, qui, quoique différente de la premiere en apparence, revient cependant au même, ainſi qu'on va le voir.

On prolonge les côtés de l'angle intérieur, juſqu'à ce qu'ils rencontrent ceux de l'angle extérieur aux points *b* & *c*, deſquels points on éleve une perpendiculaire à chacun de ces côtés ainſi prolongés; puis on porte la hauteur perpendiculaire de l'arête du pied cornier de *b* en *a*, duquel point à l'angle *A*, on mene une ligne diagonale, à l'extrémité de laquelle on éleve une perpendiculaire dont on fait la longueur *a I* égale à *A c*; puis du point *I* à l'angle *A*, on mene une ligne droite dont la longueur eſt celle de l'arête du pied cornier, ce qui eſt exactement vrai, puiſque cette derniere ligne eſt égale à celle *A G*.

On fait la même opération pour l'autre côté que pour celui-ci, c'eſt-à-dire, qu'on fait *c d* égal à *E G*, & *d H* égal à *A b*, ce qui donne la diſtance *A H* égale à *A G*.

Cette ſeconde méthode, quoique plus compliquée que la premiere, eſt cependant la même, puiſqu'il s'agit de faire des triangles rectangles, dont l'hypoténuſe ſoit égale à la longueur de l'arête du pied cornier, ainſi que le repréſente la premiere méthode, d'une façon d'autant plus claire, que le grand côté du triangle rectangle, eſt de la longueur perpendiculaire de l'angle du pied cornier, ce qui ne ſe rencontre plus aux triangles de la ſeconde méthode, qui, quoiqu'ils ſoient toujours des triangles rectangles, dont l'hypoténuſe eſt d'une longueur égale à celle du triangle ſervant à la premiere méthode, les grands côtés de ces premiers triangles augmentant néceſſairement de longueur à raiſon de ce que leurs petits côtés, repréſentés par les lignes *A b* & *A c*, different de la ligne *A E*, qui eſt elle-même l'hypoténuſe du triangle rectangle *c A E*, auquel ces deux premieres lignes servent de côtés, la ligne *c E* étant égale à celle *A b*.

PLANCHE 187.

Il résulte de cette démonstration, qu'on doit se servir de la premiere méthode, qui est la moins compliquée, quand on voudra relever la longueur de l'arête d'un pied cornier sur le plan, ce qui est plus aisé, mais en même temps ce qui occupe beaucoup de place; & qu'au contraire on doit se servir de la seconde méthode quand on voudra se passer du plan, comme je l'ai fait aux *Fig.* 4 & 5, où j'ai d'abord pris la longueur *E A*, *Fig. 6*, laquelle est le premier ralongement, & que j'ai portée, *Fig.* 4, de F à *G*, afin d'avoir l'hypoténuse 8 *G*, qui est la véritable longueur de l'arête du pied cornier.

La méthode que je donne ici pour déterminer la longueur & la forme des pieds corniers d'une Berline, peut s'appliquer aux pieds corniers de toutes les autres voitures de quelque forme qu'ils puissent être, vu que ceux dont je viens de parler renferment toutes les difficultés possibles, puisqu'ils sont non-seulement cintrés des deux sens, mais encore d'un cintre & d'un évasement inégaux.

Il me reste maintenant à parler des pavillons ou impériales, de leurs formes & construction, des assemblages des parties qui composent le pourtour de la caisse, de la forme & de la construction des brancards, ce qui terminera cette troisiéme Section, & le détail de toutes les parties extérieures d'une Berline, lesquels détails seront applicables à toutes autres especes de voitures, ainsi que ce que j'ai dit ci-devant.

§. I. *Des Pavillons ou Impériales, de leurs formes & construction.*

PLANCHE 188.

J'AI donné dans la Planche précédente la maniere de déterminer la forme des différents plans d'une voiture, pris sur des lignes horisontales & à différentes hauteurs; c'est pourquoi je n'en parlerai pas ici, me contentant de représenter un pavillon vu en dessous, *Fig.* 1, & une partie de ce même pavillon vu en dessus, *Fig.* 3, lequel est tracé selon les mesures que j'ai données ci-devant, *page* 518. Il s'agit maintenant de donner la maniere de construire les pavillons d'après ces mesures données, & de déterminer leurs formes extérieures, c'est-à-dire, leur bombage, & par conséquent les courbes des différentes cerces qui composent, ou pour mieux dire, qui remplissent l'intérieur d'un pavillon.

J'ai dit plus haut, *page* 467 que la différence qu'il y avoit entre un pavillon & une impériale, consistoit en ce que le premier étoit rempli par des cerces paralleles entr'elles, & qu'au contraire les cerces des impériales tendoient toutes à un ovale placé au milieu de l'impériale, dans lequel elles viennent toutes s'assembler.

Dans l'un & l'autre cas, il faut que les cerces soient disposées de maniere

PLANCHE 188.

que la surface extérieure soit d'un pavillon ou d'une impériale, soit d'une forme gracieuse & unie, sans aucune espece de concavité ou d'élévation; il faut aussi éviter qu'il s'y trouve des arêtes aux angles, comme on en voit à presque toutes les impériales, parce qu'ils empêchent le cuir de s'étendre également, ou du moins l'exposent à se couper à l'endroit de ces arêtes, ce qui est fort à craindre.

Pour prévenir ces inconvénients, il s'agit de donner à toutes les cerces qui composent soit un pavillon ou une impériale, la courbure qui leur est nécessaire, ce qui se fait de la maniere suivante:

La longueur & la largeur du pavillon étant déterminées, on trace les lignes de milieu *A B* & *C D*, que l'on doit considérer comme faisant partie d'une surface plane & horisontale, passant par le plus haut point des battants de pavillon, c'est-à-dire, au milieu de la voiture, dont le cintre de côté est représenté par la ligne *E F G*; ensuite on détermine le bombage qu'on veut donner au pavillon, comme de *F* à *H*, par lequel point & les points *L*, *M*, qui sont le dessus du profil, on fait passer un arc de cercle *L H M*, qui est la courbe du dessus du pavillon pris au milieu de sa largeur, d'après laquelle courbe on diminue l'épaisseur de la volige que l'on doit y attacher, afin d'avoir la véritable courbe de la cerce du milieu, laquelle doit être d'une seule piece, & que j'ai marquée par un trait plein, au lieu que la courbe du dessus n'est que ponctuée.

Cette double opération est absolument nécessaire, parce que comme toutes les cerces d'un pavillon sont d'une courbure inégale, elles approchent plus ou moins du bord du pavillon, à raison qu'elles sont plus ou moins cintrées, comme on peut le voir dans la *Fig.* 4, où la ligne *c b* étant plus inclinée que celle *a b*, non-seulement recule le devant de la cerce de la distance *e d*, mais encore change l'inclinaison du chanfrein du dessus du pavillon, lequel, par cette raison, ne sauroit être d'une même forme dans toute la longueur du pavillon, mais doit changer en raison du plus ou moins de courbure de ce même pavillon (*).

Lorsqu'on a déterminé le cintre de largeur, on détermine celui de longueur, en faisant la distance *F I* égale à *F H*; puis par les points *O*, *I*, *P*, on fait passer un arc de cercle qui est le cintre demandé, & d'après lequel on tire un second arc de cercle qui est le dessus de la grande courbe, ainsi que je l'ai observé à la courbe du milieu de la largeur. Quand la grande courbe est ainsi tracée, on fait dessus la division des autres courbes, que l'on abaisse perpendiculairement sur la ligne du milieu, ainsi que je l'ai fait dans cette

(*) Les Menuisiers en Carrosses ne prennent pas toutes les précautions dont je parle ici, parce que quand ils posent leur volige de pavillon, ils ôtent un peu de bois aux cerces s'il s'en trouve de trop, ou au contraire en rapportent quand il ne s'y en trouve pas assez, afin de donner une forme gracieuse au dessus du pavillon, ce qui ne fait pas grand tort à l'ouvrage, à la vérité; mais en même temps c'est toujours travailler au hasard, ce qu'il faut éviter le plus qu'il est possible, sur-tout quand on peut faire autrement.

Figure;

Figure; reste ensuite de tracer la courbe de chacune de ces cerces, ce qui se fait de la maniere suivante :

Planche 188.

Au devant de chaque courbe qu'on veut tracer, on prend la distance qui se trouve entre la ligne de niveau *A B*, & la courbe *E F G*, qui représente le cintre du côté de la voiture, laquelle distance on porte en dessus ou en dessous de la ligne du plan de la cerce dont on veut avoir la courbe, selon que la distance qu'il y a entre la ligne de niveau & le cintre de côté de la voiture est en dessus ou en dessous de cette ligne; on prend, dis-je, cette distance, laquelle se trouve ici être en dessous, qu'on porte en dessous de la ligne dont on veut avoir la courbe, comme par exemple celle *U X*, en faisant la distance *Q b* égale à *Q a*; puis par le point *b* on fait passer une ligne *T Y*, parallele à celle *U Q*, laquelle ligne représente le dessus des battants du pavillon à cet endroit, & par conséquent la retombée de la courbe, dont on a le point d'élévation en faisant la distance *Q R* égale à *Q S*; puis par les points *T R Y*, on fait passer un arc de cercle qui est la courbe demandée, d'après laquelle on en trace un second, qui est le dessus de la cerce, à l'ordinaire. Il faut observer que la courbe ainsi tracée n'est que pour un côté de la cerce; & que si on vouloit avoir la courbe de l'autre côté, il faudroit recommencer l'opération pour cet autre côté, ce qui est inutile dans le cas présent, vu le peu de largeur de la cerce, & le peu de hors d'équerre qui s'y trouve; c'est pourquoi on se contente d'en tracer juste un côté, & de mettre le dessus de la cerce hors d'équerre, selon que l'exige la courbe de longueur & le renflement de la voiture.

Les autres courbes du pavillon se tracent par la même méthode que celle dont je viens de parler; c'est pourquoi je n'en ferai pas de démonstration, me contentant de tracer l'opération sur la Figure.

On fera aussi attention que pour faciliter l'intelligence de ce que je viens de dire touchant les courbes des cerces d'un pavillon, j'ai supposé que le haut de la face de la voiture étoit droit, parce que si la traverse du pavillon étoit cintrée, comme c'est l'ordinaire, il eût fallu que je remontasse les points *E*, *G*, de ce que la face de la voiture auroit eu de bombage, ce qui auroit rendu la démonstration un peu plus compliquée; c'est pourquoi j'ai préféré de supposer la voiture droite par la face, réservant à donner la méthode de tracer les courbes des cerces d'un pavillon cintré sur tous les sens, en parlant des pavillons à trois cintres, ou pour mieux dire des impériales.

En général, les cerces des pavillons & des impériales se font de bois d'orme d'environ 9 lignes à un pouce quarré tout réduit, c'est-à-dire, mis hors d'équerre tant en dedans qu'en dehors. Pour leurs assemblages, ils se font à tenons & mortaises les unes avec les autres; savoir, celle du milieu de largeur, qui est d'une seule piece & qui reçoit celle du milieu de longueur, laquelle est par conséquent de deux pieces, dans lesquelles viennent s'assembler toutes les autres cerces, lesquelles sont chacune de deux pieces, ainsi que je l'ai observé aux *Fig.* 1 & 3.

PLANCHE 188.

Les cerces des pavillons ne s'assemblent pas ordinairement dans le chassis, mais s'appliquent à nud dessus & s'y arrêtent avec des clous; mais je crois que malgré l'usage, il vaudroit beaucoup mieux, ne pouvant y faire des assemblages à l'ordinaire, les faire au moins entrer en entaille dans le chassis du pavillon, comme je l'ai indiqué par les lignes ponctuées *f*, *g*, *d*, *Fig.* 4, ce qui seroit très-solide, & retiendroit mieux l'écart de la voiture.

Pour ce qui est des chassis de pavillon, on les assemble à tenons & mortaises; & comme le bois de 5 pouces de largeur n'est pas suffisant, on y rapporte des collages en dedans, d'après lesquels on fait l'assemblage, ainsi qu'on peut le voir dans la *Fig.* 1, où les lignes ponctuées le long des battants, indiquent la largeur du bois, & par conséquent ce qu'il faut y coller.

J'ai dit ci-devant que les voitures feroient beaucoup mieux si leur renflement étoit un arc de cercle au lieu d'être à pan, comme c'est la coutume; c'est pourquoi j'ai représenté *Fig.* 2, un battant de pavillon ainsi disposé avec toutes ses rainures & ses moulures, lequel n'emploie pas plus de bois que de l'autre façon, & fait cependant beaucoup mieux.

Quant à la forme des bâtis ou chassis de pavillons, elle est représentée par la coupe *Fig.* 4, laquelle les représente de niveau, ce qui n'est cependant pas sans difficulté, tant pour ce qui est des assemblages que pour la rencontre des profils, ainsi que je le démontrerai ci-après.

Le dessus des pavillons se recouvre de voliges d'une à 2 lignes d'épaisseur, lesquelles s'attachent dessus avec de petits clous d'épingle; ces voliges doivent être d'une égale épaisseur entr'elles, afin qu'elles affleurent toutes à l'endroit des joints.

Quant à la maniere de poser ces voliges, elle est très-simple, parce qu'après en avoir dressé une, on l'attache au milieu du pavillon avec deux ou trois clous seulement, afin de la faire ployer & de pouvoir la tracer de longueur; ensuite de quoi on la détache, on la coupe de longueur, & on la met en chanfrein par-dessous, pour qu'elle porte bien & qu'elle joigne sur la traverse de pavillon, ce qui étant fait on l'attache à demeure.

On fait la même opération aux autres voliges, dont on trace la longueur & le joint après les avoir fait ployer à leur place, ce qui ne souffre aucune difficulté, du moins pour les couvertures de pavillon.

Lorsque toutes les voliges sont posées, on doit avoir grand soin qu'elles affleurent bien par-tout, tant entr'elles qu'avec le chassis du pavillon; & s'il arrivoit qu'elles désaffleurassent, on y donneroit un coup de rape ou de rabot selon qu'il seroit nécessaire.

PLANCHE 189.

On appelle *Voitures à trois cintres*, celles dont le côté du pavillon est décoré de trois cintres différents, comme le représente la *Fig.* 3.

Ces voitures, quoique peu en uſage à préſent, ſont cependant un très-bel effet & ſont très-avantageuſes, tant pour la forme des glaces, qui devient plus heureuſe qu'aux voitures ordinaires, que parce que la portiere devenant plus haute que les cuſtodes, donne moyen de baiſſer l'appui ou cintre de la voiture, & de placer commodément les glaces de cuſtode, ſans être obligé de faire d'entaille dans le brancard.

PLANCHE 189.

De plus, les pavillons ou impériales de ces voitures, quoique plus chargés d'ouvrages que les autres, ſont cependant d'une plus facile exécution, comme je le prouverai ci-après; il n'y a donc que le rempliſſage de ces pavillons qui devient plus compliqué, ſur-tout lorſqu'on veut les faire avec toute la perfection dont ils ſont ſuſceptibles.

Les pavillons à trois cintres ſont de véritables impériales, puiſqu'ils ne peuvent être remplis par des cerces paralleles entr'elles, comme celles des pavillons dont je viens de parler, parce qu'il faut que les inégalités des cintres des battants de pavillon aillent à rien au centre de l'impériale, ce qui, par conſéquent, oblige à faire tendre toutes les cerces à ce même cintre. Toute la difficulté qu'il y a dans la conſtruction de ces courbes, conſiſte à les cintrer de maniere qu'elles ne faſſent aucune côte dans toute l'étendue de l'impériale, dont la ſurface doit être, ainſi qu'aux pavillons, la plus unie poſſible.

Pour parvenir à donner aux cerces des impériales toute la perfection dont elles ſont ſuſceptibles, il faut d'abord opérer comme s'il devoit y avoir des cerces paralleles tant ſur la longueur que ſur la largeur, ce qui ſe fait ſelon la méthode que je viens de donner pour les pavillons, afin d'avoir des points pour prendre les hauteurs des courbes tendantes au centre, ce qui ſe fait de la maniere ſuivante :

Après avoir tracé le plan du chaſſis de l'impériale, on en diviſe l'intérieur par des lignes droites paralleles entr'elles & aux faces du chaſſis, ainſi que celles *a b*, *c d*, *e f*, *g h*, *i l* & *m n*, leſquelles, ainſi que celles du milieu, doivent être conſidérées comme faiſant partie de la ſurface repréſentée par la ligne horiſontale *A B*, *Fig.* 3, laquelle paſſe par le point le plus haut du cintre du battant de l'impériale, & par la ligne *L M*, *Fig.* 4, autant éloignée des angles de l'impériale que cette derniere; c'eſt-à-dire, que la diſtance *L N* ou *M O*, *Fig.* 4, eſt égale à celle *A Z* ou *B I*, *Fig.* 3, ce qui eſt la même choſe.

Puis après avoir déterminé le cintre ou bombage du milieu de la largeur du pavillon, on prend *Fig.* 4, (qui repréſente la partie ſupérieure de l'élévation de face de la voiture, ainſi que la *Fig.* 3, qui repréſente celle de côté,) la diſtance *P Q*, qu'on porte de *p* à 1, *Fig.* 1; & de ce point au point *q*, dont la diſtance du centre *o* eſt égale à celle *o r*, on fait paſſer un arc de cercle qui eſt le cintre du milieu de la longueur, & dont le centre eſt toujours ſur la ligne

PLANCHE 189.

du milieu du pavillon, prolongée autant qu'il est nécessaire. On fait la même opération pour la ligne *m n*, dont on a la courbe en faisant la distance *n* 2 égale à celle *R S*, *Fig.* 4; & celle *m s* égale à celle *m t*, & enfaisant passer un arc de cercle par les points *s* 2.

On a la courbe de la ligne *i l*, en faisant la distance *l* 3 égale à celle *T U*, *Fig.* 4; & celle *u i* égale à celle *i x*; on a enfin la courbe de la ligne *g h*, en faisant la distance *h* 4 égale à celle *M O*, *Fig.* 4; & celle *y g* égale à celle *g z*.

On fait la même opération pour les autres lignes *a*, *b*, *c*, *d* & *f*, dont on a les points de retombée & l'élévation, en faisant pour les retombées la distance *h* 8 égale à celle *B I*, *Fig.* 3, & par conséquent égale à celle *h* 4, ce qui doit être, puisque la distance *B I*, *Fig.* 3, est égale à celle *M O*, *Fig.* 4; celle *e* 7 égale à celle *E H*; celle *c* 6 égale à celle *D G*; & celle *a* 5 égale à celle *C F*.

Pour les autres points de ces courbes, on les aura en les éloignant de leurs lignes de base, d'une distance égale à celle qui se trouve entre les autres courbes & leurs lignes de base, à l'endroit où ces dernieres rencontrent celles dont je parle, c'est-à-dire, aux angles formés par la rencontre des lignes *a b*, *c d*, *e f*, & celles *g h*, *i l* & *m n*, desquels angles de rencontre comme centres, j'ai décrit autant de quarts de cercles qui indiquent l'égalité d'élévation qu'ont & que doivent avoir ces courbes à l'endroit où elles se rencontrent.

Ces diverses courbes étant une fois tracées, il est fort aisé d'avoir celles des cerces tendantes au centre de l'impériale, puisqu'on se sert de la même méthode que pour celles dont je viens de parler, ainsi que je vais le démontrer.

Avant de chercher la courbure des cerces d'une impériale, on commence par en faire la division & par les tracer en plan, ainsi que dans la *Fig.* 2, & on les arrange de maniere qu'elles laissent un vuide égal entr'elles, en observant cependant qu'il s'en trouve toujours une dans la partie la plus creuse, & qu'elles tendent toutes à un ovale placé au milieu, sans affecter que les cerces des angles suivent la diagonale du chassis; ce qui est d'autant plus inutile, qu'il ne doit paroître aucune arête dans les angles de l'impériale, ainsi que je l'ai déja dit.

Le plan des cerces étant ainsi tracé, il s'agit d'avoir leur courbure, ce qui se fait de la maniere suivante:

On divise la largeur de chaque cerce en deux parties égales, comme je l'ai observé *Fig.* 2, puis on reporte ces lignes sur celles dont on a déja les cerces, *Fig.* 1; & à chaque point où les lignes des cerces tendantes au centre, (ou du moins à peu de chose près,) coupent les autres lignes paralleles, on éleve ou on abaisse des perpendiculaires à ces dernieres jusqu'à ce qu'elles rencontrent leurs courbes, & la longueur de chaque perpendiculaire sert à donner la courbe des lignes tendantes au centre, ainsi que je vais le démontrer.

Soit, par exemple, la ligne *a b*, *Fig.* 2, dont on veut avoir la courbe: on trace sur la Figure 1, la ligne 9, 10 semblable à celle *a b*; & à chaque point où elle

rencontre

rencontre les lignes horisontales ou perpendiculaires, on abaisse ou on éleve des perpendiculaires à ces dernieres, selon que leur courbe est en dessus ou en dessous, ainsi que celles 9, 11, 12, 13, 14, 15, 16 & 17; ensuite on trace de l'autre côté de la Figure la ligne *c d*, semblable à celle 9, 10, (& par conséquent à celle *a b*, *Fig.* 2,) & à tous les points où cette ligne *c d*, *Fig.* 1, est coupée par les lignes horisontales ou perpendiculaires de la premiere opération, on éleve autant de lignes perpendiculaires, qui, par leur hauteur, étant égales à celles qui leur sont correspondantes, donnent la courbe demandée, c'est-à-dire, qu'on fait la distance *c e* égale à celle 9, 11, ou à celle *X Y*, *Fig.* 4, ce qui est la même chose; celle *f g*, égale à celle 12, 13; celle *h i* égale à celle 14, 15; celle *l m* égale à celle 16, 17; enfin celle *d n* égale à *d* ×; puis par les points *e*, *g*, *i*, *m* & *n*, on fera passer une ligne courbe qui sera celle que l'on cherche.

PLANCHE 189.

On fera la même opération pour toutes les autres cerces dont on aura le point de retombée sur l'élévation *Fig.* 2, en faisant la distance *o* 18 égale à *A Z*; celle *p* 19 égale à celle *s* 22; celle *q* 20 égale à celle *t* 23; & celle *r* 21 égale à celle *u* 24, le reste comme ci-dessus; ce qui est fort aisé à concevoir pour peu qu'on veuille faire attention à la *Fig.* 1, que j'ai dessinée de deux manieres différentes, afin qu'on puisse mieux reconnoître les différentes opérations nécessaires pour avoir les courbures dont on a besoin, lesquelles opérations seroient devenues trop embrouillées si elles eussent été faites les unes sur les autres.

Il résulte de cette méthode de tracer les cerces d'une impériale, que toute sa surface convexe vient de la forme la plus parfaite qu'il soit possible de lui donner, sans aucune inégalité ni arête aux angles, ce qui est un grand avantage.

De plus, cette maniere de disposer les cerces sans arête à celle d'angle, donne la liberté de faire passer toutes droites les voliges qui couvrent l'impériale, sans être obligé de les couper à l'endroit de la cerce de l'angle, comme on le fait ordinairement, n'y ayant que dans la partie creuse du dessus de la custode, où l'on est nécessairement obligé de le faire; c'est pourquoi il faut toujours qu'il se trouve une cerce à cet endroit, afin de pouvoir y attacher les bouts des voliges.

Lorsqu'on cintrera les cerces des impériales, on aura soin de reculer ou d'avancer le calibre à raison de la pente de la cerce, ce qui ne souffre aucune difficulté, le calibre pouvant servir aux deux côtés de la cerce, vu son peu d'épaisseur, ou pour mieux dire, de largeur.

Quoique j'aie dit plus haut qu'il falloit faire des impériales à toutes les voitures à trois cintres, ce ne sera cependant qu'autant que ces cintres auront une retombée considérable, & que le dessus sera beaucoup bombé; mais s'il arrivoit que le cintre de la voiture fût très-doux & que le dessus fût peu bombé, on pourroit y faire un pavillon à l'ordinaire, en observant toutefois d'en tracer les courbes par le moyen de plusieurs arcs de cercles pris sur la longueur de

PLANCHE 189.

la voiture, ainsi que je l'ai observé à la *Fig.* 1, où les courbes des lignes paralleles *a b*, *c d* & *e f*, ne sont pas des arcs de cercles comme dans les pavillons à un seul cintre, mais des courbes dont les extrémités sont adoucies pour regagner les inégalités du cintre de côté de la voiture.

Quant à ce dernier, il n'y a point de regle certaine qui en détermine la forme ; il suffit qu'elle soit gracieuse & sans aucun jarret, & qu'elle fasse bien, non-seulement par rapport à elle-même, mais encore par rapport aux parties qui l'accompagnent, telles que les portieres, les glaces & les pilastres de custode, dont la forme des parties supérieures est déterminée par celle du cintre du pavillon, qu'on ne doit jamais arrêter sans tracer en même temps le reste de la voiture, afin de donner toute la grace possible à son ensemble, ce que j'ai observé dans la *Fig.* 3, où après avoir dessiné à l'œil les contours tant de l'impériale que de la portiere & des custodes, j'ai assujéti ces contours à des formes régulieres, c'est-à-dire, tracées au compas, & j'ai eu l'attention d'en conserver tous les centres & les lignes de construction, afin que dans toute occasion on puisse arrêter sûrement les contours qu'on a tracés à l'œil, & les reporter facilement d'un côté, ou même d'un lieu à l'autre.

PLANCHE 190.

J'ai dit plus haut que l'évasement des voitures changeoit la forme du plan tant des brancards que des pavillons, & cela en raison du plus ou moins d'évasement & du cintre de ces derniers ; & que les plans, soit des brancards ou des pavillons, tels que je les ai représentés *Pl.* 187, *Fig* 7, n'étoient vrais que pris sur les lignes horisontales *C D* & *M N*, *Fig.* 1 de la même Planche, d'après lesquelles lignes j'ai parti pour assurer & prendre toutes les dimensions nécessaires, pour avoir les calibres des pieds corniers, & les autres pieces du corps de la caisse.

Il s'agit maintenant de donner une regle sûre pour conserver aux traverses du haut de la voiture, leur forme naturelle, soit qu'elles soient cintrées en plan ou qu'elles soient droites, ce qui est plus ordinaire: mais on n'y parviendra jamais tant qu'on ne connoîtra pas au juste le changement que produit l'évasement d'une voiture dans le plan des brancards & des pavillons.

Si le haut & le bas d'une voiture étoient terminés par des lignes droites telles que celles d'après lesquelles j'ai marqué les plans, il n'y auroit sûrement aucun changement dans ces mêmes plans ; mais comme les extrémités d'une voiture sont toutes cintrées ou inclinées, elles changent nécessairement de plan à mesure qu'elles s'éloignent des lignes horisontales d'où viennent ces mêmes plans, ainsi que je vais le démontrer.

Soit la courbe *A B C*, le cintre de face d'une Berline, & la ligne *E F*, l'inclinaison ou évasement de face, il est très-visible que cet évasement est plus ou moins considérable à raison de ce que le cintre s'éleve, ce qui donne sur le plan des points dont on a la projection de la maniere suivante :

On divise le cintre en autant de parties qu'on le juge à propos, ainsi que par les points *a*, *b*, *c*, *d*, *e*, desquels points on mene autant de lignes horisontales

& paralleles entr'elles, jusqu'à ce qu'elles rencontrent la ligne d'évasement *E F* aux points *f*, *g*, *h*, *i*, *l*, desquels on abaisse autant de lignes perpendiculaires qu'on fait retourner sur le plan, dont le devant est indiqué par la ligne *G H*; ensuite des points de division de la courbe, on fait descendre autant de lignes perpendiculaires qu'on prolonge sur le plan jusqu'à ce qu'elles rencontrent les lignes du plan, (produites par les perpendiculaires abaissées de la ligne d'évasement,) qui leur sont correspondantes aux points *m*, *n*, *o*, *p* & *H*, par lesquels on fait passer une ligne courbe, laquelle est le véritable plan du devant de la voiture, à laquelle on ajoute les largeurs de bois nécessaires tant en dedans qu'en dehors.

PLANCHE 190.

D'après la démonstration que je viens de faire, il est très-aisé de voir que pour peu que le devant d'une voiture soit cintré, la traverse de pavillon ne peut pas être corroyée droite, parce que si cela étoit, on seroit obligé de faire creuser la traverse du haut en dedans de la voiture de ce que la ligne *m n o p* excede celle *G H* en dehors & cela changeroit le cintre de cette traverse, lequel deviendroit alors moins haut; ce qui est fort aisé à prouver, la distance *q l*, que la traverse occuperoit alors, étant moins grande que celle *f l*, qui est la place qu'elle doit occuper; & par une suite nécessaire, il résulte de cette démonstration, que le cintre des traverses du haut des voitures ne doit pas être le même que ceux des traverses ou des battants de pavillon, puisque ces derniers se présentent toujours de face, ainsi que la ligne *q l*, & qu'au contraire celui des traverses ne se présente qu'incliné, ainsi que la ligne *f l*.

Or, pour avoir le véritable cintre de la traverse qui doit entrer dans la courbe *A B C*, on n'a qu'à prendre sur la ligne d'inclinaison, les distances produites par la rencontre des lignes horisontales provenantes des divisions de l'élévation, & les reporter sur cette derniere aux points qui leur sont correspondants, c'est-à-dire, faire la distance *u &* égale à *l f*; celle *t z* égale à *l g*; celle *s y* égale à *l h*; & celle *r x* égale à *l i*; puis par les points × *x*, *y*, *z* & *&*, on fera passer une ligne courbe qui sera le cintre demandé, lequel differe de peu de chose, à la vérité, mais encore faut-il y faire attention, sur-tout quand le cintre & l'évasement d'une voiture seront un peu considérables; de plus, l'observation que je fais ici ne peut être que très-utile, vu que sans être absolument nécessaire dans la pratique, elle accoutumera les Praticiens à faire attention aux changements qui se trouvent dans les cintres qui doivent être inclinés, où sans se servir d'un autre calibre que pour les cintres verticaux, prévenus du rallongement nécessaire des premiers, ils les feront un peu plus bombés que ce même calibre, ce qui les fera revenir plus justes.

Le changement qui se fait dans le plan de la face d'une voiture, se fait aussi pareillement sur le côté, comme on peut le voir dans la *Fig.* 2, laquelle représente la moitié d'un battant de pavillon à trois cintres, dont les divisions, renvoyées sur la ligne d'inclinaison *I L*, donnent sur le plan la ligne courbe *a c*, *e g*, *i m*, *o q*, au lieu de la ligne droite *a b d f*, &c. ce qui n'a beſoin d'aucune démonſtration d'après ce que je viens de dire à la *Fig.* 1.

PLANCHE 190.

Dans la conſtruction de la *Fig.* 2, j'ai été obligé de faire le côté du plan du pavillon ſur une ligne droite, ce qui n'a pu ſe faire autrement, afin d'avoir au juſte la ſortie du plan à chaque diviſion de l'élévation, qu'il s'agit maintenant de reporter ſur un plan de côté du pavillon avec ſon renflement, ce qui ſe fait de la maniere ſuivante:

On trace à part le plan du côté du pavillon ſelon la méthode ordinaire, c'eſt-à-dire, à 2 pouces & demi de renflement, ainſi que l'indiquent les lignes *M N* & *N O*; on fait enſuite deſcendre les perpendiculaires provenantes de l'élévation, juſques & au-delà des lignes du plan *Fig.* 3, & on leur donne de longueur ce qu'elles ont dans le plan *Fig.* 2, c'eſt-à-dire, qu'on fait la diſtance *r* 1 *Fig.* 3, égale à *b c*, *Fig.* 2; celle *s* 2 égale à *d e*; celle *t* 3 égale à *f g*; celle *u* 4 égale à *h i*; celle *x* 5 égale à *l m*; celle *y* 6 égale à *n o*; & celle *O* 7 égale à *p q*; puis par les points *M*, 1, 2, 3, 4, 5, 6 & 7, on fait paſſer une ligne courbe qui eſt le plan du côté de la voiture.

Il faut faire attention que cette ligne n'eſt pas exactement courbe, mais qu'elle fait quelques jarrets qu'on corrige aiſément, ainſi que je l'ai obſervé à la ligne *P Q R*, laquelle s'écarte & ſe rapproche de la ligne du plan ſelon qu'il a été néceſſaire pour qu'elle ait une forme gracieuſe.

Les pavillons à trois cintres ſont, ainſi que je l'ai déja dit, très-commodes pour l'aſſemblage & le raccordement des profils, parce qu'ils viennent preſque de niveau ſur les bouts, ce qui les rend auſſi aiſés à aſſembler que s'ils étoient droits; mais il n'en eſt pas de même des pavillons à un cintre, leſquels, ainſi que la *Fig.* 4, viennent penchés par les bouts, de ſorte que pour les faire revenir enſemble, il faut faire pencher les bâtis de ces pavillons, ce qui eſt ſujet à bien des difficultés, ainſi que je vais le prouver.

Lorſqu'on fait pencher les bâtis des pavillons ſuivant leur cintre, il arrive qu'on dérange le plan de la voiture, laquelle alors devient plus évaſée qu'elle ne devroit l'être; de plus, cette inclinaiſon des bâtis d'un pavillon diminue la hauteur de leur cintre & fait pencher leurs profils, ce qui fait un très-mauvais effet.

Cette méthode eſt encore ſujette à un autre inconvénient, qui eſt que les profils ne peuvent pas ſe raccorder à l'angle, à moins que le cintre de devant & celui de côté ne ſoient d'une même inclinaiſon, ce qui eſt impoſſible, ou du moins très-rare, de ſorte qu'un profil devient beaucoup plus bas que l'autre, quoique commençant au même point, ainſi qu'on peut le voir dans la *Fig.* 4, où le profil *c d*, donné par la courbe *a b c*, eſt beaucoup plus bas que le profil *c e*, que je ſuppoſe venir de niveau pour rendre cette différence plus ſenſible.

On ne peut guere remédier à ces différents inconvénients, qu'en faiſant

porte

porter de niveau les pieces du pavillon, ainſi que le profil *a f g i*, & laiſſer du bois ſur le bout des courbes pour regagner le cintre des autres pieces, ainſi que l'indique le triangle *g h l*, & laiſſer pareillement du bois en deſſous juſqu'au point *g i*, afin que les angles intérieurs affleurent enſemble. PLANCHE 190.

Cette méthode eſt d'autant plus commode, qu'on peut tracer les aſſemblages par-deſſous & les placer de niveau comme je l'ai fait ici, ce qui aſſure la juſteſſe de l'ouvrage.

Ce que je fais ici pour un côté, ſe répete pour l'autre, ce qui ne ſouffre aucune eſpece de difficulté, en obſervant toutefois que la hauteur du triangle *g h l* n'eſt pas pour la courbe *a b c*, mais pour celle qui vient s'y aſſembler; de plus, il faut faire attention que comme les cintres ſont différents, il n'eſt pas néceſſaire de laiſſer autant de bois aux deux pieces, ainſi que je l'ai indiqué par la ligne ponctuée *l m*.

Comme il y a des voitures où il n'y a pas beaucoup de renflement & dont le pavillon eſt preſque plat, dans ce cas il faut ſuivre la méthode la plus uſitée dans la conſtruction des pavillons, qui eſt de rainer les battants & de les placer à leur place ſur la voiture toute montée; puis après les avoir tracés de longueur, & fait les entailles pour recevoir les traverſes, on fait un repaire ſur la traverſe du haut de la voiture au nud de cette entaille; enſuite on raine pareillement les traverſes, & on les met à leur place pour les tracer par le moyen du repaire qu'on a fait ſur la traverſe du devant. Quand les battants & les traverſes ſont ainſi tracées, on y fait les tenons & les mortaiſes, puis on les aſſemble comme ſi l'ouvrage étoit tout-à-fait droit, ce qui revient à peu-près bien. Je dis à peu-près bien, parce qu'il eſt impoſſible que les pavillons ainſi aſſemblés, reviennent juſte ſans rien changer à leur cintre ni au renflement de la voiture, comme je l'ai prouvé plus haut; c'eſt pourquoi beaucoup de Menuiſiers, s'appercevant de ces défauts, ont cherché divers moyens d'y remédier, ſoit en mettant leurs bois un peu hors d'équerre, ou en leur donnant un peu plus d'épaiſſeur au derriere des bâtis de leurs pavillons, ce qui a un peu pallié ces défauts, mais ce qui ne les a jamais réparés parfaitement; c'eſt pourquoi on doit préférer la méthode que je viens de donner, laquelle eſt, à la vérité, un peu plus compliquée que la routine de la pratique ordinaire, à laquelle on doit toujours préférer une théorie fondée ſur des principes sûrs & conſtants.

Il eſt une autre maniere de déterminer le deſſus des voitures, qui different des pavillons & des impériales, en ce qu'ils ne ſont cintrés que ſur un ſens, & que les chaſſis du pavillon ne ſont pas apparents, ainſi que les repréſentent les *Fig.* 1 & 2. PLANCHE 191.

Les pavillons de ces voitures n'ont pas de traverſes; mais leurs battants viennent s'aſſembler dans les bouts des pieds corniers de la voiture, & ſervent en même temps de traverſes du haut de cuſtode & de friſes de portieres, comme les repréſentent les *Fig.* 5 & 8. Le deſſus de ces battants doit être ravalé à

PLANCHE 191.

l'endroit de la portiere, (s'il arrive que cette derniere soit cintrée & plus élevée que les custodes, comme la *Fig.* 2,) d'environ 2 lignes de profondeur, pour pouvoir placer les voliges & le cuir, lequel doit affleurer au nud du bois. *Voyez la Fig.* 5.

A l'endroit des custodes, ce ravalement se fait au-dessus du champ & de la moulure, en observant que ce ravalement ne descende pas jusqu'au nud des champs, afin que les clous recouvrent dessus le bois, & cachent les joints du cuir.

Le dessous de la moulure à côté des custodes, doit être ravalé d'environ une ligne plus bas que le relief de cette derniere, afin de pouvoir placer le cuir qu'on y attache avec des clous, lesquels viennent joindre contre le bois, & cachent l'extrémité du cuir. *Voyez la Fig.* 7, où ce renfoncement est indiqué par la ligne cotée *f*.

Comme ces pavillons n'ont pas de moulures saillantes, on y réserve un égout au milieu en forme de petite corniche, lequel empêche l'eau d'entrer par le dessus de la portiere. *Voyez la Fig.* 2.

Il arrive quelquefois que cet égout se fait en cuivre, ce qui est égal, & en même temps diminue l'ouvrage du Menuisier.

Quant à la largeur de ces battants de pavillon, ils doivent toujours avoir 3 pouces du dehors de l'ouvrage, afin de pouvoir y placer commodément les stores ainsi que le battant *C D*, *Fig.* 2; mais cette maniere de mettre les battants d'une largeur égale d'un bout à l'autre, souffre difficulté lorsque la glace de devant est de toute la largeur de la voiture, parce qu'alors le bout du battant & même l'intérieur du pavillon, saillissent au-dedans de la glace jusqu'au point *a*, ce qui fait un fort mauvais effet, auquel on ne peut remédier qu'en rétrécissant la largeur de la glace, comme l'indique la ligne *a b*, *Fig.* 1. Si on ne vouloit pas rétrécir la glace, il faudroit alors mettre le battant de pavillon droit en dedans, comme celui *A B*, *Fig.* 3, ce qui remédieroit au trop de largeur de l'autre, mais en même temps ce qui empêcheroit de mettre des glaces aux custodes, ce qui, d'ailleurs, n'est pas fort nécessaire, vu qu'on ne fait usage de ces sortes de pavillons qu'à de petites voitures, ou de peu de conséquence, auxquelles on ne met presque jamais de glaces aux custodes.

Quant à l'épaisseur de ces battants, elle est déterminée par la largeur du profil, plus la portée nécessaire pour attacher le cuir; il faut cependant faire attention, quand le haut de la portiere sera cintré, comme la *Fig.* 2, de laisser du bois par-derriere le cintre, afin de conserver de la force au battant, ainsi que l'indique la ligne *c d e*, *Fig.* 1.

Les cerces de ces pavillons s'assemblent toujours à l'ordinaire; mais quand les battants sont assez larges pour recevoir des stores, les cerces doivent affleurer au-dedans des battants, ce qui oblige à les tenir plus larges à leur retombée qu'au milieu, où ils ne doivent avoir que la largeur ordinaire. *Voy. les Fig.* 6 & 8.

Pour ce qui est de la maniere de les cintrer, c'est toujours la même chose que ce que j'ai dit ci-devant; c'est pourquoi je n'en parlerai pas davantage.

Quant aux traverſes du devant ou du derriere de la voiture, ce qui eſt la même choſe, elles reçoivent la cerce du milieu qui s'y aſſemble à tenons & mortaiſes, & on a ſoin de faire un ravalement au derriere de ces traverſes, pour pouvoir placer la volige & le cuir. *Voyez la Fig.* 4.

PLANCHE 191.

Je ne m'étendrai pas davantage au ſujet de ces pavillons, vu que ce que j'ai dit ci-devant, eſt plus que ſuffiſant pour donner la maniere de faire les pavillons & les impériales de quelque forme qu'ils puiſſent être ; & que de plus, ceux dont je viens de parler, ne ſont pas ſuſceptibles d'une grande préciſion, n'étant guere d'uſage, comme je l'ai déja dit, qu'à des voitures de peu d'importance, ou aux Chaiſes & aux Cabriolets couverts.

§. II. *Des Brancards ; de leurs formes & conſtruction.*

J'ai donné ci-devant le détail des parties dont un brancard eſt compoſé ; il s'agit maintenant de donner la maniere de les aſſembler & de les remplir, ce qui ſe fait de la maniere ſuivante :

PLANCHE 192.

La longueur & la largeur d'un brancard étant données, comme je l'ai expliqué *page* 520, *Pl.* 187, *Fig.* 7, on marque la largeur des battants, dont le dedans donne l'arraſement des traverſes de renflement, auxquels on ralonge une barbe *a*, *Fig.* 1, du côté du petit plafond, laquelle vient au fond de la feuillure faite dans le bout du battant pour recevoir ce dernier.

S'il arrivoit qu'il n'y eût point de cave ſous le brancard, dont l'épaiſſeur pût ſervir à porter le plafond du milieu, il faudroit alors faire la feuillure tout le long du brancard, & par conſéquent ralonger quarrément la barbe, ce qui ne ſouffre aucune difficulté.

On doit avoir ſoin en traçant les mortaiſes propres à recevoir les traverſes de renflement, que le dedans des feuillures de ces traverſes, ſoit placé au nud de l'ouverture de la portiere.

Les traverſes des bouts du brancard doivent être plus longues d'arraſement que celles de renflement, de la profondeur de l'entaille qu'on fait au battant, afin d'en diminuer la largeur, & que par conſéquent il ſoit moins ſujet à ſe retirer.

Pour ce qui eſt des aſſemblages de ces traverſes, ils doivent avoir 6 à 8 lignes d'épaiſſeur, être placés parallélement à leurs principales faces, & avoir pour joue la profondeur de la feuillure, afin que le tenon puiſſe être de toute la largeur de la traverſe, & par conſéquent donner plus de force à l'aſſemblage.

Quant à la largeur de ces traverſes, celles de renflement ne peuvent guere avoir moins que 2 pouces & demi ; ſavoir, un pouce & demi de plein bois, & 6 lignes pour chaque feuillure. Quant à leur épaiſſeur, il eſt aſſez indifférent qu'elles ayent un pouce & demi ou deux pouces.

La largeur des traverſes de renflement eſt bornée par la ſaillie du profil, &

PLANCHE 192.

par l'angle que forme la courbe du brancard & le dessus de ces traverses, ce qui fait ordinairement 2 pouces & demi à 3 pouces. Pour leur épaisseur, c'est à peu-près la même chose qu'aux traverses de renflement. *Voyez la Fig.* 2, où les traverses sont marquées en coupe avec leurs assemblages, celles des bouts cotées *A*, & celles de renflement cotées *C*, ainsi que sur le plan *Fig.* 1.

Les bâtis de brancard sont remplis en dedans par des especes de panneaux nommés *plafonds*, d'environ 9 lignes d'épaisseur, lesquels entrent tout en vie dans ces bâtis & y sont attachés à demeure lorsqu'il n'y a point de cave à la voiture; mais lorsqu'il y en a une, les plafonds du milieu cotés *D*, *D*, *Fig.* 2, se levent, & alors on y observe environ 2 lignes de jeu au pourtour pour laisser libre la place qu'occupe le cuir dont les plafonds & même la cave est quelquefois garnie en dedans.

Quant aux plafonds des bouts, comme ils restent toujours à demeure, on les fait entrer juste dans leurs feuillures, sur lesquelles on les cloue & on les arrête. *Voyez les* cotes *B*, *B*, *Fig.* 2.

Quoique j'aie marqué ces derniers plafonds d'une épaisseur égale à ceux du milieu, cette épaisseur ne leur est pas absolument nécessaire, parce qu'ils ne portent rien; c'est pourquoi 6 lignes d'épaisseur peuvent leur suffire, ce qui épargne la matiere, & en même temps alégit la voiture, ce qui est fort à considérer.

Quant aux battants de brancard, je n'en parlerai pas davantage pour le présent, vu que je me suis étendu à ce sujet en parlant de la forme des profils d'une voiture, & en parlant de la maniere d'en déterminer la forme. Voyez ce que j'ai dit à ce sujet, *page* 513.

En général, le plan des brancards est susceptible de changement de même que celui des pavillons, à raison de l'inclinaison ou du cintre de la voiture. Voyez ce que j'ai dit à ce sujet *page* 523, *Pl.* 187, *Fig.* 2 & 3.

Les caves des brancards se font de la grandeur intérieure de ces derniers sur lesquels elles sont attachées: ces caves se font en bois blanc, soit de tilleul ou de peuplier, ainsi que je l'ai dit plus haut; elles sont assemblées à queue d'aronde, & leur fond est attaché dessous avec des clous, ce qui est suffisant, parce que la ferrure qu'on y met, jointe à leur garniture de cuir tant intérieure qu'extérieure, leur donnent toute la solidité nécessaire.

La profondeur des caves est ordinairement de 7 à 8 pouces, prise au milieu du brancard; mais aux voitures de campagne, on augmente cette profondeur, afin qu'on puisse y placer plus de choses. Il y a de petites voitures où on borne la longueur de la cave entre les traverses de renflement, ainsi que celle indiquée par des lignes ponctuées × ×, *Fig.* 2; mais c'est un abus, parce que ces caves font non-seulement un mauvais effet, mais encore sont peu utiles, vu leur peu de grandeur, & par conséquent de profondeur; c'est pourquoi on fera très-bien très-bien de les supprimer tout-à-fait lorsqu'on ne voudra pas les faire de la longueur ordinaire.

PLANCHE 192.

Lorsque j'ai traité de la disposition générale d'une Berline, j'ai dit qu'il seroit à souhaiter que le renflement fût un arc de cercle, & non pas des pans, dont les angles font toujours mal. C'est pour prouver cette vérité, qui cependant n'est qu'une opinion qui m'est propre, que j'ai représenté, *Fig.* 2, *Pl.* 188, un battant de pavillon ainsi disposé, & que j'ai dessiné pareillement ici, *Fig.* 3, un battant de brancard, dont le renflement est cintré suivant les mêmes principes.

PLANCHE 193.

J'ai donné dans la Planche précédente la description d'un brancard vu en plan ; il me reste à présent à faire voir l'assemblage de ces mêmes brancards avec les pieds corniers de la voiture.

Lorsque les brancards ont une saillie apparente en dessous, comme à la Berline dont je fais la description, & ainsi que le représente la *Fig.* 1, cote *B* ; dans ce cas, dis-je, les pieds corniers s'assemblent à tenons & mortaises dans le battant de brancard, dont le dessus est indiqué par la ligne *a b*, *Fig.* 1, 2 & 3.

L'arrasement du dedans du pied cornier se coupe quarrément suivant cette ligne, comme je l'ai observé dans la *Fig.* 2, cote *C* & *D*. Pour l'arrasement du dehors, la coutume est de faire une coupe dans le battant de brancard, de la largeur du premier membre du profil, laquelle tend au centre du brancard, & de couper le reste en pente jusqu'au nud du dessus du battant de brancard, ainsi que l'indiquent les lignes *c d* & *d e*, ce qui, par conséquent, oblige de ralonger une barbe au pied cornier, ainsi qu'on peut le voir *Fig.* 1, cote *A*, qui représente le pied cornier désassemblé vu en dehors, de même que la *Fig.* 2, cote *C*, représente ce même pied désassemblé vu en dedans, c'est-à-dire, du côté des rainures ; cependant je crois que malgré l'usage, il vaudroit mieux ne faire qu'une coupe à l'arrasement du pied cornier tant en dedans qu'en dehors, comme celle *f e*, *Fig.* 1, ce qui seroit d'autant plus avantageux, que le joint du pied cornier du côté de la face de la voiture, se trouveroit caché dans l'enroulement de la volute qu'on fait au bout du battant de brancard, & qu'on ne seroit pas exposé, comme il arrive tous les jours, à voir bailler ce joint.

L'assemblage des pieds corniers passe tout à travers du brancard, & on doit toujours le faire descendre à-plomb, sans avoir aucun égard au cintre du côté de la voiture, ainsi que je l'ai observé dans la *Fig.* 3. Quant à la place de ces assemblages, c'est-à-dire, à l'épaisseur de leur joue, la coutume est de faire affleurer le devant du tenon avec le nud du ravalement de la rainure, ainsi que je l'ai observé aux *Fig.* 1, 2 & 3 ; mais je crois que malgré l'usage on feroit très-bien, ainsi que je l'ai déja dit en faisant la description des profils d'une Berline, *page* 513, on feroit très-bien, dis-je, de reculer cet assemblage de maniere qu'il reste entre ce dernier & le ravalement, une joue de 3 à 4

PLANCHE 193.

lignes au moins, & de faire paſſer la joue de devant en enfourchement par-deſſus le ravalement de la rainure du brancard, dans laquelle on peut faire entrer un petit tenon, ce qui rendroit l'ouvrage très-ſolide, ainſi que je l'ai indiqué par des lignes ponctuées *Fig.* 3.

J'ai donné dans la Planche précédente, *Fig.* 2, cote *A*, la forme, ou pour mieux dire le profil des traverſes du bout du brancard; cependant comme ce dernier eſt tracé tout ſeul, j'ai cru devoir répéter ce profil dans la *Fig.* 2, cote *D*, où le brancard ſe trouve aſſemblé avec le pied cornier, afin qu'on puiſſe mieux juger de la place où la traverſe doit être miſe, & qu'on puiſſe en même temps voir que c'eſt d'après la rencontre du devant de la rainure du pied cornier avec le nud du brancard, que doit être placé le devant de la rainure de la traverſe, à laquelle on doit avoir grand ſoin de faire ſuivre la pente de celle du pied cornier.

Quant au profil des traverſes des bouts de brancard, ce doit être le même qu'aux pieds corniers; & comme il arrive quelquefois que ce profil n'en occupe pas toute l'épaiſſeur, on abat en chanfrein ce qui reſte de bois d'après la largeur; cela donne à ces traverſes une légéreté du moins apparente.

Lorſque les brancards n'ont pas de ſaillie en deſſous de la voiture, & que par conſéquent la moulure des pieds corniers tourne au pourtour de cette derniere, comme dans la *Fig.* 4, cote *F*, on peut en aſſembler les pieds corniers avec les brancards à tenons & mortaiſes comme ceux dont je viens de parler, en obſervant d'y faire un enfourchement avec un double aſſemblage; mais comme on pourroit craindre que ces aſſemblages ne fuſſent pas aſſez ſolides, & qu'en faiſant paſſer les aſſemblages au travers du brancard, l'ouvrage ne fût pas aſſez propre, vu que l'on continue les moulures juſqu'en deſſous des battants du brancard, il vaudroit mieux faire ces aſſemblages à trait de Jupiter, comme je l'ai obſervé à la *Fig.* 4, cote *F*, qui repréſente un pied cornier vu en parement & aſſemblé à trait de Jupiter avec ſon brancard; & à celle cote *E*, qui repréſente ce même pied cornier tout déſaſſemblé, & où la place des aſſemblages eſt indiquée par des lignes ponctuées; voyez pareillement la *Fig.* 5, cote *H*, qui repréſente ce même pied tout aſſemblé vu en dedans; & celle cote *G*, même Figure, qui repréſente ce même pied cornier tout déſaſſemblé.

Quant au trait de Jupiter, on le fait toujours perpendiculaire avec le brancard, ſans avoir aucun égard au cintre ou à l'inclinaiſon du côté de la voiture, & on doit toujours avoir ſoin de le placer d'après le profil de face du pied cornier, afin qu'aucun des membres de moulure ne ſoit coupé ni par les joints du trait de Jupiter, ni par la clef, comme je l'ai obſervé à la *Fig.* 6, qui repréſente un pied cornier vu de face, & à la *Fig.* 8, qui repréſente le bout d'un battant de brancard, ou, ainſi qu'à la *Fig.* 6, le trait de Jupiter eſt reculé au derriere du profil, du moins autant qu'il a été poſſible.

Quand les voitures ſont ainſi diſpoſées, c'eſt-à-dire, quand les profils des pieds corniers tournent au pourtour du brancard, on n'y met ordinairement point de cave, & on fait continuer les moulures de la face du pied cornier par-dessous du brancard jusqu'à environ les traverses de renflement, n'étant pas nécessaire qu'elles aillent plus loin, parce que non-seulement elles ne seroient pas vues, mais encore elles nuiroient à la portée des soûpentes, supposé que la caisse fût portée de cette maniere.

PLANCHE 193.

Pour ce qui est du panneau de devant, on le termine toujours à l'ordinaire, c'est-à-dire, au nud de la traverse du brancard, & le reste se remplit par un panneau ou plafond, ainsi qu'aux autres voitures; ce qui fait un assez mauvais effet, parce que le dessous de la voiture étant apparent, on laisse voir ce plafond, qui n'étant aucunement décoré, ne répond plus au reste de l'ouvrage.

On a cherché à remédier à cet inconvénient, en mettant un faux-panneau entre les battants de brancard, la traverse du bout & celle de renflement, ce qui est plus propre à voir que le dessous d'un plafond, mais ce qui n'est pas encore d'une décoration assez réguliere, vu la grande différence qu'il y a entre la largeur des pieds corniers & les battants de brancard, laquelle différence rend le panneau de dessous du brancard beaucoup plus court que celui du devant de la voiture; ce qui est un défaut auquel on peut remédier, en ravalant le dessous des battants de brancard à la largeur des pieds corniers, & en faisant passer la traverse du bout du brancard en enfourchement par-dessus ce ravalement. *Voyez la Fig.* 5, cote *H*, sur laquelle j'ai marqué la coupe d'une traverse du bout de brancard ainsi disposée; & la *Fig.* 7, qui représente cette même traverse vue de face avec ses assemblages & ses ravalements. Voyez aussi la *Fig.* 8, qui représente un bout de battant de brancard, dans lequel cette traverse est assemblée & vue en dessus.

On pourroit, si on le jugeoit à propos, supprimer tout-à-fait la traverse du bout du brancard, du moins en apparence, en jettant bas la saillie du profil, & en faisant passer le panneau par-dessus cette traverse, ce qui feroit très-bien, à la vérité, mais ce qui obligeroit à faire un joint au panneau à l'endroit de la traverse du bout du brancard, sur lequel on l'attacheroit bien solidement tant en dehors avec des clous d'épingle, qu'en dedans avec du nerf battu & collé tant sur les panneaux que sur la traverse.

Cet expédient paroît d'abord très-bon ; mais l'expérience le condamne, parce qu'il est très-rare que ces sortes de joints ne travaillent, & par conséquent ne s'ouvrent lorsque la voiture est finie, ce qui est fort à craindre.

On ne peut donc raisonnablement faire passer les panneaux plus loin que les traverses du bout des brancards, qu'autant qu'on trouvera des planches assez larges pour le faire, ce qui est très-rare. Si cependant il s'en trouvoit qui, sans être assez larges pour aller jusqu'à la traverse de renflement, (ce qui est presque impossible) fussent de 7 à 8 pouces plus larges qu'à l'ordinaire, on pourroit les faire servir de toute leur largeur, en les faisant passer par-dessus la traverse du bout du brancard, & en rapportant à ce dernier une fausse traverse, laquelle

PLANCHE 193.

recevroit l'extrémité du panneau; ce qui feroit d'autant mieux, qu'en faifant aller le panneau jufqu'à la traverfe de renflement, on n'en voit prefque plus les moulures, lefquelles fe trouvent cachées fous la voiture.

§. III. *De la conftruction des différentes parties extérieures du corps d'une Berline.*

PLANCHE 194.

Le haut des pieds corniers eft difpofé pour recevoir les traverfes foit du devant ou du derriere de la voiture, qui viennent s'y affembler à tenons & mortaifes, comme je l'ai déja dit.

Ces traverfes s'affemblent d'onglet jufqu'au derriere de la moulure; & pour donner plus de force à l'affemblage, on coupe l'arrafement du champ en pente jufqu'au devant de la barbe. *Voyez la Fig.* 1. Comme ces traverfes font minces, elles n'ont point de joue, ou pour mieux dire d'arrafement par derriere, leurs tenons entrant dans le pied cornier au nud du ravalement de ce dernier. *Voyez la Fig.* 2, cote *C*, où on peut remarquer que pour conferver de la force au tenon, on n'y fait point d'épaulement, ce qui oblige à tenir les pieds corniers de 6 lignes plus longs que la largeur de la traverfe, laquelle largeur ne fe coupe pas après que l'ouvrage eft chevillé, mais au contraire, on la conferve & on la fait entrer dans les entailles pratiquées à cet effet dans le pavillon; les montants de cuftodes étant très-minces, ainfi que les traverfes dont je viens de parler, ne peuvent guere être affemblés à tenons & mortaifes dans ces dernieres, vu leur peu de largeur; c'eft pourquoi on a préféré de les y affembler à queue par derriere & d'onglet par devant, comme on peut le voir dans les *Fig.* 1 & 2, cotes *A* & *B*; & aux *Fig.* 3 & 4, dont l'une repréfente le haut d'un montant tout défaffemblé vu de face, & l'autre ce même montant vu de côté.

Ce que je viens de dire pour le haut des montants de cuftode, doit auffi s'entendre pour tous les autres montants de la même efpece, foit qu'ils foient droits ou courbes, & même pour ceux des glaces de devant.

Le bas des montants de cuftode, lorfqu'ils font droits, s'affemble à tenons & mortaifes dans la traverfe d'accotoir, laquelle eft plus épaiffe qu'il ne faut pour qu'elle aie une joue derriere l'affemblage. Lorfque ces montants font cintrés, on les affemble de même à tenons & mortaifes, en obfervant d'y faire la coupe à la rencontre des deux profils, comme l'indique la ligne *a b*, *Fig.* 5. Voyez cette même Figure, cote *D* & *E*, qui repréfente ce montant vu par derriere tout affemblé & défaffemblé, cote F, même Figure.

Il y a des Menuifiers en Carroffes qui, pour donner plus de folidité à ces montants, les font plus larges par le bas, afin d'avoir plus de largeur de tenon, comme l'indiquent les lignes *cd* & *be*, ce qui eft, à la vérité, plus folide que les autres; mais auffi ces montants ainfi difpofés, ont-ils le défaut de préfenter présenter un joint au nud de la ligne *c d*, qui est la rencontre du panneau avec le montant, ce qu'il faut éviter.

PLANCHE 194.

En général, les montants de custode sont rainés par derriere, c'est-à-dire, sur le champ intérieur pour recevoir le panneau de custode auquel ils affleurent par derriere; je ne sai pas trop pourquoi on ne fait pas le panneau & le montant de la même piece, ce qui seroit beaucoup plus solide que de les faire de deux morceaux collés ensemble.

La seule raison qui ait pu engager à faire les panneaux & les montants de custode de deux pieces, n'est guere que pour épargner un peu de perte de bois, vu que trois ou quatre lignes d'épaisseur suffisent pour le panneau, & qu'il en faut environ huit pour le montant, ce qui fait quelque différence pour l'économie de la matiere, laquelle différence ne doit cependant pas l'emporter sur la solidité; de plus, il n'y a pas de différence pour la façon, le ravalement du panneau n'étant pas plus long-temps à faire que son joint avec le montant, sans compter que les montants faits à part, sont extrêmement fragiles, vu leur peu de largeur.

Les traverses d'accotoirs s'assemblent d'onglet tant dans les pieds corniers que dans les pieds d'entrée, & il faut observer d'y laisser par-dessus le bois nécessaire pour raccorder avec le montant de custode; cette saillie ne doit être qu'en parement, & elle doit être réduite en dedans de la voiture à l'épaisseur du montant de custode dont elle fait partie, afin qu'on puisse y attacher le gousset dessus, comme je le dirai ci-après.

Quant à l'épaisseur des traverses d'accotoirs, elle ne doit être que de 7 lignes du derriere du montant, qui est la distance nécessaire pour placer la glace, laquelle y est retenue par un apsichet ou joue qu'on rapporte à plat sur le derriere de la traverse d'accotoir. *Voyez la Fig.* 7, laquelle représente le profil d'une traverse d'accotoir, prise à l'endroit des panneaux; & celle 8, qui représente la coupe de cette même traverse, prise à l'endroit de la glace avec sa joue de rapport.

Dans toutes les coupes dont je viens de parler, j'ai toujours représenté les joints des moulures coupés d'onglet, ainsi que le représente la *Fig.* 10, parce que cette maniere de faire les coupes des moulures est beaucoup plus propre que celle représentée *Fig.* 11, qu'on nomme *joint à la Carrossiere*. Cette derniere maniere de faire les coupes, est non-seulement moins propre que la premiere, mais encore a-t-elle le défaut de rendre l'ouvrage plus long & plus difficile à faire, ainsi que je l'ai prouvé en parlant des outils des Menuisiers en Carrosses, *page* 474.

Le derriere des montants de custode est garni par un gousset de 7 lignes d'épaisseur, lequel affleure au derriere de la traverse d'accotoir, & dont l'extrémité supérieure vient mourir contre le coulisseau de côté; ce gousset redescend ordinairement d'environ quatre lignes plus bas que le dessus du montant de

PLANCHE 194.

custode, afin que la faillie de ce dernier forme une joue pour retenir la glace & le faux-panneau, & on fait venir le dessus de l'apsichet ou joue de rapport, au nud du dessus du profil du montant, de sorte que la glace ou le faux chassis entre à rainure par le bas comme par les côtés, ainsi que je l'ai indiqué par les ponctuations, cote *a b c d*, *Fig.* 8, ce qui oblige alors à ravaler le dessus de la traverse d'accotoir jusqu'au fond de cette rainure, ou pour mieux dire, de ce recouvrement, indiqué par la ligne *g h*, *Fig.* 6, sur laquelle on fait alors descendre le bas du gousset.

Cette maniere de disposer les goussets des custodes est très-bonne, vu la solidité que donne cette espece de rainure du bas; mais aussi a-t-elle le défaut que l'eau entre & séjourne dans cette même rainure, ce qui fait non-seulement décoller l'étoffe dont elle est garnie, mais encore fait pourrir le bois, ce qui facilite l'entrée de l'eau dans l'intérieur de la voiture.

Pour remédier à cet inconvénient, je crois donc que sans avoir égard à la coutume, on feroit très-bien de ne point laisser de recouvrement au bas de la glace, & de faire affleurer l'extrémité du gousset avec le dessus du montant de custode, à l'endroit où la traverse d'accotoir s'assemble dans le pied d'entrée, & de cintrer le gousset, de maniere que du point *e*, *Fig.* 6, il s'éloignât insensiblement du nud du devant du montant de custode, afin que le recouvrement qu'on supprime par le bas se retrouve par le côté, ainsi que l'indique la ligne courbe *e i l*, laquelle, depuis le point *e*, s'écarte toujours de celle *e m n*, qui est le devant du montant de custode.

En disposant ainsi le gousset des custodes, il faut que l'apsichet ou joue de rapport, remonte au-dessus du nud du montant, ou pour mieux dire, de la traverse d'accotoir, de 4 à 5 lignes, ce qui est nécessaire pour retenir la glace, & on doit disposer le cintre de cet apsichet de maniere qu'il vienne rencontrer le devant du montant de custode à 4 ou 5 pouces au-dessus de la traverse d'accotoir, comme l'indique la ligne *o p n*, *Fig.* 6.

Cette maniere de disposer les recouvrements des glaces de custode, est la même qu'aux portieres, & ne souffre aucune difficulté, vu que si les montants de custode étoient droits, on l'emploieroit nécessairement; c'est pourquoi on peut donc l'employer lorsqu'ils sont cintrés.

Quant aux goussets, on les colle sur les montants & les panneaux de custode, & il est bon d'y mettre de petits clous pour les arrêter sûrement. Quant aux apsichets de rapport, on les cloue tant sur la traverse d'accotoir que sur les goussets. *Voyez la Fig.* 12, laquelle représente le dedans d'une custode avec le pied d'entrée, cote *G*, & le coulisseau *H*, le gousset *I* & l'apsichet *L*, dont les nuds sont marqués des mêmes lettres que la *Fig.* 6. Voyez aussi la *Fig.* 9, qui représente un apsichet séparé, dont la hauteur a été donnée par le profil *Fig.* 8.

PLANCHE 195.

Pour terminer ce qui me reste à dire touchant la construction des parties extérieures d'une Berline, j'ai représenté dans cette Planche les plans, les différentes coupes & les élévations, tant intérieures qu'extérieures, d'une portiere de la Berline qui a fait jusqu'à présent le sujet de la description, d'après laquelle j'ai donné des regles dont on peut faire l'application à toutes sortes de voitures en général, n'y ayant de différence entre les voitures en usage à présent que pour la forme générale, leur construction étant toujours à peu-près la même, ainsi que je l'ai dit plus haut. PLANCHE 195.

Comme j'ai déja donné le détail des différentes parties dont une portiere est composée, je ne me répéterai pas ici, me contentant de faire voir ces parties déja détaillées, toutes assemblées & vues de différents sens, afin qu'on soit en état de juger du rapport qu'elles ont les unes avec les autres.

La *Fig.* 3 représente la moitié de la portiere vue en parement & toute assemblée d'onglet, ainsi que je l'ai recommandé ci-devant, & garnie de son panneau.

La *Fig.* 2 représente le battant vu en parement & tout désassemblé, & la *Fig.* 1, ce même battant vu par dedans, c'est-à-dire, du côté des rainures, lesquelles y sont observées, ainsi que les assemblages, la coulisse de la glace & le panneau de doublure, qui y est indiqué par les lignes ponctuées *e f.*

Comme la traverse du haut de la portiere doit n'avoir d'épaisseur que la saillie du profil par rapport au coulement de la glace, & que cependant il faut qu'elle soit assemblée d'onglet par devant, on n'y fait qu'un tenon très-mince sans joue par derriere, afin d'avoir assez d'épaisseur pour y faire passer le dessus du profil en enfourchement, comme je l'ai observé dans cette Figure.

La *Fig.* 4 représente l'autre moitié de portiere, ou pour mieux dire, la même moitié que celle dont je viens de parler, mais vue par derriere toute assemblée & prête à recevoir le panneau de doublure, que j'ai supprimé, afin qu'on puisse y voir le derriere du panneau & la barre qui le soutient.

Comme il arrive quelquefois que les glaces ne descendent pas jusqu'au dessus de la traverse d'en-bas de la portiere, on y place une tringle de bois sur le champ, laquelle reçoit le dessous de la glace, comme l'indique la ligne *g h.*

Ces tringles ou barres sont nécessaires non-seulement quand les glaces ne descendent pas jusques dessus la traverse d'en-bas, mais encore lorsque quand elles y descendent, elles ne portent que sur l'angle *i*, parce qu'alors elles ne portent que sur ce point, ce qui expose les chassis de glaces à se désassembler, & même les glaces à se casser lorsqu'on les laisse tomber lourdement.

On pourroit se passer de rapporter des tringles lorsque les glaces descendent jusques dessus les traverses d'en-bas, en faisant passer droit le dessus de ces dernieres d'après le derriere de la rainure, ou si les glaces descendoient plus bas, en les ravalant à la hauteur nécessaire.

La *Fig.* 5 représente le battant de la portiere vue par derriere, & tout désassemblé; & la *Fig.* 6, la coupe de la portiere prise au milieu de sa largeur.

PLANCHE 195.

Les *Fig.* 7 & 8 repréſentent des coupes de largeur de la portiere, priſes à différentes hauteurs, l'une ſur la ligne *a b*, & l'autre ſur celle *c d*, *Fig.* 1.

SECTION QUATRIEME.

Deſcription d'une Diligence, & de toutes les parties qui la compoſent.

PLANCHE 196.

LES Diligences n'étant que des Berlines dont on a ſupprimé la cuſtode de devant, elles doivent être néceſſairement conſtruites comme ces dernieres, tant pour leurs formes générales, (abſtraction faite de ce qu'on a retranché) que pour les parties qui les compoſent, leſquelles ſont à peu-près les mêmes à quelques changements près.

Le plus conſidérable de ces changements, conſiſte en ce que ces voitures qui, faites pour n'avoir qu'un ſiége, en ayant ſouvent deux, on a été obligé d'y faire la ſeule cuſtode qu'elles ont plus large de 3 pouces à la ceinture, & de 2 pouces & demi par le haut, que celles des Berlines, afin que deux perſonnes puiſſent y être placées commodément vis-à-vis l'une de l'autre.

Cette différence de largeur de cuſtode a empêché de placer le centre du cintre du brancard ſur la ligne *E F*, *Fig.* 1, qui eſt le milieu de la portiere, ainſi qu'aux Berlines, parce que ſi on l'avoit placé ainſi, non-ſeulement ce cintre auroit eu mauvaiſe grace, mais encore n'auroit pu être exécutable ſi la Diligence eût été deſtinée à être portée par de longues ſoûpentes; il auroit fallu placer les crics de derriere extrêmement haut, vu que preſque toute la relevée du cintre ſe ſeroit trouvée ſur le derriere: ce ſont ces conſidérations qui ont obligé de reculer le centre du cintre du brancard de la ligne *E F* à la ligne *A B*, laquelle partage à peu-près la longueur de la voiture en deux parties égales, du moins pour la portée du brancard, dont le cintre ne releve plus guere par derriere que par devant, ce qui eſt néceſſaire quand la voiture doit être portée par de longues ſoûpentes.

Il réſulte de cette maniere de cintrer le deſſous des brancards, que le bas de la portiere n'eſt plus de niveau, ce cintre lui donnant 3 pouces plus court par devant que par derriere, ce qui fait un aſſez mauvais effet, auquel il n'y a pas d'autre moyen de remédier qu'en plaçant le centre du cintre du brancard plus proche du milieu de la portiere, ce qu'on ne peut faire, comme je viens de le dire, lorſque la voiture eſt portée par de longues ſoûpentes, ſans être obligé d'élever extraordinairement les crics de derriere, afin que la voiture ſe trouve toujours d'à-plomb, ou bien ſans s'expoſer à la faire pencher en arriere, ce qui eſt un très-grand défaut, auquel les Diligences ſont d'autant plus ſujettes, qu'elles ne ſont preſque jamais chargées que ſur le derriere, ce qui les fait pencher de ce côté pour peu qu'elles ſoient mal ſuſpendues (*).

(*) Je ne parlerai pas ici de la maniere de ſuſpendre les voitures, vu que cela n'eſt pas relatif au ſujet dont je traite, & que cela regarde plutôt le Charron & le Serrurier, que le Me-

Lorſque

Lorsque les voitures sont portées par des ressorts, on est moins gêné pour la forme du brancard, dont on peut alors rapprocher le centre, non pas au milieu de la portiere, ce qui feroit mal, ainsi que je viens de le dire, mais en le plaçant sur la ligne *C D*, *Fig.* 1, laquelle tient le milieu entre celles *A B* & *E F*, ce qui donne à la voiture une forme assez gracieuse, & qui diminue beaucoup de l'inégalité du bas de la portiere, ce qui est un très-grand avantage. Voyez la ligne *a b*, qui est le dessous de la portiere, dont la différence de hauteur d'angle en angle n'est guere que de 15 à 16 lignes, & la ligne *c d e*, qui est le dessous du brancard dont le centre se trouve sur la ligne *C D*. PLANCHE 196.

La largeur des portieres est la même qu'aux Berlines, c'est-à-dire, de 2 pieds entre les pieds d'entrée; du moins c'est la mesure ordinaire pour la hauteur de la voiture, & 4 pieds 4 pouces du dessus de la marche au dessous de la frise de la portiere.

Pour le cintre du haut d'une Diligence, c'est-à-dire du pavillon, soit qu'il soit à un seul ou à trois cintres; le milieu de ces cintres, & par conséquent leurs centres, doivent toujours être placés sur la ligne *E F*, qui est le milieu de la portiere, laquelle, dans tous les cas, doit être d'équerre par le haut, c'est-à-dire, d'angle à angle, ainsi que je l'ai observé dans cette Figure.

Les pieds d'entrée, ou pour mieux dire, les pieds corniers d'une Diligence doivent avoir 2 pouces & demi de largeur par le haut, 3 pouces à la ceinture, & environ 5 pouces par le bas, afin de leur donner une forme creuse par devant, laquelle sert à donner une espece d'empattement à la voiture, & à empêcher qu'elle ne paroisse pencher du devant, ce qui paroîtroit à la vue, si le devant étoit exactement d'à-plomb.

La largeur de ces pieds corniers ne peut pas être moindre que 2 pouces & demi, parce qu'il faut qu'ils contiennent d'abord la saillie du profil qui est de 8 lignes, plus 14 lignes pour la place de la glace & son coulement, les huit lignes restantes étant pour l'épaisseur de l'apsichet & pour la joue de la coulisse.

Quant à leur épaisseur, c'est-à-dire, leur largeur du côté de la face, elle peut varier selon la largeur du profil, ou pour quelqu'autre raison que ce soit; mais elle ne peut être moindre de 15 lignes, ainsi que je l'ai prouvé *page* 515, *Pl.* 186, *Fig.* 8.

Je ne parlerai pas ici de la maniere de tracer le cintre du derriere ou cul-de-singe d'une Diligence, parce que ce ne seroit qu'une répétition de ce que j'ai dit en parlant des Berlines, *page* 517 *& suiv.* c'est pourquoi je me contenterai

nuisier; cependant si on faisoit bien attention que c'est de la forme du cintre du brancard d'une voiture quelconque, que dépend l'inclinaison de cette derniere, soit par devant ou par derriere, on connoîtroit combien il est nécessaire aux Menuisiers de prendre quelque connoissance de cette partie des voitures; c'est pourquoi je crois devoir leur conseiller de s'informer de quelle maniere la voiture qu'ils font doit être suspendue, de la hauteur & de l'éloignement des points de suspension, afin que ces connoissances acquises les mettent dans le cas de donner au cintre des brancards une forme convenable, c'est-à-dire, qui puisse conserver l'équilibre de la voiture à raison de sa pesanteur & de la charge qu'elle doit porter, soit que l'une ou l'autre fût égale des deux bouts de la voiture, ou qu'elles fussent inégales, comme dans le cas d'une Diligence ou toute autre voiture dont la charge est tout d'un bout.

PLANCHE 196.

d'avertir que ces cintres se font toujours par la même méthode que j'ai donnée ci-devant, laquelle est applicable à toutes les especes de voitures susceptibles de cintres, soit que ces mêmes cintres soient plus plats ou plus bombés que celui sur lequel j'ai fait la démonstration de cette méthode.

Ce que je dis pour le cintre du cul-de-singe, doit aussi s'entendre pour celui de la custode, qu'on fera le plus gracieux possible, en évitant sur-tout que le montant devienne parallele avec le pied cornier, parce que s'il l'étoit, il paroîtroit rentrer du haut, ce qu'il faut éviter.

Un autre changement qui se trouve dans la construction d'une Diligence, ou pour mieux dire, une des différences qui se trouvent entre ces dernieres & les Berlines, consiste en ce que le bas des portieres est gauche, lequel gauche se trouve nécessairement donné par les différentes formes des plans d'une Diligence, pris à différentes hauteurs, ce que je vais expliquer.

Le derriere d'une Diligence est de la même forme qu'une Berline, c'est-à-dire, qu'il doit avoir 36 pouces de largeur au brancard, 40 pouces à la ceinture, & 41 pouces par le haut, comme je l'ai observé à la Fig. 2, qui représente la moitié du derriere d'une Diligence, laquelle moitié est exactement la même que celle d'une Berline. Pour la face du devant d'une Diligence, *Fig.* 3, elle doit être droite & d'à-plomb, (du moins c'est l'usage) & d'une largeur égale du haut en bas, laquelle largeur est égale à celle du derriere prise au bas du brancard, c'est-à-dire, de 36 pouces ou 3 pieds, de sorte que le brancard est d'une largeur égale par les deux bouts, comme l'indique la ligne *a b*, *Fig.* 4; ensuite à l'à-plomb du dehors de la portiere, on met 9 lignes de renflement au point *c*, par lequel on fait passer les lignes *a c* & *c b*, lesquelles donnent le plan du brancard pris sur la ligne horisontale *G H*, *Fig.* 1.

On trace ensuite le plan de la ceinture, en prenant la distance *i d*, *Fig.* 4, (qui est égale à celle *N Z*, *Fig.* 2.) & la portant de *c* à *e*, par lequel point on fait passer les lignes *d e* & *e b*, ce qui donne le plan de la ceinture de la Diligence, dont le point *b* est la réunion de tous les différents plans, ce qui ne peut être autrement, puisque la ligne *I L*, *Fig.* 3, représentée en plan par ce point, est exactement d'à-plomb.

Reste ensuite à tracer le plan du pavillon, ce qu'on fait en menant une ligne du point *f* au point *e*, laquelle donne le plan de la partie du derriere du pavillon. Pour le devant, c'est le même plan qu'à la ceinture, ce qui est absolument nécessaire pour conserver le parallélisme des plans à l'endroit des glaces, qui se confondent ici dans la ligne *d b*, par la raison que je viens de donner que tous les différents plans de la voiture doivent se réunir au point *b*, ce qui donne le triangle *c e b*, *Fig.* 4, lequel représente en plan le gauche du bas de la portiere, dont l'élévation, ou pour mieux dire, le profil est représenté par la ligne *M N O*, *Fig.* 2, & par celle *P Q R*, *Fig.* 3, prise à l'endroit du pied d'entrée.

Le battant de portiere du côté du pied cornier de devant, ne doit être droit que sur la rive de l'ouverture & être mis d'équerre ensuite, ou pour mieux dire, être gauchi depuis l'appui jusqu'en bas, à raison de l'inclinaison des différents plans de la voiture, en observant toujours que le haut de ces battants soit exactement dégauchi. Ce que je dis pour les battants du côté du pied d'entrée, doit aussi s'entendre de ceux qui leur sont opposés, ainsi que je l'ai expliqué en parlant de la maniere de corroyer le bois des voitures. PLANCHE 196.

Il résulte de cette maniere de disposer les différents plans d'une Diligence, que la portiere est parfaitement dégauchie à l'endroit de la glace; mais il n'en est pas de même de la custode, laquelle devient absolument gauche, puisque les lignes qui la représentent en plan ne sont pas paralleles entr'elles, mais au contraire de distantes qu'elles sont sur le derriere, viennent se rejoindre ensemble, *Fig.* 4, au point *e*, qui leur est commun, ce qui donne le gauche dont je parle, auquel on ne peut guere remédier qu'en évasant le devant de la voiture, comme l'indique la ligne *I S*, *Fig.* 3, dont l'évasement ou distance *L S* de la ligne *I L*, qui est le devant du pied cornier, est donné par celle *b h*, *Fig.* 4, laquelle on fixe sur le plan, en menant du point *f* au point *g*, une ligne parallele à celle *d e*; & du point *g* au point *h*, une autre ligne parallele à celle *e b*; ce qui, à la vérité, change le plan du pavillon, mais en même temps rend aux plans de la ceinture & du pavillon de la Diligence, le parallélisme qui leur est nécessaire, pour la place des glaces tant de portieres que de custodes, ainsi que je l'ai prouvé *page* 522.

L'évasement qu'on donne au devant d'une Diligence, ne fait pas un fort bon effet, à cause de l'inégalité de la largeur du pied cornier vu de face, laquelle ne peut guere être tolérée, à moins qu'il n'y ait de l'ornement qui masque cette inégalité, qu'on peut cependant diminuer de moitié, en partageant la distance qui se trouve entre l'à-plomb de la ceinture & celui du pavillon, ce qui diminueroit le mauvais effet de cette inégalité de largeur.

J'ai dit plus haut que le devant d'une Diligence devoit être perpendiculaire, ce qui ne peut être exactement vrai, qu'autant que le plan du brancard de la Diligence ne seroit pas évasé à l'endroit des portieres, comme on en voit plusieurs; mais quand ce plan est évasé comme je l'ai représenté ici, cette perpendiculaire ne peut être prise que sur la ligne *T U*, *Fig.* 1, laquelle descend du haut de cette derniere au point *b* du plan *Fig.* 4, auquel point j'ai fixé la largeur du devant de la voiture, laquelle devient plus étroite par le bas, à cause de l'évasement de la voiture, comme je vais le démontrer.

Soit la distance *a b*, *Fig.* 5, la largeur du haut du pied d'entrée, celle *a c* sa largeur à l'appui, & celle *a e* sa largeur *a d*, prise au nud du brancard; soit pareillement la ligne *e f*, donnée par le renflement du brancard; il est très-aisé de voir qu'en faisant passer cette ligne par le point *b*, qui est le même qu'à la *Fig.* 4, elle rentre nécessairement en dedans de la ligne *a d*, ce qui retrécit la largeur de la voiture; & qu'au contraire si on faisoit passer la ligne de renflement par le point d, comme la ligne $d\,g$, cette derniere s'écarteroit du point b, ce qui augmenteroit la largeur de la voiture.

PLANCHE 196.

Cette observation est très-importante pour tracer les traverses du devant, non-seulement des Diligences dont il s'agit ici, mais encore de toutes celles dont les côtés du plan ne sont pas paralleles, & dont la face n'est pas perpendiculaire.

PLANCHE 197.

Les pavillons des Diligences peuvent être à un ou à plusieurs cintres, comme je l'ai dit plus haut, ainsi que ceux des Berlines; pour leurs cerces, elles peuvent être disposées parallélement ou bien en impériale; dans l'un ou l'autre cas, on aura la courbe de ces cerces selon la méthode que j'ai donnée en parlant des pavillons & des impériales des Berlines; c'est pourquoi je n'en parlerai pas ici, me contentant de donner dans cette Planche le plan du pavillon d'une Diligence vue en dessous, & d'y marquer toutes les courbes des cerces, avec les opérations nécessaires à la construction de ces cerces, dont les retombées ont été prises d'après la ligne *X Y*, *Fig.* 1 & 3, *Pl.* 195, laquelle passe par le plus haut point du chassis du pavillon de cette voiture. *Voyez les Fig.* 1 & 2, dont l'une représente le dessous d'un pavillon de Diligence, & l'autre une cerce du milieu de la largeur, avec la coupe de celle de longueur.

PLANCHE 198.

Les brancards des Diligences n'ont rien de différent de ceux des Berlines, du moins pour leur construction, laquelle est toujours la même, en observant d'y mettre une fausse traverse de renflement d'après le nud du pied d'entrée, derriere laquelle passe la glace, qui, lorsqu'elle est de toute sa plus grande hauteur possible, doit descendre d'environ un pouce & demi dans l'épaisseur du brancard; c'est pourquoi il est bon de faire une feuillure dans cette fausse traverse de renflement, laquelle puisse soutenir la glace, comme je l'ai observé ici. *Voyez la Fig.* 1, qui représente un brancard de Diligence vu en dessus avec ses plafonds, tant de dessous le siége que de cave, auxquels, c'est-à-dire aux derniers, j'ai réservé le jeu nécessaire au pourtour.

Voyez aussi la *Fig.* 2, qui représente la coupe de ce brancard avec sa cave, & à laquelle j'ai supprimé les plafonds de la cave pour faire voir la feuillure destinée à recevoir les montants du strapontin, dont je ferai la description dans le paragraphe suivant.

J'ai dit en parlant de la forme du plan d'une Berline, qu'il seroit à souhaiter que son renflement se fît par un arc de cercle, afin de donner une forme plus gracieuse au plan de cette voiture. Ce que j'ai dit à ce sujet est applicable aux Diligences, tant pour le pavillon que pour le brancard; c'est pourquoi j'ai dessiné ici *Fig.* 3, un battant de brancard, dont le renflement est d'une forme bombée, ce qui fait un meilleur effet que d'être à pans, comme c'est la coutume.

On fera aussi attention qu'il se fait un changement dans les formes des plans, tant du brancard que du pavillon d'une Diligence, à raison du cintre ou de l'inclinaison de ses faces & de son bombage tant du dessous que du dessus, & que ce ce changement se trouve par la même méthode que pour les Berlines, à laquelle méthode on pourra avoir recours. Voyez ce que j'en ai dit *page* 534.

Planche 198.

Après avoir fait le détail de toutes les parties qui composent la caisse ou coffre des deux especes de voitures qui sont les plus en usage, & d'après lesquelles toutes les autres semblent être faites, il me reste encore à parler de leurs parties intérieures, lesquelles quoique nécessaires & adhérentes au corps de la caisse, n'en semblent pas faire partie, puisque ce sont les Selliers qui les arrêtent en place.

Ces parties intérieures dont je vais parler, sont les panneaux de doublure, & les siéges de toutes les especes, afin de terminer tout de suite ce qui regarde les parties de détail qui sont à peu-près les mêmes à toutes les especes de voitures, & pour ne me point répéter dans la suite, lorsque je ferai la description de celles qui son t en usage à présent, laquelle description je ferai la plus succinte qu'il me sera possible, ne donnant que leurs formes & leurs principales dimensions, sans entrer davantage dans aucune espece de détail, afin d'abréger cette Partie autant que je le pourrai, sans cependant rien retrancher de ce qui sera absolument nécessaire à la perfection de mon Ouvrage, à laquelle je tendrai toujours, dussé-je m'exposer au risque d'être ennuyeux en disant tout.

§. I. *Des Panneaux de doublure, & des Siéges de toutes especes; de leurs formes & construction.*

Planche 199.

Les panneaux de doublure servent, ainsi que je l'ai dit plus haut, à contenir les glaces lorsqu'elles sont baissées, & à empêcher qu'elles ne soient cassées; ce qui arriveroit si on ne mettoit pas de faux-panneaux, lesquels ne sont vraiment nécessaires qu'aux voitures où on fait usage des glaces, & même au-dessous de ces dernieres, parce qu'ailleurs les panneaux de doublure sont non-seulement inutiles, mais même nuisibles, parce que dans ce cas ils ne serviroient qu'à diminuer la grandeur intérieure de la voiture, qu'on a toujours intérêt de ménager.

Les panneaux de doublure se mettent toujours couchés, afin qu'ils soient plus solides, & on y met une alaise d'environ 3 pouces de large par le haut, sur 7 à 8 lignes d'épaisseur. Cette alaise doit être d'orme ou de tout autre bois dur, afin qu'il ne fende pas lorsque les Selliers y attachent leur garniture d'accotoirs. Le bas des panneaux de doublure doit porter sur le brancard dont ils doivent suivre le contour, & affleurer en dessus à l'apsichet de la glace.

Leur longueur est bornée par la largeur des custodes quand ils sont placés sur les côtés; & lorsqu'ils sont placés sur la face de la voiture, elle doit être bornée par la distance qui reste entre les panneaux de doublure de côtés, contre lesquels ils doivent joindre.

Aux Vis-à-vis & aux Désobligeantes, on assemble à queue d'aronde les

PLANCHE 199.

panneaux de doublure du devant & ceux de côté, ce qui eſt un aſſez bon uſage, mais dont beaucoup de Selliers ne ſe ſoucient pas, diſant pour raiſon que cela les gêne trop; c'eſt pourquoi on ne le fera qu'autant qu'ils ſembleront le déſirer, ce qui eſt indifférent pour les Menuiſiers, parce que ce ſont les Selliers qui poſent les panneaux de doublure. Pour ceux des portieres, leur longueur eſt bornée par la largeur intérieure de ces dernieres, moins la largeur des feuillures deſtinées à placer la couture de l'étoffe & le galon qui la couvre, laquelle feuillure tournant au pourtour de la portiere, borne par conſéquent la largeur, ou pour mieux dire, la longueur du panneau de doublure, dont le deſſus eſt toujours borné par le deſſus de l'apſichet.

Les ſiéges ſont les parties intérieures les plus intéreſſantes des voitures, puiſque ces dernieres étant conſtruites de maniere qu'on ne peut s'y tenir debout. Il faut faire enſorte que les ſiéges ſoient diſpoſés de façon qu'on y ſoit aſſis commodément, mais encore qu'on ne ſoit pas expoſé, par le mouvement continuel de la voiture, à gliſſer de deſſus le ſiége.

Aux Berlines & aux Diligences les ſiéges ſe font de la même maniere, ainſi qu'aux Vis-à-vis & aux Déſobligeantes; c'eſt pourquoi le détail des ſiéges d'une de ces voitures ſervira pour toutes les autres, de quelque eſpece qu'elles ſoient, comme je l'expliquerai ci-après.

Les ſiéges des Berlines doivent avoir 13 pouces de hauteur ſur le devant, ſur 15 à 16 pouces de largeur; le deſſus doit être en pente ſur le derriere de 2 pouces au moins, afin que le mouvement, ou pour mieux dire, le roulement de la voiture ne faſſe pas gliſſer les ſiéges ou couſſins d'étoffe, & par conſéquent ceux qui ſeroient aſſis deſſus; ce qui arriveroit néceſſairement, ſi le deſſus des ſiéges étoit de niveau.

Lorſque je dis que l'inclinaiſon des ſiéges doit être de deux pouces, ce n'eſt que parce que c'eſt ce qu'on leur donne ordinairement; car cette pente ou inclinaiſon doit être proportionnée au mouvement de la voiture, lequel eſt plus ou moins conſidérable en raiſon de la maniere dont elle eſt ſuſpendue; or, comme les longues ſoûpentes donnent beaucoup plus de mouvement que les reſſorts, je crois qu'on pourroit donner plus de pente aux ſiéges des voitures ainſi ſuſpendues qu'aux autres, leſquelles ayant moins de mouvement, demandent par conſéquent moins d'inclinaiſon aux ſiéges; de plus, cette inclinaiſon étant augmentée par un rebord ou bourrelet garni de crin, que les Selliers conſtruiſent ſur le devant des ſiéges, lequel empêche les couſſins de gliſſer, la pente des ſiéges ne ſert plus qu'à leur conſerver le niveau dans les plus grandes ſecouſſes, leſquelles ne ſont jamais aſſez conſidérables pour faire remonter de deux pouces le derriere des ſiéges; c'eſt pourquoi on ne leur donnera cette pente que lorſque les voitures ſeront portées par de longues ſoûpentes, & un pouce à un pouce & demi au plus lorſqu'elles ſeront portées par des reſſorts.

Les ſiéges du derriere des Berlines ouvrent ordinairement par-deſſus en forme de coffre, lequel eſt entouré d'un bâtis dans lequel il entre à feuillure de trois côtés, comme le repréſente la *Fig.* 1, cote *A*, où l'on voit la coupe de ce ſiége ; la *Figure* 2, en repréſente l'élévation ; & la *Figure* 4, repréſente ce même ſiége vu en deſſus avec les coupes des deux panneaux de doublure des côtés.

PLANCHE 199.

Comme la largeur du ſiége excede ordinairement en dedans de l'ouverture de la portiere, on arrondit le deſſus du ſiége en y faiſant une retraite au nud des pieds d'entrée, en obſervant de laiſſer 2 à 3 pouces de diſtance entre l'angle que forme la retraite & le dedans de la voiture, afin que les habits de ceux qui ſont dans la voiture, ne ſe prennent pas entre la ſaillie du ſiége & le dedans de la portiere.

Les ſiéges de derriere ſont ſoutenus par la planche qui ſert de devant au coffre, & par ſes deux couliſſeaux ; le derriere eſt ſoutenu par un taſſeau *a*, lequel eſt porté par des taquets *b*, qui ſont attachés ſur les panneaux de doublure de côté.

Les bâtis du deſſus de ces ſiéges doivent avoir 3 pouces de largeur au moins, tant les battants ou parclauſes, que la traverſe de derriere, à laquelle on ne fait pas de feuillure ordinairement, je ne ſai pour quelle raiſon, vu que les feuillures empêchent les ſiéges de ployer en dedans, à quoi cependant ils ſont expoſés par le poids de ceux qui s'aſſeoient deſſus.

Les ſiéges de devant des Berlines ne different de ceux de derriere, qu'en ce que leur deſſus ne ſe leve pas, mais au contraire eſt d'une ſeule piece & arrêté en place, ainſi que la *Fig.* 1, cote *B*. Ce deſſus eſt ſoutenu par des taſſeaux *c d*, dont le bout de devant entre en entaille dans le couliſſeau *e*, & dont l'autre bout eſt porté par un taquet *f*, lequel eſt attaché ſur le panneau de doublure de devant. La planche qui fait le devant de ce ſiége, ne va pas de toute ſa hauteur ; mais on la fait de moitié plus étroite, afin qu'on puiſſe fouiller dans le coffre, & qu'on puiſſe la retirer, ſi on le juge à propos, ſans lever le deſſus du ſiége, en obſervant toutefois d'abattre la joue du devant du couliſſeau d'après la largeur de la planche. *Voyez la Fig.* 1, cote *B*, & celles 3 & 5.

J'ai dit plus haut que la largeur des ſiéges de devant & de derriere d'une Berline devoit être égale ; cependant lorſque les glaces deſcendront juſqu'en bas, ainſi qu'à la *Fig.* 1, on ne pourra guere donner que 16 pouces de largeur aux ſiéges de devant, parce que la couliſſe de la glace de devant prenant près de 3 pouces de place dans l'intérieur de la voiture, rétrécit le ſiége de devant, ou bien le fait ſaillir de près de 4 pouces en dedans de l'ouverture de la portiere, ce qui eſt aſſez déſagréable à voir & qui diminue l'eſpace qui reſte entre les deux ſiéges ; c'eſt pourquoi je crois qu'il ſeroit bon dans le cas dont je parle, c'eſt-à-dire, quand les glaces de devant prendront beaucoup de place, de diminuer la largeur des ſiéges de devant & la réduire à 13 ou 14 pouces au plus.

Hors cette différence de largeur des ſiéges du devant & du derriere d'une

PLANCHE 199.

Berline, je crois qu'on feroit très-bien de les faire tous les deux semblables, c'est-à-dire, ouvrants par-dessus, parce que non-seulement ils seroient plus commodes, vu que leurs coffres pourroient contenir plus de choses, mais encore parce qu'ils seroient plus solides; la largeur des bâtis diminuant celle du siége, le rend moins susceptible d'effet.

Quant aux dessus des siéges en général, on doit les faire d'orme ou de tout autre bois dur, de 10 lignes à un pouce d'épaisseur au plus, & choisir du bois bien sec, afin qu'il se coffine moins. Les coulisseaux, les tasseaux & les taquets doivent pareillement être de bois dur; il n'y a que les planches du devant, qu'on peut faire de forte volige de bois blanc, afin qu'elles soient moins lourdes.

Les siéges de Diligences sont semblables à ceux dont je viens de parler, à l'exception que le devant du siége n'est pas perpendiculaire ainsi qu'à ces derniers; mais au contraire on fait rentrer le bas du devant du siége d'environ 3 pouces, afin que dans le cas où l'on voudroit mettre un siége sur le devant de la voiture, la personne qui seroit assise dessus, eût plus d'espace pour placer commodément ses jambes. *Voyez la Fig. 6.*

Ce renfoncement du devant du siége, sert aussi à placer le siége ou strapontin mobile, lequel étant abaissé, se trouve caché par la garniture du siége de derriere, sans nuire aucunement à celui qui est assis dessus ce dernier.

Il y a deux sortes de strapontins ou siéges mobiles à l'usage des Diligences; savoir, ceux qui s'abaissent sous le siége de derriere, & dont il ne reste aucune apparence lorsqu'ils sont baissés, & ceux qui sont adaptés contre le panneau du devant de la voiture sur lequel ils s'abaissent.

Les strapontins de la premiere espece sont les plus simples & les plus commodes; ils consistent en une planche d'environ un pied de largeur, laquelle est attachée sur deux équerres de fer *a b c*, *Fig. 6*, lesquelles ont environ 8 à 9 lignes de largeur; la branche montante de ces équerres doit être cintrée d'une courbure égale à celle du brancard dans lequel elles entrent de *a* à *d*, dans des rainures pratiquées à cet effet, auxquelles les bouts du plafond servent de joue intérieure; l'autre branche de l'équerre est applatie de *b* à *c*, & est percée de plusieurs trous par où passent les vis qui l'attachent à la planche.

Ces équerres doivent être ployées de maniere que le siége penche d'environ un pouce sur le derriere.

Le bas de ces équerres est fixé dans le brancard par le moyen d'une goupille *e* qui leur sert de centre; de maniere que quand on ne veut point faire usage du strapontin, on le baisse sous le siége de derriere, ensorte que la ligne *d f*, qui représente le dessous du siége, se trouve en dedans de la saillie du siége du derriere, & que le dedans de la branche montante des équerres affleure le dessus du brancard.

La hauteur des strapontins doit être de 16 pouces, parce que comme on n'y met point de coussins & qu'ils n'ont qu'une garniture très-mince, il est nécessaire qu'ils qu'ils soient plus élevés que les autres; de plus, cette plus grande hauteur donne plus de place pour que la personne qui est assise sur le siége de derriere, puisse passer ses jambes sous le strapontin de devant sans être exposée à les heurter contre.

Planche 199.

J'ai dit que la largeur de la planche de ce strapontin devoit être d'un pied, parce que cette largeur se trouve donnée par sa hauteur, laquelle étant portée de *g* en *b*, ne laisse qu'un pied de distance jusqu'au panneau de doublure; cependant lorsque les Diligences seront plus grandes que celles-ci, on pourra augmenter la largeur du siége, en observant qu'il y ait une place suffisante entre le devant du siége de derriere & le dessus du strapontin, pour placer la garniture de ce dernier, comme on peut le voir dans cette Figure.

L'autre espece de strapontin, *Fig.* 7, consiste en un bâtis de 2 pouces d'épaisseur, dans lequel est placée une planche ou trappe qui y est arrêtée par deux charnieres *C*, *D*, de maniere que cette trappe étant levée puisse servir de siége, & qu'on puisse la lever ou la baisser comme on le juge à propos. L'épaisseur de cette trappe ne doit être que d'un pouce au plus, afin qu'il reste derriere assez de place pour y mettre deux équerres ou potences de fer, lesquelles entrent à pivot dans les deux traverses du bâtis, & servent à soutenir le siége lorsqu'il est levé & qu'on les a fait sortir de dedans le bâtis, ainsi qu'on peut le voir dans la *Fig.* 8, qui représente la coupe de ce strapontin avec les potences ouvertes, c'est-à-dire, qui supportent le siége, lequel n'est pas de niveau sur sa largeur, mais penche un peu en arriere, pour les raisons que j'ai dites ci-dessus, ce qui oblige à faire la branche supérieure des équerres ou potences hors d'équerre, en raison de la pente qu'on veut donner au siége. *Voyez la Fig.* 7, où ces équerres sont indiquées par des lignes ponctuées.

Le bâtis de ce strapontin s'applique sur le panneau de doublure de la Diligence, & on observe d'en laisser passer le bout supérieur des battants, afin qu'étant abattus en chanfrein, ils aident à contenir la garniture que le Sellier place entre le dessus de la traverse & le bas de la glace, sur laquelle on place quelquefois une planche ou frise garnie d'étoffe, pour empêcher que le dos de la personne qui est assise sur le strapontin, ne porte sur cette derniere & ne la fasse casser, ce qui arriveroit sans cette précaution.

Quant à la hauteur de ce siége, c'est la même que pour celui dont je viens de parler; c'est pourquoi je n'en parlerai pas davantage, vu qu'on peut avoir recours à ce que j'ai dit ci-dessus.

Cette derniere espece de strapontin est beaucoup plus compliquée que l'autre, sans être plus commode; de plus, lorsqu'il est abaissé il est toujours apparent, & diminue de la profondeur de la voiture, non-seulement par l'épaisseur de son bâtis, mais encore par celle de la garniture du siége, ce qui doit faire préférer les strapontins de la premiere espece, qui, lorsqu'ils sont baissés, ne paroissent en aucune maniere, sans pour cela diminuer la grandeur de la voiture, ce qui est fort à considérer.

Planche 199.

Les différents siéges dont je viens de faire la description, sont d'usage à toutes sortes de voitures, auxquelles on peut les employer selon les différents besoins; il n'y a que celles qui sont d'une grandeur extraordinaire, telles que les Gondoles, les Berlines à deux portieres, les Caleches qui en aient d'autres, non pas dans les fonds, où ils sont toujours semblables à ceux dont je viens de parler, mais sur les côtés ou en travers de ces voitures. Ces siéges ne sont autre chose que des planches, dont les bouts portent sur des tasseaux où elles sont quelquefois arrêtées, ou sur des montants de fer; ou bien ces planches ou siéges sont ferrés d'un bout à charniere, afin de pouvoir se lever si on le juge à propos, ce qui est nécessaire, sur-tout à l'endroit des portieres, où on observera, ainsi qu'aux autres siéges qui seront appliqués sur les côtés des voitures, que le dessus de ces derniers penche sur le derriere, ainsi que les autres siéges dont j'ai parlé plus haut.

Cette inclinaison est nécessaire, parce que les côtés des voitures étant inclinés en dehors, il est bon que le dessus des siéges soit au moins d'équerre avec ces derniers, afin que ceux qui seront assis sur ces siéges, ne glissent point de dessus, ce qui arriveroit s'ils étoient placés de niveau; de plus, le mouvement de la voiture suffit seul pour obliger à mettre le dessus des siéges en pente, comme je l'ai prouvé plus haut, *page* 554.

Aux voitures qui ne doivent contenir que deux personnes, on adapte quelquefois un siége pour en contenir une troisiéme. Ce siége n'est autre chose qu'une petite planche arrondie par-devant d'environ un pied en quarré, laquelle est ferrée au devant du siége de la voiture, de sorte que quand on veut en faire usage, on la releve & on la soutient par une tringle de fer qui est attachée dessous avec un piton, & dont le bout inférieur porte dans le fond de la voiture, auquel on fait un petit enfoncement de la grandeur de cette tringle, afin qu'elle ne puisse pas glisser, & par conséquent laisser tomber le siége.

Quelquefois ce siége de rapport ne se rabat pas au devant du siége ordinaire, comme celui dont je viens de parler: mais il entre en entaille dans le dessus de l'autre siége auquel il affleure; & lorsqu'on veut en faire usage, on le fait revenir en dehors, de maniere qu'il ne tient plus à l'autre que par la charniere *E* sur laquelle il tourne.

Ce siége ne peut pas être bien épais, vu qu'il faut qu'il entre tout à vif dans le siége ordinaire, auquel il faut qu'il reste 3 lignes d'épaisseur au moins, d'après le ravalement, ce qui empêche de pouvoir garnir le premier, c'est-à-dire, le siége mobile, à moins qu'on ne perce l'autre tout-à-fait à jour, en y observant une portée au pourtour, d'après laquelle on pourroit garnir la palette ou siége mobile, ainsi que je l'ai indiqué par des cercles ponctués *Fig.* 9.

Lorsque la palette est ouverte, comme le représente la *Fig.* 9, elle est soutenue par une tringle de fer attachée au fond de la voiture au bas du coffre du siége ordinaire, & dont l'extrémité supérieure entre dans un trou qu'on fait au milieu du dessous de la palette; ce trou doit être peu profond & être garni d'une plaque ou gâche de fer, afin que par l'usage le bois ne puisse pas s'éclatter.

Ces especes de siéges sont peu commodes, sur-tout aux voitures qui ne peuvent contenir qu'une personne de largeur, laquelle alors est obligée d'écarter les jambes pour laisser passer le strapontin, ce qui est très-gênant; c'est pourquoi on ne doit faire usage de ces siéges que le moins qu'il sera possible. PLANCHE 199.

Voilà en général toutes les especes de siéges dont on fait usage dans nos voitures, de quelque nature qu'elles puissent être, auxquels on ne peut guere faire de changement, vu qu'ils ont toute la commodité possible, du moins autant que leur emploi semble l'exiger.

§. II. *Des Voitures à Panneaux arrasés, & les différentes manieres d'en faire les ouvertures.*

On nomme *Voitures arrasées*, celles auxquelles les battants de portieres & les pieds d'entrée ne sont pas apparents depuis la ceinture jusqu'en bas, de maniere qu'il semble que le panneau d'appui soit d'une seule piece dans toute la longueur de la voiture, ainsi qu'on peut le voir à la *Fig.* 1, cote *A*. PLANCHE 200.

Il y a de ces voitures où non-seulement les battants de portieres sont supprimés en apparence, mais encore les traverses d'accotoirs, de sorte que le panneau de custode, celui d'appui de côté & celui de la portiere, ne semblent faire qu'un. *Voyez la Fig.* 1, cote *B*.

De ces deux manieres de faire les voitures à panneaux arrasés, la premiere est la plus usitée & la plus solide, parce que du moins le panneau est retenu par la rainure de la traverse d'appui, au lieu qu'à la seconde il ne peut qu'être attaché dessus: de plus, aux voitures où les côtés sont susceptibles de cintres, comme les Berlines & les Diligences à la Françoise, on est obligé de faire le panneau de deux pieces, dont le joint se fait à l'endroit de la traverse d'appui, sur laquelle on attache les extrémités des deux panneaux, que l'on fait joindre le mieux qu'il est possible; mais quelque précaution que l'on prenne en faisant ces joints ou en les arrêtant, il n'est guere possible d'empêcher qu'ils ne se tourmentent & que les joints ne paroissent, ce qui est fort désagréable à voir lorsqu'une voiture est finie.

Si la premiere maniere de faire les voitures à panneaux arrasés n'a pas cet inconvénient, elle a toujours, de commun avec la seconde, celui du mauvais effet des joints de l'ouverture des portieres, qui, quelque bien faits qu'ils puissent être, paroissent toujours, soit par les éclats qui se font à la peinture, soit par l'effet des bois des panneaux, qui, à la vérité, ne se retirent pas à bois debout, (du moins sensiblement) mais qui peuvent se coffiner, & par conséquent se désaffleurer, ou bien par l'effet total de la voiture, qui fait toujours quelque mouvement; il est certain, dis-je, que les joints paroissent toujours, & par conséquent ne tendent plus au but qu'on s'étoit proposé, qui étoit de faire paroître le panneau d'appui comme d'une seule piece.

Cette difficulté n'est pas la seule qui se rencontre dans les voitures à panneaux

PLANCHE 200.

arrasés; leur ouverture en est une des principales, parce qu'il faut qu'elle se fasse à travers les profils, ce qui est fort désagréable à voir, vu que pour le peu de mouvement que fasse la voiture, ces profils coupés ne se rencontrent plus, les uns remontant en en-haut, ou les autres descendant en contre-bas, ce qui, comme je viens de le dire, fait un très-mauvais effet, sur-tout quand les traverses des custodes sont cintrées comme à la *Fig.* 1, cote *B*, où ces joints sont indiqués par les lignes *a b* & *c d*.

L'ouverture des portieres des voitures à panneaux arrasés, doit être à double feuillure, comme les représentent les *Fig.* 2 & 5, (lesquelles sont l'une la coupe du pied d'entrée & battant de portiere, prise au-dessus de l'appui; & l'autre la coupe de ces mêmes pieds d'entrée & battant de portiere, prise au-dessous de l'appui,) afin que le recouvrement de la partie du haut, qui pour lors n'est plus à-plomb du joint du panneau arrasé, donne au pied d'entrée une largeur suffisante, laquelle largeur peut être augmentée sur le derriere & dans la partie qui porte le panneau, comme je l'ai observé aux Figures ci-dessus, & à la Fig. 1, où cette augmentation de largeur des pieds d'entrée est indiquée sous les panneaux par des lignes ponctuées, ainsi que la largeur réelle de toutes les autres pieces qui composent le bâtis de cette voiture.

Cette double feuillure est non-seulement nécessaire pour conserver de la largeur & de la force au pied d'entrée, mais encore pour que lorsque la portiere est fermée, il ne reste d'apparent au pied d'entrée, que la moulure servant de recouvrement à la glace de custode, mais en même temps cette double feuillure gêne pour la ferrure des portieres, parce que le joint du haut ne se trouvant plus à-plomb de celui du bas, comme l'indiquent les lignes *e f* & *g h*, *Fig.* 2 & 5, il faut que le pivot du bas soit non-seulement saillant, mais encore rentrant sur le panneau de côté, afin de se trouver à l'à-plomb de la ferrure du haut, ce qui fait très-mal, sur-tout quand les voitures sont cintrées sur le côté.

On ne sauroit remédier à cet inconvénient, qu'en faisant l'ouverture des portieres à simple feuillure, comme je l'ai observé aux *Fig.* 3 & 6, dont les joints sont indiqués par la ligne *i l*, ce qui ne souffre d'autre difficulté que pour la largeur apparente du pied d'entrée, laquelle alors ne permet plus de faire de recouvrement à la glace de custode, qui en peut plus être retenue que par une lame de fer ou de cuivre qu'on attache sur le devant du pied d'entrée, ainsi que celle cotée *m*, *Fig.* 3.

Quant à l'ouverture du haut des portieres de ces voitures, elle se fait par le haut du dessous du pavillon & par le bas du fond du champ, ainsi qu'à la *Fig.* 1, cote *A*, & à la *Fig.* 7; cependant quand la moulure des pieds corniers tourne au pourtour de la voiture, comme à la *Fig.* 1, cote *B*, & qu'on craint qu'il ne reste pas assez de bois au battant de brancard, on fait l'ouverture de la portiere au nud de l'intérieur du profil, ainsi que je l'ai observé à cette Figure & à la Fig.

Fig. 4; de sorte que le bas du panneau de la portiere n'est qu'appliqué sur la traverse, ce qui n'est guere solide; c'est pourquoi on doit éviter cette sorte d'ouverture le plus qu'il sera possible. PLANCHE 200.

Pour mieux convaincre de ce que je viens de dire touchant l'ouverture des portieres d'une voiture à panneaux arrasés, voyez la *Fig.* 1, qui représente une partie du haut de l'appui de cette derniere, prise à l'endroit de la portiere, laquelle est dessinée en grand, afin d'en faciliter l'intelligence, & où j'ai marqué les joints cotés *A* & *B*, lesquels coupent les profils des traverses de custode tant du haut que de l'appui, & où j'ai observé de faire voir toutes les ouvertures tant de hauteur que de largeur, afin qu'on puisse mieux juger de la largeur & de la forme des bois tant apparente que réelle. PLANCHE 201.

On a fait des voitures à panneaux arrasés, auxquels pour distinguer la glace de la portiere, on l'a ornée d'un profil plus riche & plus large que celles de custode, comme le représente la *Fig.* 2; mais cette méthode est absolument vicieuse, non-seulement à cause de la différence des profils qui ne se raccordent plus à leur rencontre, mais encore parce qu'elle empêche que le dedans des glaces de portieres regne avec celles des custodes, ce qu'on doit toujours observer, ainsi que je l'ai fait à la *Fig.* 1, qui, je crois, est la meilleure maniere d'arranger ces sortes de voitures tant pour la largeur des bois, qui y sont les plus étroits possibles, que pour leur décoration (*).

D'après ce que je viens de dire touchant les voitures à panneaux arrasés, il est aisé de conclure qu'on doit en éviter l'usage, tant par rapport à leur peu de solidité qu'à la difficulté de leur construction. De plus, quelle nécessité y a-t-il de vouloir qu'une voiture ne paroisse pas avoir de portieres? N'est-il pas au contraire plus naturel qu'elles soient apparentes? puisqu'on ne sauroit entrer dans une voiture sans qu'il y ait de portieres, à moins que ce ne soit par l'ouverture des glaces, ce qui seroit même ridicule à penser; c'est pourquoi je crois que malgré l'usage reçu, on doit absolument éviter de faire de ces sortes de voitures, mais au contraire en faire à portieres apparentes, sans être en saillie sur le nud de la voiture, dont les champs & les moulures, ainsi que les arrasements tant des panneaux que des glaces, régneroient avec ceux des côtés, & dont les ouvertures se trouveroient placées au nud de quelques membres du profil, comme je l'ai observé aux *Fig.* 3, 5, 6 & 7, dans lesquelles on peut voir que quoique d'un profil considérable en apparence, je n'ai pas pour cela forcé la largeur des bois, si ce n'est au pied cornier, qu'on pourroit diminuer si on le jugeoit à propos, en changeant ou même en retranchant le dernier membre de son profil.

On pourra de même diminuer la largeur apparente des traverses d'appui & des

(*) Cette nécessité de faire les bois des voitures les plus étroits possible, n'est pas indispensable, ainsi que je l'ai déja dit, puisqu'elle ne tient qu'à la mode, à laquelle je ne m'assujétis ici, que pour faire connoître toutes les difficultés qui en résultent, afin qu'on puisse être en état d'y remédier, du moins autant qu'il est possible.

PLANCHE 201.

montants de custode, comme je l'ai observé dans la Figure 4, sans pour cela rien changer au reste de la voiture, ce qui feroit un fort bel effet, ainsi qu'on peut le voir aux *Fig.* 3, 4 & 5, d'après lesquelles on peut juger de ce que j'avance ici.

Comme les voitures en général sont des ouvrages de fantaisie, on en a fait où non-seulement on a cru ne devoir point faire de portieres apparentes, ainsi que celles dont je viens de parler, mais encore où il n'y en avoit point du tout, du moins qu'on pût soupçonner, par exemple, des Diligences dont le côté ouvroit tout d'une piece, emportant avec lui la moulure du pied cornier de derriere, dont la saillie recouvroit à feuillure sur les panneaux de derriere.

On a aussi fait des Vis-à-vis où il n'y avoit pas d'ouverture au milieu de la longueur, comme aux voitures ordinaires qui en ont trois, mais au contraire on n'en faisoit que deux, qui n'étoient que des custodes prolongées jusqu'au milieu de la voiture, qui s'ouvroient à cet endroit, en emportant, ainsi qu'à la Diligence dont je viens de parler, la moulure des pieds corniers tant de devant que de derriere, lesquels se faisoient en cuivre, afin de leur donner plus de solidité.

Ces sortes de voitures sont d'un très-mauvais usage, vu leur peu de solidité & leur mauvaise décoration, du moins pour ce qui est de celles à deux fonds: si donc j'en parle ici, ce n'est que pour les proposer comme des exemples à éviter, & pour faire connoître aux jeunes gens (s'il est possible) combien il est dangereux de se laisser trop emporter au plaisir de faire du nouveau ou de suivre la mode, sans auparavant faire attention si ce que l'on veut faire est bon & raisonnable, c'est-à-dire, solide & relatif à son usage.

PLANCHE 202.

Dans tout ce que j'ai dit jusqu'à présent touchant l'ouverture des voitures, je les ai toujours représentées comme ouvrantes par les côtés. Il est cependant une autre maniere de les faire ouvrir, qui est de supprimer les portieres des côtés, & de n'en faire qu'une qu'on place au derriere de la voiture, ce qui, à la vérité, ne fait pas si bien que les portieres ordinaires, mais ce qui ne laisse pas d'avoir ses avantages, ainsi que je vais l'expliquer en faisant la description d'une Diligence nommée l'*inversable*, laquelle est de l'invention de M. de Garsault, auquel elle appartient.

Deux raisons ont donné lieu à la construction de cette voiture: l'une la nécessité de faire les roues de devant les plus hautes possible, afin de rendre la voiture plus roulante, c'est-à-dire, plus aisée à se mouvoir; l'autre la crainte des accidents qui peuvent arriver, soit par le renversement de la voiture, ou par la violence des chevaux, qui venant à prendre le mords aux dents, ne laissent dans les voitures ordinaires aucun moyen de se soustraire au danger, ou du moins que de très-difficultueux. La voiture dont il est ici question, représentée *Fig.* 3, satisfait à ces deux objets: car les brancards de son train étant extrêmement élevés sur le devant, donnent lieu de faire de grandes roues à l'avant-train, ce qui est très-nécessaire à toutes sortes de voitures, parce que plus les roues sont grandes & moins la voiture semble pesante, ce qui est tout naturel, puisque plus on allonge les rayons des roues, plus la force augmente, ce qui, par conséquent, diminue de la résistance occasionnée par la pesanteur de la voiture.

PLANCHE 202.

De plus, les roues de l'avant-train étant ainsi hautes, leur axe ou moyeu se trouve presque de niveau avec le poitrail des chevaux, ce qui les fatigue moins, parce qu'alors ils ne font qu'employer la force nécessaire pour faire mouvoir la voiture ; au lieu que quand les roues sont petites, comme à l'ordinaire, elles les fatiguent beaucoup plus, parce qu'alors il faut qu'ils augmentent de force en raison de ce que la pesanteur de l'avant-train, & même de toute la voiture, oppose de résistance, pour que l'axe des petites roues se releve jusqu'à ce qu'il passe par une ligne droite menée du poitrail des chevaux jusqu'à l'axe des grandes roues ; de sorte que non-seulement ils traînent la voiture, mais ils la levent du devant, ou du moins ils font des efforts qui tendent à le faire, ce qui, comme je viens de le dire, les fatigue beaucoup plus.

Si cette voiture a l'avantage d'être beaucoup plus roulante que les autres, elle a aussi celui d'être plus douce & moins exposée aux accidents, parce que comme son brancard est extrêmement élevé du devant pour faciliter le passage des roues de l'avant-train, il faut par la même raison que les soûpentes qui portent la caisse soient pareillement élevées, ce qui fait qu'elles ne peuvent plus être placées sous la caisse qu'elles éleveroient trop haut, mais qu'au contraire elles passent aux deux côtés de cette derniere aux environs de la ceinture, ce qui rend la voiture plus douce en diminuant les coups de côté, qui sont d'autant moins violents, qu'une partie du corps de la caisse est beaucoup plus bas que le point de suspension, qui, comme je l'ai déja dit, se trouve proche de la ceinture de la caisse & de son centre de gravité.

Quant aux accidents causés par le renversement de la voiture, ils ne peuvent être fort considérables à celle-ci ; parce que si une des deux soûpentes venoit à casser, les brancards arrêteroient & soutiendroient la caisse de sorte qu'elle ne pourroit se renverser entiérement ; si même il arrivoit que les chevaux vinssent à prendre le mords aux dents, la portiere étant placée par derriere, on pourroit sortir de la voiture sans aucun danger, ce qui ne peut être aux autres voitures, dans lesquelles il faut rester malgré soi, ou bien si on se jette par la portiere, s'exposer à se faire écraser.

Je n'entrerai pas dans un plus grand détail au sujet de cette voiture, l'inspection seule de la Figure étant suffisante ; de plus, la forme & la construction des trains n'étant pas de mon affaire, je ne saurois m'étendre à ce sujet sans sortir de mon plan, qui n'a pour objet que la construction des caisses des voitures. Si donc dans la suite de cet Ouvrage je représente quelques voitures montées sur leur train, ce ne sera que pour faire voir les rapports & l'analogie qui doivent être entre le train & la caisse d'une voiture, tant pour la

PLANCHE 202.

décoration que pour la forme, & pour exciter les Menuisiers en Carrosses à prendre des connoissances, du moins élémentaires, de l'Art du Charron, ainsi que je l'ai recommandé au commencement de cette Partie de mon Ouvrage, afin que s'il arrivoit qu'ils eussent à faire le dessin d'une voiture toute montée, comme il arrive quelquefois, ils pussent le faire avec précision & connoissance de cause, afin de ne point faire de dessins dont l'exécution devient ridicule & même impossible, & où les loix de la bonne construction & de la solidité sont également violées, ce qui arrivera nécessairement toutes les fois qu'on voudra s'ingérer à faire ce qui n'est pas de son ressort, du moins sans les connoissances que je recommande ici (*).

Quant à la caisse de cette voiture, elle ne differe point des autres pour la construction, n'y ayant que la forme qui est différente seulement par derriere, comme on peut le voir aux *Fig.* 1 & 2, dont l'une représente la face de la Diligence, laquelle est de même qu'aux Diligences ordinaires; quant à l'autre qui représente le derriere de la Diligence, elle differe des autres en ce qu'elle a deux pieds d'entrée, lesquels portent la portiere, laquelle, ainsi que ces derniers, ne suit pas la pente ni le cintre de la voiture, mais est droite & tombe d'à-plomb, de sorte que les pieds d'entrée saillent par le bas de la voiture en venant à rien par le haut, comme on peut le voir à la *Fig.* 3, où ces pieds d'entrée forment un pilastre, ou pour mieux dire, sont ornés de panneaux comme le reste de la voiture.

Les côtés de cette Diligence n'ont rien de particulier, comme on peut le voir dans la *Fig.* 3; c'est pourquoi je n'en parlerai pas davantage.

Quoique je représente cette voiture inversable comme une Diligence, on pourroit de même faire une Berline, ce qui ne souffriroit aucune difficulté, ainsi que celle qui est décrite dans un Ouvrage qui a pour titre: *Traité des Voitures*, par M. de Garsault, dans lequel on pourra prendre une connoissance plus parfaite de ces sortes de voitures, tant pour ce qui regarde le train que pour la caisse & la maniere dont elle est suspendue.

Les voitures dont je viens de parler sont peu en usage, malgré toutes les commodités dont elles sont susceptibles, parce qu'en général leurs formes sont peu heureuses & ont moins de grace que les voitures ordinaires, lesquelles, à ce que je crois, ont acquis toute la grace dont elles sont susceptibles, à quelques petits

(*) Rien n'est plus vrai que ce que j'avance ici, l'expérience ne faisant que trop voir que bien des Ouvriers se mêlent de faire & de conduire ce qui n'est pas de leur état, & à quoi ils ne connoissent rien ou très-peu de chose: de-là viennent tant de modes nouvelles qu'ils annoncent comme leurs productions, qui ne font pour l'ordinaire que de mauvaises copies de choses déja faites, auxquelles ils font des augmentations ou des changements selon qu'ils le jugent à propos, sans se rendre compte du pourquoi, & par le seul plaisir de faire du nouveau; ce qui est très-commun dans le sujet dont je traite, c'est-à-dire, dans la partie des voitures, lesquelles n'étant pas faites sous la direction d'un Artiste habile & éclairé sur toutes les parties qui entrent dans la construction de ces dernieres, semblent être abandonnées, pour la décoration & la conduite, aux caprices de chacun des différents Ouvriers qui y travaillent, ou bien de celui de ces Ouvriers qui s'arrogera le droit de commander aux autres, soit par son savoir ou par son opulence: heureux si c'est plutôt l'un que l'autre; mais ce n'est pas l'ordinaire.

petits changements près; cependant il me ſemble qu'on pourroit en faire uſage à la campagne, où pour l'ordinaire les chemins ſont moins beaux que dans les villes, & où par conſéquent on a intérêt de rendre les voitures le plus roulantes poſſible, pour ne point fatiguer les chevaux, & où on a plus à craindre que la voiture ne verſe. PLANCHE 202.

§. III. *Des Voitures nommées* Dormeuſes, *& les différentes manieres d'en faire les ouvertures.*

Avant de terminer ce qui regarde les ouvertures des voitures, il eſt néceſſaire de parler des voitures nommées *Dormeuſes*, leſquelles ne ſont pour l'ordinaire que des Berlines ou des Vis-à-vis, & ne ſervent qu'à la campagne & dans les voyages. Ces ſortes de voitures ne different en rien de celles dont j'ai déja parlé, qu'en ce que le derriere & quelquefois le devant s'ouvre, afin de donner plus de profondeur à la voiture, de maniere qu'on puiſſe y placer un lit, & qu'une perſonne y ſoit couchée commodément, ce qui leur a fait donner le nom de *Dormeuſes*. PLANCHE 203.

Les ouvertures de ces voitures ſe font de différentes manieres, qu'on peut réduire à trois; ſavoir, celles dont le doſſier ſe renverſe en arriere, comme la *Fig.* 1re, cote *A*; celles dont le panneau s'ouvre du deſſous de la ceinture au deſſus du ſiége, comme dans la même Figure, cote *B*; celles enfin dont l'ouverture ſe fait également dans le panneau, mais en deux parties & du deſſous de l'appui au deſſus de la traverſe du brancard, comme la *Fig.* 2.

La premiere de ces trois manieres de faire ces ouvertures, eſt la plus ſimple & la plus facile, parce qu'il ne s'agit que de faire ouvrir les panneaux de derriere dans toute leur largeur d'arraſement, (c'eſt-à-dire, au nud des moulures) & du deſſous de la traverſe du haut ſous laquelle ils entrent à feuillure, ainſi que dans les pieds corniers; il n'y a que par le bas où le joint eſt apparent, ce qui eſt inévitable, vu qu'il ſe trouve au milieu de la largeur du panneau.

Comme ce panneau ainſi ouvrant doit être de deux pieces, & qu'il emporte avec lui la traverſe de ceinture; on y fait un faux-bâtis dans lequel la traverſe s'aſſemble, & ſur lequel les panneaux ſont attachés, comme on peut le voir dans la *Fig.* 1, cote *A*, & dans la *Fig.* 3, qui repréſentent la coupe du pied cornier de la voiture, ainſi que celle du panneau ouvrant & celle du faux-bâtis ſur lequel il eſt appliqué.

Sur le pied cornier de ces voitures, & ſur le faux-bâtis qui porte le panneau ouvrant, ſont attachés des côtés & un deſſus de cuir garnis d'étoffe en dedans, leſquels ont plus ou moins de largeur, ſelon qu'on veut faire ouvrir le panneau, qui, quand il eſt ouvert, fait à peu-près le même effet qu'un ſoufflet tendu, & quand on ferme le panneau ce cuir ſe reploie dans l'intérieur de la voiture, dans laquelle il ne tient pas grande place; & on doit avoir grand ſoin en

PLANCHE 203.

attachant ce cuir, qu'il ſoit attaché ſur le pied cornier en dedans de la voiture, & ſur le faux-panneau en dehors de cette derniere, afin que quand le panneau eſt ouvert, il s'applique ſur le bois & ne tende pas à arracher les clous, & par conſéquent à ſe déchirer. *Voyez la Fig.* 3.

Il faut avoir ſoin, lorſqu'on diſpoſe ces ſortes d'ouvertures, d'y laiſſer le jeu néceſſaire pour que les clous & le cuir puiſſent être placés commodément, n'y ayant que l'extrémité du panneau qui doit joindre contre la moulure, comme je l'ai obſervé à cette Figure, où j'ai laiſſé tout le jeu néceſſaire, & où la trop grande profondeur des feuillures ne doit pas embarraſſer, parce qu'on place dans les faux-bâtis des eſpeces de vérouils à reſſort, leſquels entrent dans les pieds corniers lorſqu'on ferme le panneau, & qui le retiennent en place.

Ces panneaux ouvrent ordinairement deux à trois pouces au-deſſus du ſiége, afin que cette diſtance égale à peu-près l'épaiſſeur du couſſin, & que la perſonne qui eſt comme couchée dans la voiture, porte également ſur le couſſin & ſur le doſſier renverſé.

Je dis que la perſonne eſt comme couchée, parce que l'ouverture de ces ſortes de Dormeuſes ne forme pas proprement un lit, lequel doit être dans une ſituation horiſontale, mais une chaiſe longue dont le doſſier eſt fort renverſé.

Au-deſſous de l'ouverture du panneau, on aſſemble dans les deux pieds corniers une traverſe ſur laquelle on poſe les ferrures, que l'on doit faire le moins apparentes poſſible. Cette même traverſe ſert à attacher la partie ſupérieure du panneau dormant, & à ſupporter le ſiége, comme je l'ai obſervé dans cette Figure.

Ce que je viens de dire touchant l'ouverture de ce panneau, ſon faux-bâtis & ſa garniture de cuir, eſt applicable aux deux autres manieres de faire les ouvertures des Dormeuſes dont il me reſte à parler; c'eſt pourquoi je n'en parlerai pas davantage, vu que ce ne ſeroit qu'une répétition de ce que je viens de dire.

La premiere maniere de faire ouvrir les Dormeuſes, ne peut être bonne que pour le derriere des voitures; mais celles dont je vais parler peuvent ſe faire par les deux bouts, à condition toutefois que la glace du devant ſera immobile, parce que ſi elle ne l'étoit pas, on ne pourroit pas faire ouvrir le panneau de l'appui, du moins que fort difficilement, & ce qu'on ne fait pas ordinairement.

La ſeconde maniere de faire les ouvertures des Dormeuſes, eſt, comme je l'ai déja dit, d'ouvrir le panneau du deſſous de la traverſe de ceinture au deſſus du ſiége, de ſorte que tout le panneau ſe releve en en-haut de *a* à *b*, *Fig.* 1, cote *B*, ce que j'ai indiqué par un arc de cercle ponctué.

Ce panneau ainſi relevé eſt ſoutenu par deux potences de fer *c*, *d*, leſquelles ſont ferrées ſur les pieds corniers, de maniere que quand on a ouvert le panneau, on les fait tourner en dehors juſqu'à ce qu'elles portent ſur le faux-bâtis du panneau au point *e*.

Lorſqu'on releve le panneau il fait déployer en même temps une enveloppe ou bourse de cuir *afg*, laquelle est attachée tant sur les pieds corniers de la voiture, que sur la traverse du panneau dormant, ainsi que sur celle du faux-bâtis, laquelle forme un coffre saillant dont le panneau relevé fait le dessus.

PLANCHE 203.

Ensuite on renverse le dessus du siége *h i*, du point *h* où il est ferré avec la traverse du panneau dormant de *h* à *l*; (ce que j'ai indiqué par un arc de cercle ponctué) de sorte que le siége ainsi renversé, forme le fond du coffre saillant, & porte immédiatement sur le cuir. Le devant du siége *m n* se renverse pareillement du point *m* où il est ferré, au point *o*, ce que j'ai pareillement indiqué par un arc de cercle ponctué, & on le soutient de niveau par des pieds de fer qui y sont attachés, afin de diminuer le creux de la voiture qu'on remplit ensuite avec des matelas, jusqu'à ce qu'il excede le dessus du siége renversé sur lequel on place des oreillers, de sorte que le dedans de la voiture devient exactement un lit, dont le niveau est représenté par la ligne *r l*. *Voyez la Fig.* 4, laquelle représente une partie du plan de la Dormeuse ouverte, & les siéges ainsi renversés.

S'il arrivoit qu'on ne voulût pas mettre deux matelas pour remplir le fond de la voiture, on baisseroit le devant du siége au point *p* de *p* à *q*, ce qui diminueroit cette profondeur, sans pour cela rien changer au reste de la voiture.

Cette maniere de faire ouvrir les Dormeuses est très-bonne, parce qu'en la faisant d'un seul bout, elle fournit 5 pieds & demi de longueur, ce qui est suffisant pour qu'on y soit couché commodément, mais en même temps elle a le défaut de donner peu de hauteur à l'endroit de l'ouverture, où il ne reste que 14 à 15 pouces de hauteur, de sorte qu'on ne peut y placer que les pieds, ce qui d'ailleurs est assez indifférent.

La troisieme maniere de faire les ouvertures des Dormeuses, remédie à cet inconvénient, ainsi qu'on peut le voir dans la *Fig.* 2, où il reste 20 pouces de hauteur d'ouverture; mais en même temps il faut faire attention que cette ouverture donne moins de profondeur que l'autre, n'y ayant que 5 pieds du fond du coffre au dedans de la voiture, ce qui est un espace trop court pour pouvoir contenir une personne couchée commodément, ce qui oblige à faire des ouvertures aux deux bouts de la voiture, ou bien en n'en faisant qu'une, à augmenter la longueur de la voiture, ce qui ne souffriroit aucune espece de difficulté.

Quant à la maniere de faire l'ouverture de la Dormeuse dont je parle, c'est à peu-près la même chose qu'à celle *Fig.* 1, cote *B*, à l'exception que l'ouverture se fait en deux parties du dessous de la traverse de ceinture au dessus de celle de brancard, & que la partie ouverte du bas entraîne avec elle le dessus du siége qui y est ferré, & le devant de ce même siége qui vient s'appliquer contre la partie supérieure de l'ouverture du panneau, de maniere que tout le pourtour du coffre que forme l'ouverture de la Dormeuse est revêtu de bois en dedans, le dehors & les côtés l'étant toujours de cuir à l'ordinaire, ce qui, je crois, n'a pas

PLANCHE 203.

besoin d'autre explication, l'inspection seule de la Figure étant plus que suffisante. *Voy. la Fig.* 5, qui représente une partie du plan de la Dormeuse *Fig.* 2, & que j'ai dessiné tout ouvert ainsi que celui *Fig.* 4, afin de faciliter l'intelligence de ce que je viens de dire.

Voilà, à peu de chose près, tout ce qu'on peut dire sur la théorie des ouvertures des Dormeuses, la pratique & les différents besoins pouvant fournir d'autres manieres de les faire peut-être en quelque chose différentes de celles que je viens de donner; cependant de quelque maniere qu'on les fasse, il faut éviter de les trop compliquer ni de les trop charger de ferrures, ce qui augmente beaucoup le poids de la caisse, & qui par le trop grand nombre de ferrures, rend un son fort désagréable, sur-tout pour des personnes malades ou endormies.

Pour ce qui est de la caisse des Dormeuses en général, il n'y a point de différence de celle des autres Berlines ou Vis-à-vis; car elles ne peuvent être que de ces deux especes de voitures, à moins qu'on ne les fasse ouvrir comme dans la *Fig.* 1, cote *A*, où la personne est plutôt assise que couchée; dans ce cas, dis-je, les Dormeuses peuvent être des Diligences ou des Désobligeantes, ou même des Chaises de poste. Au reste, comme ces voitures sont pour servir à la campagne, elles doivent être d'une décoration simple & d'une construction solide; & on doit observer d'y faire des caves d'une profondeur assez considérable pour pouvoir contenir les matelas & les couvertures du lit, comme je l'ai observé aux *Fig.* 1 & 2, où les caves ont 8 pouces de profondeur au plus bas, ce qui, encore, n'est bon que pour contenir un matelas; car s'il y en avoit deux, comme l'exige la *Fig.* 1, cote *B*, il faudroit augmenter la profondeur de la cave.

Ce que j'ai dit jusqu'à présent, renferme en général tout ce qu'on doit savoir touchant la construction des voitures de telles formes & de telles especes qu'elles puissent être, tant dans leur totalité que dans les parties qui les composent. J'ai aussi donné quelques régles générales touchant leur décoration, ne pouvant pas en dire davantage, ni donner de préceptes certains à cet égard, vu que les voitures étant des ouvrages sujets à la mode, sont susceptibles de changements, du moins dans les parties de détail; tout ce que je puis faire c'est de recommander le choix des belles formes, tant dans l'ensemble d'une voiture que dans les parties qui la composent; comme aussi d'éviter la confusion tant dans les cintres que dans les ornements, & de faire ensorte que la décoration totale d'une voiture soit toujours analogue à son usage, & d'une richesse relative au rang de la personne pour qui elle est destinée; en prenant ces précautions, on est presque toujours sûr de réussir & de faire des ouvrages marqués au coin du bon goût; au lieu que celles qui ne sont faites que pour suivre la mode, ne sont, ainsi que je l'ai déja dit, que de mauvaises copies qui annoncent toujours le peu de goût & de génie de ceux qui les ont faites.

PLANCHE 204.

Au défaut de préceptes détaillés touchant la décoration des voitures, je vais donner dans la Planche 204, des modeles des profils & des ornements dont on fait

fait maintenant uſage dans la décoration des voitures, afin qu'on puiſſe en faire choix ſelon les différents beſoins, en obſervant toutefois de ne les employer qu'avec ſageſſe & retenue, & en raiſon de la richeſſe totale de la voiture, c'eſt-à-dire, de la caiſſe & du train, n'étant pas raiſonnable qu'une caiſſe d'une décoration ſimple, ſoit placée ſur un train d'une décoration riche, & par la raiſon inverſe qu'un train ſimplement décoré ſupporte une caiſſe très-ornée. Planche 204.

Ce rapport & cette gradation de richeſſe doivent non-ſeulement ſe trouver entre le train & la caiſſe d'une voiture, mais encore à toutes les autres parties qui en dépendent, comme la Bourrelerie, la Serrurerie & la Peinture, ce que j'ai obſervé dans les Planches 208, 209 & 210, dans leſquelles je donne des modeles de trois différentes voitures d'une décoration très-riche, & où j'ai tâché de donner les plus belles formes poſſibles, en évitant la ſimplicité affectée de celles qui ſont à la mode à préſent, & la confuſion & la lourdeur des anciennes, ce qui, je crois, ſuppléera en quelque façon au défaut de préceptes touchant la décoration des voitures, celles que j'ai deſſinées ici étant plus que ſuffiſantes pour qu'on puiſſe en imaginer d'autres plus ou moins riches, ſelon le beſoin qu'on en aura; de plus, ce que je dis en faiſant la deſcription de ces trois voitures, pourra encore ſervir de guide dans la compoſition de quelqu'autre que ce puiſſe être, ainſi qu'on le verra en ſon lieu, après que j'aurai donné la deſcription des voitures de campagne, par où doit commencer celle de toutes les voitures d'uſage à préſent, dans laquelle deſcription je comprendrai leurs formes, leurs uſages & leurs principales meſures, ce que je ferai le plus ſuccinctement poſſible, ne donnant qu'une Figure de chaque eſpece de voiture, & me contentant d'indiquer les changements ou les augmentations faites ou à faire, ſans entrer dans un plus grand détail, ce que j'ai dit juſqu'à préſent étant applicable à toutes les voitures imaginables.

CHAPITRE QUATRIEME.

Deſcription de toutes les Voitures d'uſage à préſent.

Dans la diviſion des différentes eſpeces de Voitures modernes, dont j'ai parlé au commencement de cette troiſieme Partie, *page* 458, je n'ai eu égard qu'à leurs formes, ſans conſidérer leur uſage; je ſuivrai à-peu-près cette même diviſion dans la deſcription des autres Voitures, à l'exception qu'ayant plus égard à leur uſage qu'à leurs formes, je traiterai d'abord dans chaque eſpece de Voitures, de celles qui ſont d'uſage à la campagne, comme étant les plus ſolides & les plus ſimples; je parlerai enſuite de celles de chacune de ces mêmes eſpeces qui ſont en uſage dans les villes, & dont par conſéquent la forme & la décoration ſont plus ſuſceptibles de richeſſes; de ſorte que toute la deſcription des

Voitures d'usage sera comprise dans trois Sections. Dans la premiere, je traiterai des Voitures à quatre roues, comme les Coches servants à transporter les Citoyens d'une Province à l'autre, les Gondoles & les Berlines à quatre portieres, les grands Carrosses, les Berlines proprement dites, les Diligences; & de toutes les autres especes de Voitures faisant nuance entre celles-ci & les Chaises, comme les Vis-à-vis, les Désobligeantes, les Angloises, les Caleches, les Diables, les Phaétons & les Wourstes.

Dans la seconde Section, je traiterai des Voitures à deux roues, comme les Chaises proprement dites, de toutes especes, les Cabriolets, les Litieres & les Traîneaux.

Dans la troisiéme Section enfin, je traiterai des Voitures portées ou traînées par des hommes, comme les Chaises à porteurs, les Brouettes, & les Chaises de jardins de toutes les especes.

Je terminerai ce Chapitre & tout ce qui regarde les Voitures, par une quatrieme Section, dans laquelle je traiterai de la maniere de suspendre les Voitures à raison de leurs différentes formes & grandeurs, ce qui, à la vérité, n'est pas l'affaire du Menuisier; mais comme il arrive tous les jours que ces derniers donnent des Dessins de Voitures toutes montées, il est bon de leur donner des régles sûres, pour qu'une caisse étant montée, reste à la place qu'ils ont marquée sur leurs dessins, sans reculer en avant ou en arriere, ou, ce qui est encore pis, que cette même Voiture penche de l'un ou de l'autre côté.

De plus, il arrive tous les jours que les Menuisiers font des caisses neuves pour monter sur des trains déja faits, & que ces caisses étant montées, se trouvent mal suspendues, à quoi ils pourroient remédier en donnant au brancard une forme convenable à la disposition du train, laquelle forme, en changeant le centre de gravité de la caisse, lui rend l'équilibre nécessaire, ce que je démontrerai le plus clairement qu'il me sera possible.

SECTION PREMIERE.

Description d'un Coche, d'une Gondole & d'une Berline à quatre portieres.

PLANCHE 205.

LES Coches sont de grandes voitures publiques destinées à transporter les Citoyens d'une Province à l'autre, lesquels sont ordinairement d'une grandeur assez considérable pour contenir huit personnes qui y sont assises au pourtour, tant sur les deux siéges des fonds, que sur des siéges qui sont placés contre les côtés & qui se levent à l'endroit des portieres.

La caisse de ces voitures, *Fig.* 1, a environ 7 pieds de longueur sur 5 pieds de largeur pris à la ceinture, ce qui fait qu'on est obligé de la monter sur des trains à fleches à grande sassoir, parce que si elle étoit montée sur des trains de brancards, il faudroit que ces derniers eussent huit pieds de largeur au moins de l'extrémité des essieux, ce qui seroit trop embarrassant; au lieu que le train à fleches tel qu'il est représenté dans la *Fig.* 2, n'a pas plus de 6 pieds de largeur, ce qui fait une très-grande différence.

PLANCHE 205.

Les Coches ne sont pas ordinairement supportés par des soûpentes, mais suspendus à des courroyes qui partent de l'extrémité des moutons de l'avant & de l'arriere du train, & qui viennent s'attacher aux quatre coins du brancard. Celui qui est représenté *Fig.* 2, est suspendu de la même maniere, à l'exception que les courroyes sont attachées aux deux extrémités d'un ressort à talon, placé dessous le brancard ordinaire de la caisse, ce qui rend cette voiture aussi douce que les Berlines. Tous les Coches n'ont point de ressorts comme celui-ci, qui sert pour aller de Paris à Lyon, en cinq jours l'été, & l'hiver en six jours. Cette voiture se nomme *Diligence*, & est la plus prompte & la plus commode de nos voitures publiques.

Il y a des Coches ou Carrosses publics qui sont montés sur des trains de Berlines, c'est-à-dire, qui ont des brancards; dans ce cas ils ne peuvent être fort larges, à cause qu'il faut qu'ils soient contenus entre les deux brancards du train, ce qui fait qu'ils ne contiennent que six personnes, à moins qu'on ne fît la caisse de ces voitures très-longue, afin de pouvoir contenir quatre personnes de longueur.

Je ne m'étendrai pas davantage sur la forme & la proportion des voitures dont je parle, parce que l'inspection seule des Figures doit suffire tant pour le plan que pour l'élévation, la solidité étant ce qu'on doit le plus rechercher dans ces sortes de voitures, lesquelles ne sont susceptibles d'aucune sorte de décoration, du moins trop recherchée.

Ces voitures n'ont point de jour par devant, mais seulement par les côtés & aux portieres, ce qui est nécessaire pour donner de l'air & du jour à l'intérieur de la voiture; ces jours ne sont pas remplis par des glaces, mais seulement par des panneaux de bois mouvants à coulisses, soit horisontalement ou perpendiculairement.

Quelques-uns de ces panneaux sont percés par le milieu pour y placer un verre d'une moyenne grandeur, pour procurer du jour, & quelquefois même ce sont de véritables chassis dans lesquels sont placés de gros verres au lieu de glaces.

En général, les bois de ces voitures, tant des bâtis que des panneaux, doivent être plus forts que dans les voitures ordinaires, du double pour les bâtis, & de moitié pour les panneaux, & on doit avoir grand soin que leurs assemblages soient bien justes & parfaitement bien faits, (ce qui n'est pas ordinaire aux Menuisiers en Carrosses) vu la grande fatigue de ces voitures, & la difficulté de les rétablir s'il arrivoit qu'elles vinssent à manquer en chemin.

Je ne parlerai pas ici des anciens Coches, parce que j'en ai fait la description au commencement de cette Partie, *page* 462, & que de plus ces voitures ne

PLANCHE 205. font plus d'ufage à préfent, ou du moins fi on s'en fert encore pour les voitures publiques, ce n'eft qu'autant qu'elles ne font point trop vieilles pour fervir; & à mefure qu'elles fe détruifent, on n'en reconftruit point d'autres, vu leur peu de commodité.

Quant au train des Coches, je n'en ferai aucune defcription, parce que cela appartient à l'Art du Charron; je me contente feulement de le deffiner ici tant en plan qu'en élévation, afin de le faire connoître, & qu'on puiffe diftinguer un train à fleche & à grande faffoire tel que celui-ci, d'un autre train à fleche, mais dont l'avant-train eft femblable à celui d'un train de Berline.

PLANCHE 206. Après les Coches, les plus grandes voitures font les Gondoles, lefquelles font quelquefois même plus grandes que les premiers, du moins pour ce qui eft de la caiffe, y en ayant qui peuvent contenir douze perfonnes affifes au pourtour, telles que celle dont l'élévation eft repréfentée *Fig.* 1, & le plan *Fig.* 2.

Ces voitures font ordinairement montées fur un train de Berline, & n'ont de largeur au brancard que la largeur ordinaire, qui eft d'environ 36 pouces, fans le renflement, ce que j'ai indiqué par les lignes *a b*, *b c*, *c d* & *d e* du plan *Fig.* 2.

La longueur de la Gondole *Fig.* 1 & 2, eft de 8 pieds à la ceinture, fur 3 pieds 6 pouces de largeur par les bouts, & 4 pieds 3 pouces au milieu, ce qui fait que le bas de la caiffe eft d'une forme ronde tant fur le plan que fur l'élévation, ce qui lui a fait donner le nom de *Gondole*, à caufe de fa reffemblance avec une gondole, efpece de petit bateau ou de vafe pour boire. Le haut des côtés doit être plus en pente qu'aux voitures ordinaires, parce que comme les fiéges de l'intérieur de la voiture font placés le long de ces côtés, il eft bon qu'ils foient un peu inclinés, afin que l'on foit affis commodément, pour les raifons que j'ai données en parlant des fiéges des voitures, *pages* 554 & *fuiv.* *Voyez* la ligne *e f g*, *Fig.* 1, qui repréfente la courbure & l'inclinaifon du côté de la voiture, ainfi que celle *f h*, qui repréfente le deffus du fiége & fon inclinaifon en dedans.

Le deffus de l'appui de ces voitures eft ordinairement revêtu de cuir, au milieu de quoi font percés huit jours ou fenêtres; ainfi que celles *A*, *A*, *A*, *Fig.* 1 & 2; favoir, une à chaque bout, & trois de chaque côté, lefquelles ont environ un pied quarré, & font placées de maniere que ceux qui font affis dans la voiture, puiffent voir dehors fans fe lever de leur place.

Ces jours fe rempliffent par des glaces, lefquelles montent dans des couliffeaux à l'ordinaire; on a foin que ces couliffeaux montent de fond, & on les affemble dans le pavillon & dans le brancard, afin qu'ils foutiennent non-feulement le panneau de cuir, mais encore celui de l'appui, qui étant de bois, a bien de la peine à fe prêter à la forme gondolée de la voiture, & qui fait toujours affez mal quelque précaution que l'on prenne, étant impoffible de faire ployer un panneau fur deux fens à la fois, comme je l'ai démontré en parlant de la maniere de faire revenir les panneaux au feu, *page* 491.

Il

Il est bon aussi que le pavillon de ces voitures (& en général de toutes les voitures de campagne) soit fort bombé, afin qu'au dedans de la voiture on puisse, du dessus des battants de pavillon, tendre des rubans nommés *filets*, sur lesquels on place les choses les plus légeres qu'on emporte ordinairement avec soi. PLANCHE 206.

Par la même raison les caves doivent être fort profondes, pour placer les paquets les plus lourds & les provisions de bouche.

En général, les bois de ces voitures, ainsi que de toutes celles de campagne, doivent être plus forts qu'à l'ordinaire, afin qu'elles résistent mieux à la fatigue, sans cependant les faire trop massives, parce qu'alors elles deviendroient trop pesantes, ce qu'on doit éviter avec soin.

L'usage des Gondoles est très-bon pour les voyages & pour la chasse, parce qu'elles tiennent beaucoup de personnes, ce qui diminue en même temps l'ennui & les frais du voyage; c'est pourquoi presque tous les grands Seigneurs en ont pour le transport de leurs gens & de leurs effets les plus précieux.

Pour ce qui est de la construction de ces voitures, elle n'a rien de particulier ni de différent de ce que j'ai dit à ce sujet; c'est pourquoi je n'en ferai aucune mention, les *Fig.* 1 & 2 étant suffisantes d'après tout ce que j'ai déja dit.

Les Berlines à quatre portieres, aussi nommées *Berlines Allemandes*, sont faites pour contenir six personnes assises sur trois siéges; savoir, les deux ordinaires, & un autre placé au milieu, ainsi que celui *A*, *Fig.* 2, auquel on ajoute un dossier d'étoffe *B*, pour soutenir les personnes qui sont assises sur ce siége, & les empêcher de se renverser en arriere. PLANCHE 207.

Quoique je dise que ce siége est placé au milieu de la longueur de la voiture, il est cependant bon qu'il soit un peu plus sur le derriere, comme je l'ai observé dans la *Fig.* 2, parce qu'il est nécessaire que l'espace qui reste entre le siége de devant & celui du milieu, soit plus grand que celui qui reste entre ce dernier & celui de derriere, ce qui est tout naturel, puisque dans le premier les jambes & la saillie des genoux de deux personnes, doivent y être contenus vis-à-vis les uns des autres; au lieu que dans le second, il ne faut que la place d'une personne sur la profondeur: il faut cependant éviter de trop reculer le siége du milieu, parce qu'il boucheroit beaucoup de la portiere, du moins en apparence; car comme le dossier de ce siége est arrondi sur les extrémités, il laisse suffisamment de passage. Quoi qu'il en soit, il est toujours bon que l'espace de derriere ne soit pas trop étroit, parce que comme c'est la place des personnes les plus considérables, il est nécessaire qu'elles ne soient point gênées, du moins autant qu'il est possible.

La construction & la décoration de ces voitures n'ont rien de particulier, ainsi qu'on peut le voir aux *Fig.* 1 & 2; tout ce qu'on doit observer, c'est que quand elles ne seront que pour être d'usage à la campagne, on diminuera la hauteur de la glace de devant, de sorte qu'elle ne descende qu'à la hauteur

PLANCHE 207.

du dessus du siége, comme je l'ai fait ici, afin de conserver autant qu'il est possible, la longueur intérieure de la voiture, laquelle n'étant ordinairement que de 6 pieds & demi à la ceinture, est déja très-bornée pour être diminuée par le coulement de la glace du devant.

Les voitures à quatre portieres servent ordinairement à la campagne; cependant chez le Roi & chez les Princes, elles servent quelquefois de voitures de ville, & alors elles peuvent être très-richement décorées; dans ce cas on doit diminuer la profondeur de leur cave, ou même les supprimer tout-à-fait, ce qui seroit encore mieux.

Il faut de même, dans le cas dont je parle, diminuer la hauteur du bombage du pavillon, qui alors devient inutile. Il est aussi nécessaire de placer des glaces aux custodes de ces voitures, ce que je n'ai pas fait à celle que j'ai dessinée, parce que je ne l'ai considérée que comme une voiture de campagne.

J'ai dit plus haut que la longueur ordinaire de ces voitures étoit de 6 pieds & demi; cependant on fera très-bien de leur donner 7 pieds de longueur, sur 44 à 46 pouces de largeur à la ceinture, non-compris le renflement, ce qui est nécessaire, étant tout naturel qu'on soit plus à son aise dans une voiture où l'on passe des journées entieres, que dans celles où l'on ne reste qu'un moment.

Voilà à peu-près toutes les voitures de campagne à quatre roues dont on fasse usage actuellement, mais (à la vérité) peu usitées par les particuliers, qui se servent, pour voyager, de voitures ordinaires, qui sont des Berlines construites seulement avec plus de solidité que les autres, (c'est-à-dire, celles qui ne servent que dans les villes) & auxquelles on donne un peu plus de longueur & de largeur, ce qui ne change rien à leur forme & à leur construction, qui ne demande, ainsi que je l'ai déja dit, qu'un peu plus de solidité.

§. I. *Description d'un grand Carrosse, d'une Berline, d'une Diligence montés sur leur train, & de toutes les autres Voitures qui ont du rapport avec ces dernieres.*

PLANCHE 208.

LES voitures de ville le plus en usage, sont les Berlines & les Vis-à-vis, que l'on monte sur des trains à brancards ou sur des trains à fleches, ainsi que je l'ai dit au commencement de cette Partie, où j'ai fait connoître la différence qu'il y avoit entre ces dernieres voitures & les grands Carrosses dont on ne fait plus usage à présent, du moins que très-rarement, encore n'est-ce que chez le Roi; & j'ai dit qu'il seroit à souhaiter que ces voitures fussent plus en usage qu'elles ne le sont chez les Princes & les très-grands Seigneurs, pour les distinguer par leurs voitures comme ils le sont par leurs rangs; c'est pourquoi je donne ici, *Pl.* 208, le dessin d'un grand Carrosse à fleche recourbée (ou à arc, ce qui est la même chose) pour le passage des roues de l'avant-train, ce qui fait beaucoup mieux que les trains à grande sassoire, sur lesquels sont montés tous les grands Carrosses du Roi. J'ai aussi placé des ressorts au devant & à l'arriere du train de cette voiture, afin de la rendre plus douce que celles ordinaires, où les courroyes qui portent la caisse, sont attachées aux moutons du train, de sorte qu'il n'y a de ressorts que dessous la voiture; au lieu que dans celle-ci, ces courroyes étant attachées à des ressorts par les deux extrémités, rendent la voiture extrêmement douce.

PLANCHE 208.

En général, j'ai tâché, autant qu'il m'a été possible, de donner à l'ensemble de cette voiture toute la légéreté dont elle a été susceptible, & d'allier les formes anciennes avec les modernes, en ôtant aux unes leur trop grande pesanteur, & en donnant aux autres un caractere un peu plus ferme, ce qui est nécessaire à ces sortes de voitures.

Au reste, je ne donne point cette voiture comme une chose parfaite ni comme un exemple à imiter; je ne la propose ici que pour donner naissance à des idées plus parfaites, & pour faire connoître combien ces voitures acquéreroient de grandeur & de magnificence, si la partie de leur décoration étoit entre des mains plus habiles que les miennes, lesquelles allieroient aux régles invariables de la bonne construction, la grace d'une décoration plus ingénieuse, ce qui est au-dessus de mes forces.

Ces sortes de voitures sont toujours très-grandes, parce qu'elles sont faites pour pouvoir contenir six personnes; savoir, quatre sur les siéges de devant & de derriere, & deux au milieu sur un siége mobile qu'on ôte lorsqu'on le juge à propos; c'est pourquoi on leur donne ordinairement 7 pieds de longueur, sur 4 pieds 6 pouces de largeur à la ceinture, & environ 6 pieds & demi de hauteur du dessus du brancard au dessous de la frise de la portiere.

Pour ce qui est des autres mesures de cette voiture, tant pour le train que pour la caisse, il est assez inutile d'en parler ici; de plus, j'ai mis au bas de la Planche une échelle, à laquelle on pourra avoir recours.

Je ne m'étendrai pas davantage sur la forme & la construction de ces voitures, parce que j'en ai déja parlé au commencement de cette Partie, *page* 463; on aura soin seulement de faire les coulisses de leurs glaces assez profondes pour que le chassis qui porte ces dernieres ne paroisse point extérieurement, ce qui fait un très-bon effet, vu que les moulures de la caisse servent immédiatement de bordures aux glaces.

On observera qu'à ces voitures, ainsi qu'à toutes les autres, il faut que les mêmes ornements soient employés sur le train & sur la caisse, ce que j'ai fait à cette voiture & aux deux suivantes. C'est un usage reçu qui me paroît très-raisonnable, étant tout naturel que toutes les parties qui composent l'ensemble d'une voiture, aient toutes le même caractere; c'est pourquoi on ne s'écartera de cet usage que le moins qu'il sera possible.

J'ai donné ailleurs toutes les régles servant à la construction & à la décoration d'une Berline; c'est pourquoi je ne m'étendrai pas à ce sujet dans la description de celle que j'ai dessinée dans cette Planche, dont l'ensemble n'est qu'un résumé de ce que j'ai dit jusqu'à présent.

PLANCHE 209.

PLANCHE 209.

La *Fig.* 1 de cette Planche, repréſente l'élévation d'une Berline montée ſur ſon train & portée par de longues ſoûpentes. Le corps de la caiſſe eſt très-orné & d'une forme bombée ſur ſon plan, comme je l'ai indiqué par une ligne ponctuée dans la *Fig.* 2, qui repréſente la moitié du plan du train, ſur lequel j'ai ſeulement indiqué celui du brancard de la caiſſe.

J'ai auſſi cintré les traverſes de ceinture ainſi que le pavillon, que j'ai fait à trois cintres, afin de donner plus de mouvement & de grace à l'enſemble de la caiſſe, ce qui, à mon avis, fait beaucoup mieux que les traverſes droites qui ſont à la mode à préſent, d'autant mieux que tous les cintres de cette voiture prennent naiſſance les uns des autres, & ſont d'accord avec la forme générale de la caiſſe, ainſi que je l'ai recommandé plus haut. Cette caiſſe, quoique d'une décoration très-riche, n'a cependant rien de ſuperflu; & les bois des bâtis, quoique plus forts que ceux des voitures à la mode, n'en rendent cependant pas la décoration plus peſante, ayant eu ſoin d'en diminuer la largeur en apparence par des ornements courants.

Les portieres de cette voiture ſont arraſées au reſte de la caiſſe, & ouvrent dans le dégagement des moulures des cuſtodes, de ſorte que toutes les traverſes tant du haut que du bas & du milieu regnent enſemble, ce qui fait un très-bon effet.

Pour ce qui eſt du train de cette voiture, je l'ai fait le plus parfait qu'il m'a été poſſible, & j'ai fait les roues du train de devant auſſi hautes qu'elles peuvent l'être à un train de cette eſpece, la hauteur de ces dernieres étant bornée non-ſeulement par la rencontre des brancards du train, mais encore par celle des ſoûpentes ſous leſquelles il faut qu'elles paſſent, ce que j'ai indiqué par des lignes perpendiculaires élevées des points que donnent la rencontre du cercle formé par la révolution des roues de l'avant-train avec les brancards & les ſoûpentes, leſquelles lignes perpendiculaires ſont bornées ſur l'élévation par la rencontre d'une ligne de niveau paſſant par le plus haut point des roues de l'avant-train; de ſorte que les ſoûpentes de cette voiture ne ſauroient être plus baſſes qu'elles ne ſont, & par conſéquent les roues de l'avant-train plus hautes, à moins qu'on ne rehauſſe ces premieres, ce qui n'eſt guere poſſible, parce qu'en les hauſſant par devant, il faudroit les hauſſer par derriere, ce qui éléveroit trop le cric qui eſt déja fort haut; de plus, il faut éviter de donner trop d'élévation aux ſoûpentes, afin que la caiſſe ne ſoit point trop élevée & qu'on puiſſe y monter commodément, ce qui ne peut être quand il y a plus de 2 pieds & demi de la ligne de terre au-deſſus de la marche du brancard de la caiſſe.

PLANCHE 210.

La *Fig.* 1 de cette Planche repréſente une Diligence montée ſur un train à fléche, nommé improprement *train à l'Angloiſe*, ce qui m'a donné la liberté de faire les roues de l'avant-train fort hautes, comparaiſon faite avec celles du derriere, ce qui eſt très-avantageux pour rendre la voiture plus roulante, ainſi que je l'ai prouvé *page* 562.

La caiſſe de cette Diligence eſt faite à l'Angloiſe, c'eſt-à-dire, qu'elle eſt preſque

presque quarrée par le haut, & qu'elle n'est pas cintrée en S sur le côté, ainsi que celles à la Françoise, dont j'ai donné la forme & les proportions *page* 548. mais sont seulement un peu diminuées sur le derriere tant sur le plan que sur la hauteur, ainsi que je l'expliquerai en parlant des caisses des voitures à l'Angloise.

PLANCHE 210.

Lorsque les Diligences, & en général toutes autres sortes de voitures, sont montées sur des trains à fleche, elles ne sont ordinairement pas portées par de longues soûpentes, mais au contraire par des ressorts & des courroyes attachées aux angles de la caisse, comme je l'ai observé ici, ce qui est très-commode pour les Diligences dont la forme irréguliere du brancard donne beaucoup de peine pour les bien suspendre avec de longues soûpentes; de plus, lorsqu'on suspend les Diligences comme je l'ai fait à celle-ci, on a l'avantage de faire le bas de la portiere presque de niveau, ce qui fait beaucoup mieux que celles dont la traverse du bas est de près de 3 pouces plus haute d'un bout que de l'autre, ainsi que je l'ai démontré ailleurs.

La *Fig.* 2 représente la moitié du plan de cette Diligence, sur lequel j'ai marqué le cercle que décrit la révolution des roues de l'avant-train, & leur rencontre avec les courroyes qui portent la caisse & les deux branches de la fleche, ce qui rapporté sur l'élévation, a servi à déterminer la forme de cette derniere & la hauteur des ressorts auxquels sont attachées les courroyes ou soûpentes, lesquelles sont indiquées sur le plan par des lignes ponctuées, ainsi que le plan du brancard de la caisse auquel elles vont répondre.

Voilà en général les trois especes de voitures dont on fasse usage actuellement, sur-tout les deux dernieres, auxquelles j'ai donné la meilleure forme qu'il m'a été possible, sans trop suivre ce qui s'appelle *la mode*, ni en même temps m'écarter beaucoup des usages reçus, tant pour ce qui est des caisses (ce qui est mon principal objet) que pour ce qui concerne leurs trains, que j'ai faits le plus légers possible, en leur conservant néanmoins une solidité réelle & même apparente, ce qui est absolument nécessaire; comme aussi de n'y point faire aux unes ni aux autres de ressauts ni d'ornements trop saillants, parce qu'ils seroient exposés à se casser, soit par l'ébranlement du roulis de la voiture, soit en la lavant, ou par tous autres accidents inévitables & auxquels on ne peut obvier qu'en faisant les ornements peu saillants, & ne leur donnant que le moins de profondeur possible, afin que la poussiere s'y arrête moins, & qu'ils soient plus aisés à nétoyer.

Les Vis-à-vis sont des voitures assez semblables aux Berlines, desquelles elles ne different que par la largeur, laquelle ne peut contenir qu'une personne: elles different encore de ces dernieres, en ce que leurs côtés ne sont point cintrés, mais seulement diminués de l'appui jusqu'en bas d'environ 4 à 5 lignes, de sorte qu'elles forment un angle à la ceinture, ce qui fait assez mal.

On pourroit corriger ce défaut en donnant à la diminution du bas une forme bombée presque insensible, & en faisant la partie du haut droite à l'ordinaire, laquelle a quelques lignes d'évasement tout au plus.

PLANCHE 210.

La largeur des Vis-à-vis est de 25 à 26 & même 28 pouces à la ceinture, sur 4 pieds 8 pouces de long; savoir, 22 pouces d'ouverture de portieres, & 17 pouces à chaque custode.

La largeur du haut des custodes doit être de 19 pouces, & le cintre du pavillon d'environ 2 pouces de retombée. La hauteur de ces voitures doit être moindre que celle des Berlines, & n'avoir au plus que 4 pieds 2 pouces d'ouverture de portiere.

Leur renflement doit aussi être moindre, & n'avoir que 6 lignes au brancard & 18 lignes au pavillon. Quant à la construction & à la décoration de ces voitures, ce sont les mêmes qu'aux Berlines.

Les Désobligeantes sont aux Vis-à-vis, ce que les Diligences sont aux Berlines, c'est-à-dire, qu'elles ont les mêmes dimensions tant de hauteur que de largeur & de renflement, en observant toutefois de faire les custodes de 2 à 3 pouces plus profondes que celles des Vis-à-vis, ce qui ne souffre aucune difficulté & n'a pas besoin d'autre explication.

Les caisses des voitures nommées *Angloises*, sont des especes de Berlines & de Diligences, mais plus souvent des Diligences que des Berlines. Ces voitures different de celles à la Françoise, en ce qu'elles ont moins de renflement, qu'elles ne sont point cintrées sur le côté où elles n'ont qu'un peu d'évasement, & qu'elles sont moins cintrées & ont moins de hauteur que ces dernieres. Ces voitures n'ont point de glaces de custode, ni même de montants de crosse apparents, & la glace de devant est ordinairement divisée en deux parties qui coulent indépendamment l'une de l'autre, étant divisées par un montant, derriere lequel est placé un coulisseau double.

Les voitures à l'Angloise sont très à la mode à présent, & je ne sai trop pourquoi, vu qu'elles n'ont ni une belle forme ni aucune grace, ressemblant plutôt à un coffre percé de plusieurs trous, qu'à une caisse de voiture; mais il suffit que l'invention de ces voitures nous vienne d'Angleterre, pour que tout le monde en ait ou veuille en avoir, comme s'il existoit quelque loi qui nous obligeât d'être les serviles imitateurs d'une Nation rivale de la nôtre, & qui, quoique très-respectable & imitable à bien des égards, ne pourra jamais l'être pour les ouvrages de goût en général, & sur-tout pour la partie dont je traite.

Ces voitures ne devroient, à mon avis, être d'usage qu'à la campagne, vu leur grande légéreté & leur peu de hauteur qui les rend moins sujettes aux coups de côté que les autres.

Les trains de ces voitures sont toujours à fleche, soit simples ou doubles, ce qui oblige à les suspendre sur des ressorts, & cela en augmente la douceur.

§. II. *Description d'une Caleche, d'un Phaéton, d'un Diable, d'une Diligence coupée & d'un Wourst.*

Les Caleches sont des voitures de campagne destinées à la promenade ou à la chasse, lesquelles sont ouvertes de tous côtés au dessus de l'appui, & dont l'impériale est soutenue par des montants de fer, ainsi que celle représentée *Fig.* 1. Planche 211.

Ces voitures sont à 4, à 6, & même 8 places, à deux personnes sur la largeur, du moins pour l'ordinaire; car on en fait à trois, ce qui est rare; celle qui est représentée ici n'en peut contenir que quatre commodément, n'étant que de la longueur d'une Berline ordinaire, & n'ayant que deux siéges, l'un sur le derriere & l'autre au milieu, à l'endroit du pilastre *B*, lequel sépare les deux portieres *A* & *C*. Ces deux portieres sont nécessaires, parce qu'elles servent à entrer dans la voiture sans être obligé de passer par dessus le siége du milieu, ce qui arriveroit nécessairement s'il n'y avoit qu'une portiere, parce que le siége du milieu est toujours immobile, ou du moins doit l'être, afin que ceux qui sont placés sur le derriere de la voiture, puissent monter & descendre sans déranger ceux qui sont placés sur le siége du milieu.

Quoique cette Caleche ne soit construite que pour contenir quatre personnes, on peut cependant en placer six, en reployant le devant de l'appui *D* en devant de la voiture, ce qui forme un troisieme siége.

Les Caleches à six sont construites de la même maniere que celle-ci, excepté qu'elles ont 6 pieds & demi de longueur, & qu'elles ont trois portieres sur le côté. On peut pareillement faire un quatrieme siége en abaissant le devant de l'appui, comme je l'ai dit ci-dessus, ce qui ne souffre aucune difficulté.

En général, les siéges des Caleches doivent être élevés au-dessus les uns des autres, en suivant à peu-près la forme du brancard, afin que toutes les personnes qui sont placées dessus, puissent voir les unes au-dessus des autres, ces sortes de voitures étant faites pour jouir de l'air & de la vue de la campagne, vis-à-vis de laquelle elles sont toutes tournées, ce qui est différent des autres voitures, où ceux qui sont placés sur les siéges du devant & du derriere, sont assis vis-à-vis les uns des autres.

Ces voitures peuvent être d'une décoration très-riche & d'une forme gondolée, ce qui fait très-bien. Comme ces voitures servent toujours à la campagne, on en fait dont on supprime les panneaux, & dont on remplit l'espace avec des treillis de canne de différents compartiments, ce qui rend ces voitures plus légeres, & en même temps plus fraîches.

Le haut des caleches se ferme avec des rideaux de cuir ou d'étoffe, qu'on releve sous l'impériale & qu'on abaisse quand on le juge à propos, tant par les côtés que par derriere & par devant.

On fait toujours des caves à ces ſortes de voitures, ce qui eſt néceſſaire pour placer les hardes & les proviſions dont on peut avoir beſoin.

PLANCHE 211.

Les Phaétons ou Chars découverts, ſont des voitures à-peu-près ſemblables aux Caleches, excepté qu'ils n'ont point d'impériales, de ſorte qu'on y eſt toujours à découvert. Ces voitures ſont peu en uſage, & on ne s'en ſert même qu'à la Cour & chez les Princes pour les promenades des Dames: elles ſont ordinairement très-riches, tant pour les ornements de ſculpture que pour les peintures & les dorures. Celle qui eſt repréſentée *Fig.* 2, eſt à ſix perſonnes & à deux portieres ſur la longueur, à la maniere des Berlines à quatre portieres. Ces voitures different des Caleches, en ce que les ſiéges ſont placés comme aux Berlines dont je viens de parler, c'eſt-à-dire, que ceux qui ſont aſſis ſur le devant de la voiture ont la face tournée vis-à-vis des autres, ce qui n'eſt pas aux Caleches, ainſi que je viens de le dire.

Les Caleches & les Phaétons ſont ordinairement portés par de longues ſoûpentes; ce n'eſt pas qu'on ne puiſſe faire autrement; mais c'eſt l'uſage, auquel leur forme longue & platte a peut-être donné lieu.

PLANCHE 212.

La *Fig.* 1 repréſente une voiture nommée *Diable*, laquelle eſt à l'égard des Caleches, ce que les Diligences ſont à l'égard des Berlines, c'eſt-à-dire, qu'ils ſont coupés à l'endroit de la premiere portiere. Ces voitures ſervent particuliérement pour eſſayer les jeunes chevaux, & alors elles ne conſiſtent que dans un train à fleche, ſur le devant duquel eſt ménagé un eſpace dans lequel ſe peuvent placer deux perſonnes; mais dans le cas dont je parle, ces voitures ſervent aux perſonnes qui voulant faire voir leur habileté à conduire les chevaux difficiles, menent leur voiture eux-mêmes; c'eſt pourquoi on a ſoin que le devant de ces voitures ſoit plus haut qu'à l'ordinaire, afin que celui qui eſt dedans debout, puiſſe avoir l'eſtomach appuyé deſſus, & ſoit moins expoſé aux éclabouſſures & aux ruades des chevaux. Ces appuis doivent auſſi être un peu recourbés en devant, comme je l'ai obſervé *Fig.* 1 & 2, (leſquelles repréſentent les élévations de côté & de face,) afin de ne point bleſſer celui qui, en menant la voiture, eſt quelquefois appuyé deſſus ſoit naturellement, ſoit par le mouvement de la voiture, laquelle n'a d'ailleurs rien de particulier tant pour la décoration que pour la conſtruction, ſi ce n'eſt qu'elles doivent être plus hautes que les voitures ordinaires, afin de pouvoir contenir un homme tout debout.

Comme ces voitures ſont toutes ouvertes au-deſſus de l'appui & ne ſervent que très-peu, on a imaginé de faire ſervir les Diligences ordinaires à l'uſage de ces premieres, ce qu'on a fait en les coupant au nud de l'appui, ou du moins à environ 2 pouces au-deſſus, comme le repréſente la *Fig.* 3, où la coupe du pied d'entrée & de la portiere eſt repréſentée par la ligne *a b*, de ſorte que le pied cornier de devant s'enleve, & emporte avec lui le battant de portiere avec lequel il ne fait qu'une ſeule & même piece, ainſi qu'on peut le voir dans la

Fig.

Fig. 4, laquelle représente la coupe du pied d'entrée & du battant de portiere, prise à la hauteur de l'appui, & où j'ai indiqué par des ponctuations, la forme de ce même pied cornier réuni avec le battant de portiere. PLANCHE 212.

Ce pied cornier entre tout en vie dans le bout du pavillon, & à tenon & enfourchement dans l'appui, & s'arrête en dedans de la voiture par le moyen d'un crochet.

L'invention de ces Diligences coupées vient d'Angleterre, & on les nomme *Diligences coupées en birouche*; leur usage n'est pas fort bon, parce que leurs joints sont toujours mal; de plus, lorsqu'elles sont toutes montées, elles rendent un mauvais son occasionné par le jeu qui se trouve nécessairement dans les assemblages des pieds corniers; c'est pourquoi on fera très-bien de ne pas faire de ces sortes de voitures coupées, que je ne représente ici que comme des exemples à éviter, & en même temps pour ne rien laisser à désirer.

Avant de terminer ce qui regarde la description des voitures à quatre roues, dans la construction desquelles le travail du Menuisier est nécessaire, je crois devoir parler d'une voiture de chasse nommée *Wourst* ou *Vource*, dont l'invention vient d'Allemagne, laquelle ne consiste qu'en un train à fleche très-étroit, afin de pouvoir mieux passer dans les routes des forêts. Au-dessus de la fleche de ce train est suspendu un siége long d'environ 7 pieds, lequel est porté par deux courroyes ou soûpentes, dont une tient à un ressort placé sous le siége du Cocher & au devant de ce siége; & l'autre du derriere du siége à un cric placé au derriere du train, par le moyen duquel on serre ou relâche la soûpente.

Au-dessous du siége, & par conséquent de la fleche du train qui passe entre deux, est placé un marche-pied sur lequel posent les pieds de ceux qui sont assis comme à cheval sur le siége, au bout duquel, sur le derriere, est une espece de caisse semblable à celle d'un Cabriolet, laquelle est séparée en deux par le siége, & peut contenir deux personnes de largeur, ou bien une seule assise comme les autres qui sont sur le long siége, c'est-à-dire, à califourchon.

Je ne donne pas ici d'autres explications touchant la description de cette voiture, parce qu'elle est presque toute du ressort du Charron, & que le Menuisier n'y a presque rien à faire; c'est pourquoi je me contenterai de la représenter dans la Planche 217, *Fig.* 1. Voyez cette Planche.

SECTION SECONDE.

Description d'une Chaise montée, d'une Chaise de poste, d'un Cabriolet, de deux Litieres & d'un Traîneau.

L'USAGE des Chaises à deux roues est très-nouveau, comme je l'ai fait voir au commencement de cette Partie de mon Ouvrage; elles ne servoient dans leur origine qu'à faire des voyages en poste; mais présentement elles sont très-communes, tous les particuliers de médiocre fortune en faisant usage tant PLANCHE 213.

dans les villes qu'à la campagne. Les Chaifes qui fervent dans les villes font à deux & même à quatre places, ainfi que celle repréfentée *Fig.* 1, laquelle peut contenir deux perfonnes fur la profondeur & deux fur la largeur, *Fig.* 2, & que j'ai repréfentée auffi en plan, *Fig* 3, afin qu'on connoiffe mieux la différence du train des voitures à quatre roues, & de celles à deux roues, qui font celles dont je parle.

PLANCHE 213.

Le train des Chaifes en général, eft compofé de deux brancards, dont le derriere eft affemblé comme celui des Berlines, à peu de chofe près; le devant fe termine en deux bras ou limons, entre lefquels on place le cheval qui, à cette voiture, fait la fonction de traîner la voiture & d'en fupporter une partie. *Voyez la Fig.* 3, qui repréfente la moitié du plan de la Chaife, dont l'élévation eft repréfentée *Fig.* 1 *&* 2.

A toutes les Chaifes la portiere eft par devant, la trop grande élévation de leurs brancards les empêchant d'être par le côté, parce qu'alors il faudroit que la caiffe fût élevée au-deffus des brancards, ce qui l'éléveroit trop; c'eft pourquoi on place, dis-je, la portiere par devant, laquelle ouvre non pas verticalement, comme celles des autres voitures, mais horifontalement, ce qu'on nomme des portieres à la *Touloufe.* Je ne fai pour quelle raifon.

Il y a des Chaifes où la portiere ouvre à l'ordinaire par le moyen d'une certaine ferrure, qui, en la faifant ouvrir dans les brancards, a la propriété de fervir alternativement de gond & de ferrure, de forte que les portieres peuvent ouvrir à droite ou à gauche, ce qui eft très-commode; cependant l'ufage des portieres à la Touloufe a toujours fubfifté, & on les fait prefque toutes de cette façon, tant aux différentes efpeces de Chaifes de pofte, qu'aux Cabriolets & autres voitures de cette efpece.

Les Chaifes font fufpendues fur de longues foûpentes, ou par le moyen des refforts à l'écreviffe ou autres, ce qui ne fait rien à leur forme.

La hauteur des Chaifes doit être de 4 pieds & demi au plus haut, c'eft-à-dire, par le côté du deffous du brancard au-deffus du pavillon, fur 3 pieds 6 pouces de largeur de ceinture lorfqu'elles feront à deux places fur la longueur, & de 3 pieds au plus quand elles feront à une place, en obfervant dans le premier cas de faire beaucoup plus faillir le devant de la portiere, pour pouvoir placer commodément les jambes de celui qui eft placé devant; & que le fiége ou ftrapontin ne gêne aucunement la perfonne qui eft placée derriere, comme il arrive aux Chaifes qui n'ont pas affez de profondeur, & où par conféquent le ftrapontin fe trouve placé entre les jambes de celui qui eft dans le fond de la Chaife, ce qui eft fort incommode, fur-tout quand on fait de longs voyages. Il eft bon que ce ftrapontin foit peu haut, & on ouvre le devant de la cave, dans laquelle celui qui eft affis deffus place fes jambes, ce qui fait qu'il ne bouche point la vue de celui qui eft placé derriere, ce qu'on obferve à toutes les Chaifes de pofte. Pour la largeur des Chaifes, elle doit être de 40 pouces à la ceinture quand elles feront à deux places fur la largeur, ou de 25 à 26 pouces lorsqu'elles seront à une seule place. Quant à la forme de leur plan, elle peut être comme les Diligences à la Françoise ou à l'Angloise lorsqu'elles sont à deux places, ce qui est arbitraire; mais lorsqu'elles seront à une place, on les fera comme les Désobligeantes, auxquelles elles ressemblent.

PLANCHE 213.

Les Chaises peuvent être très-riches & ornées de glaces tant à la face qu'aux custodes, selon qu'on le jugera à propos.

Les Chaises de poste proprement dites, ne different en aucune maniere de celles dont je viens de parler, si ce n'est qu'on les fait plus simples & plus solides que les premieres, & quelque peu plus basses, pour diminuer les coups de côté autant qu'il est possible. Ces Chaises ne sont ordinairement qu'à une seule place, ou si on les fait à deux, ce n'est que sur la profondeur ou sur la largeur, mais jamais sur l'un & l'autre sens, c'est-à-dire, à quatre places, parce qu'elles deviennent trop lourdes & fatiguent beaucoup les chevaux, ce qui en a fait défendre l'usage pour les grands voyages, où on se sert de chevaux de postes; & on fait les Chaises de poste le plus étroites possible, afin que la personne qui s'y place n'y entre qu'à peine. Cette observation est très-essentielle, parce que quand ces voitures sont trop larges, leur balottement qui est inévitable, fatigue beaucoup; au lieu que quand elles sont justes à la grosseur de la personne, on est moins fatigué, le corps suivant les mouvements de la voiture sans presqu'en ressentir les secousses, ce qui est fort à considérer, sur-tout dans le cas d'un grand voyage. *Voyez les Fig.* 1 & 2, qui représentent les élévations de côté & de face d'une Chaise de poste.

PLANCHE 214.

Les portieres des Chaises ouvrent au-dessus de la naissance de la glace cotée *a a*, *Fig.* 1 & 2, & sont ferrées sur le brancard *b*, même Figure; & pour les rendre plus légeres, on les chantourne par le bas d'après la largeur nécessaire pour le coulement de la glace, de sorte que la partie du côté de la portiere, comprise entre la ligne *b c d*, *Fig.* 2, & le brancard & le pied cornier, demeure attachée au corps de la caisse: cette partie se nomme *goussêt*, apparemment à cause de sa forme cintrée en S.

Pour bien faire entendre ce que je dis touchant les ouvertures de ces portieres & leur construction, voyez la *Fig.* 3, qui est dessinée au double des précédentes, laquelle représente la coupe du devant de la Chaise, & par conséquent celle de la portiere, dans laquelle j'ai fait voir par des lignes ponctuées, les opérations nécessaires pour avoir le contour de la coulisse supérieure, & la forme du panneau de doublure.

J'ai aussi dessiné dans cette même Figure la coupe de la portiere ouverte, cote *a a*, afin de faciliter l'intelligence du discours.

Voyez aussi les *Fig.* 4 & 5, dont l'une représente la coupe du pied cornier, prise au-dessus de l'ouverture de la portiere, & l'autre la coupe de ce même pied cornier prise au-dessous de cette ouverture, & la coupe du battant de portiere, d'après lesquelles on pourra très-aisément entendre toute la théorie de la construction de ces sortes de portieres.

PLANCHE 215.

Les Cabriolets font des efpeces de petits Chars découverts, ainfi que les repréfentent les *Fig.* 1 & 2, lefquelles ont des portieres ouvrantes à peu-près comme celles des Chaifes de pofte; ce n'eft pas proprement des portieres, mais c'eft le devant de la voiture qui, en ouvrant, emporte une partie du côté, comme l'indiquent les lignes *a*, *b*, *c*, des deux Figures.

On fait à préfent des Cabriolets dont l'ouverture de la portiere n'eft indiquée par aucune moulure, & fe fait à travers le panneau de côté, foit en cintre comme les *Fig.* 1 & 2, ou par une ligne droite comme aux voitures à panneaux arrafés; on en fait d'autres dont il n'y a que le devant qui s'ouvre dans les moulures, fans emporter rien des côtés, ce qui eft beaucoup mieux que de couper les panneaux de côtés.

Ces voitures, telles qu'elles font repréfentées, ne peuvent contenir qu'une perfonne fur la longueur; & quand on veut en placer deux, il faut ouvrir le devant pour en augmenter la profondeur, ce qui fait un vuide par le côté, qu'on remplit par une joue ou aîle *a*, *b*, *c*, *d*, *e*, qu'on ôte quand on le juge à propos. Cette ouverture fe fait à rainures & languettes, & on la place autant qu'il eft poffible dans le dégagement des moulures, comme à la *Fig.* 1, ou bien au milieu du champ, comme à la *Fig.* 2, ce qui eft moins bien, mais plus folide.

Il y a des Cabriolets dont on fupprime le devant totalement, de forte que ce ne font à proprement dire, que des fiéges portés fur un brancard, ainfi que les premieres Chaifes de pofte dont j'ai parlé au commencement de cette Partie, *page* 460.

Il y en a d'autres au contraire, dont non-feulement le devant eft fermé, comme ceux qui font repréfentés dans cette Planche, mais encore le deffus de l'appui, foit par un entourage de cuir mobile, qu'on nomme *foufflet*, qu'on hauffe ou qu'on baiffe comme on le juge à propos.

Quelquefois le haut de ces Cabriolets eft tout-à-fait fermé de menuiferie avec des glaces par devant & aux côtés; mais alors ce ne font plus de vrais Cabriolets, mais des Chaifes dont le bas eft de la forme de ces derniers. Quant à la forme des Cabriolets, celle de la *Fig.* 1 eft la plus belle; mais celle de la *Fig.* 2 eft la plus commode, c'eft pourquoi on doit la préférer.

Leur largeur eft ordinairement de 28 pouces au brancard, & de 36 pouces par derriere à la ceinture, & par devant de 38 à 40 pouces fur la même largeur de brancard, lequel eft égal d'un bout à l'autre, & dont la longueur eft d'environ 3 pieds à 3 pieds un quart, ainfi qu'on peut le voir dans la *Fig.* 5, qui repréfente le brancard vu en deffus, & où j'ai marqué par des lignes ponctuées la largeur & l'évafement de la voiture, dont j'ai repréfenté l'élévation de face, *Fig.* 4, & celle de derriere *Fig.* 5.

Pour ce qui eft de la hauteur des Cabriolets, on leur donne ordinairement 23 à 24 pouces de haut à l'endroit de l'ouverture du deffus de l'appui au-deffus du brancard,

brancard, & on doit avoir soin d'y mettre à cet endroit un faux-montant assemblé dans le brancard & dans la traverse d'appui, lequel passe par derriere le panneau & sert à le soutenir. Il y a des Cabriolets où ce montant est apparent ; mais ils ne font pas bien : c'est pourquoi il vaut mieux le faire passer par derriere le panneau, comme je l'ai indiqué par les lignes *f g* & *h i*, *Fig.* 3. PLANCHE 215.

Ces voitures sont très-légeres & bonnes pour la promenade ; mais leur trop grande légéreté en rend l'usage dangereux dans les villes, où elles sont trop sujettes à être renversées par le choc des autres voitures ou par tout autre accident (*).

Les Litieres sont des voitures servant à transporter les malades, ou à voyager dans les pays montagneux, où les autres voitures ne sauroient passer. PLANCHE 216.

Elles sont de deux especes ; savoir, celles de louage, dont la forme est très-simple, & qui n'ont point de portieres ouvrantes, comme la *Fig.* 1, & celles appartenantes aux particuliers, lesquelles ont des portieres ouvrantes & sont susceptibles de quelque décoration, comme la Figure 3.

L'une & l'autre de ces deux especes de Litieres sont portées par des chevaux & plus ordinairement des mulets, dont la marche réglée rend ces voitures très-douces. Elles ne peuvent contenir que deux personnes, l'une sur le devant & l'autre sur le derriere. A la premiere de ces deux voitures, les brancards servants à la porter passent tout le long & y sont arrêtés avec des chapes de fer, lesquelles tiennent au corps de la caisse, au milieu de laquelle & du dessus de l'appui, est une ouverture d'environ 22 pouces de largeur qui la sépare en deux parties qui ne sont rejointes au milieu que par une traverse, sur laquelle est attaché un rideau de cuir, lequel se releve dessus la Litiere, ou qu'on abaisse si on le juge à propos. *Voyez la Fig.* 2, qui représente la coupe de cette Litiere, dans laquelle on entre, pour ainsi dire, par la fenêtre, puisque pour entrer dedans, le Muletier vous prend à brasse-corps & vous enleve par dessus les brancards, ce qui est assez incommode.

La seconde espece de Litiere n'a pas cet inconvénient, parce qu'elle a des portieres ainsi qu'à un Vis-à-vis auquel elle ressemble, excepté que les Litieres n'ont point d'ouverture par devant ; cependant il faut observer que les portieres obligent de couper les bâtons de brancards au nud de ces dernieres, ce qui est moins solide que s'ils étoient d'une seule piece, comme dans la *Fig.* 1, & ce qui oblige à y faire des ferrures très-compliquées pour empêcher les coups de côté qui pourroient enfoncer les côtés de la caisse, ainsi qu'on peut le voir aux *Fig.* 3 & 4, qui représentent l'une & l'autre l'élévation d'une Litiere avec portieres,

(*) Je ne parlerai pas ici des Fourgons, des Guinguettes & autres voitures à deux roues, parce que quoique du ressort du Menuisier pour la caisse, elles ne sont susceptibles d'aucune espece de décoration ni de forme constante, n'étant pour la plûpart que de grands coffres suspendus entre deux brancards, ouvrants en dessus, ou par derriere ou par les côtés, en raison des différents besoins & de la volonté de ceux qui font construire ces voitures, qui ne servent guere qu'à la chasse, ou pour les voyages, pour transporter les meubles & les vivres.

PLANCHE 216.

laquelle, ainsi que celles ci-dessus, doit avoir 24 à 26 pouces de largeur à la ceinture, sur 5 pieds de long, & 4 pieds 3 pouces de hauteur de portiere.

En général, les Litieres étant absolument des voitures de campagne, ne sont pas susceptibles d'une grande décoration, la solidité étant tout ce qu'on doit y rechercher, sans pour cela les rendre trop lourdes; cependant lorsqu'elles seront destinées à l'usage de personnes de distinction, on pourra les orner de moulures & de sculpture d'un caractere ferme, & par conséquent analogue à leur usage.

Comme ces voitures servent à porter des personnes malades, il seroit bon qu'elles ouvrissent à la façon des Dormeuses, ce qui seroit très-commode, & ne souffriroit aucune espece de difficulté.

Les bâtons des brancards de Litieres doivent avoir environ 5 pieds de longueur par devant depuis le nud de la caisse, & être plus longs par derriere d'environ un pied, afin que la tête du cheval ou du mulet ne soit point trop près de la Litiere, & qu'ils ne soient pas plus chargés l'un que l'autre lorsqu'il n'y aura qu'une personne dans la Litiere, ce qui arrive assez souvent.

PLANCHE 217.

La *Fig.* 1 représente l'élévation géométrale d'un Wourst, dont j'ai fait la description en parlant des voitures à quatre roues, *page* 581.

Les *Fig.* 2 & 3 représentent l'élévation & le plan d'un Traîneau, espece de voiture sans roues, laquelle n'est pas portée, mais traînée par des chevaux. L'origine de ces voitures nous vient du Nord, où elles sont très-communes; mais on s'en sert très-rarement en France, n'y ayant que les Princes qui en fassent usage.

Les Traîneaux sont composés d'un brancard *A B* de 10 pieds de longueur sur 3 pieds de largeur; les deux battants de ce brancard relevent sur le devant & se rejoignent en arc, au haut duquel on place un étendart, sur lequel est peinte une devise ou les armes du Prince auquel la voiture appartient. Le dessous de ces brancards est garni de deux bandes de fer en dessous, afin d'en faciliter le frottement.

Les battants sont assemblés avec deux traverses *C*, *D*, lesquelles soutiennent le corps de la voiture, au derriere de laquelle est placé un siége *E*, destiné à porter le Cocher qui y est assis à califourchon, & de cette place mene le cheval qui est attelé au Traîneau par deux bâtons ou especes de limons de 9 à 10 pieds de longueur, qu'on attache aux battants de brancards par le moyen des anneaux *F*.

La caisse de ces voitures est quelquefois à deux places sur la largeur, mais plus ordinairement à une; il y en a quelquefois à quatre places, c'est-à-dire, à deux sur la largeur, & deux sur la longueur, mais elles sont très-rares.

En général, la décoration de ces voitures est assez arbitraire, ou du moins elle l'a paru jusqu'à présent, puisqu'on en a fait qui représentoient des Cerfs des Chevaux, des Lions, ou tous autres animaux dans le corps desquels on semble être placé. Il y en a d'autres où l'on s'est contenté de représenter au devant des têtes de ces différents animaux, ce qui est un peu moins ridicule : quoi qu'il en soit, je crois, malgré la coutume, qu'il est beaucoup mieux de donner à la caisse de ces voitures une forme analogue à leur usage, ainsi que celle qui est représentée *Fig.* 2 & 3, laquelle est d'une forme à peu-près semblable à celle des Cabriolets ou des Chars anciens, ce qui fait beaucoup mieux que de placer des hommes dans le corps de quelque animal, ce qui est contre la raison & la vraisemblance.

Planche 217.

Quant à la décoration de ces voitures, elle doit être très-riche, vu qu'elles ne servent qu'aux Princes, du moins dans ce pays-ci.

Pour ce qui est de leur mesure, c'est la même qu'aux Cabriolets ; c'est pourquoi je n'en parlerai pas davantage. *Voyez les Fig.* 2 & 3, dont l'inspection seule peut suffire, non-seulement pour donner des régles certaines touchant la forme & la construction de ces voitures, mais encore à faire naître d'autres idées pour les décorer avec plus de richesse & de goût.

Section Troisieme.

Description d'une Chaise à porteurs, d'une Brouette, & de diverses Chaises de Jardins.

Les Chaises à porteurs sont des especes de Litieres coupées, dont la portiere est par devant, & qui sont portées par deux hommes placés l'un devant, l'autre derriere.

Planche 218.

La construction de ces voitures n'a rien de particulier, tant pour la portiere que pour le coulement des glaces, si ce n'est que quelquefois celles de custode coulent horisontalement ; mais cette maniere de faire couler les glaces n'est point bonne, parce qu'en portant la Chaise, elles sont sujettes à se mouvoir, ce qui n'arrive pas quand elles sont placées à l'ordinaire, c'est-à-dire, qu'elles coulent perpendiculairement.

Comme ces Chaises sont portées par des hommes, on doit avoir soin de les rendre le plus légeres possibles ; c'est pourquoi à celles où les glaces de custode coulent perpendiculairement, on ne donne d'épaisseur par le bas au pied cornier de devant & de derriere, que ce qui est nécessaire pour contenir la glace, & par le haut de ces mêmes pieds on augmente cette épaisseur de ce qui est nécessaire pour la languette de l'apsichet & pour la glace, ce qui fait environ 9 lignes en tout. Cette plus grande épaisseur des pieds se continue tout le long du côté, lequel est cintré en S du dessus de la traverse d'accotoir ou de ceinture, jusqu'à 9 ou 12 pouces plus bas, ainsi qu'on peut le voir à la *Fig.* 1, qui représente une Chaise à porteurs vue de côté, & la *Fig.* 2, qui représente cette même Chaise vue de face.

PLANCHE 218.

Voyez auſſi la *Fig.* 4, qui repréſente la coupe d'un battant de brancard avec ſon plafond; celle 6, qui eſt la coupe du pied cornier de devant & du battant de portiere, priſe à l'endroit de l'appui, & par conſéquent à la moindre épaiſſeur du pied cornier. Voyez pareillement les *Fig.* 5 & 7, dont l'une repréſente la coupe du pied cornier de devant, priſe au-deſſus de l'appui, c'eſt-à-dire, à ſa plus grande épaiſſeur, & l'autre la coupe de la traverſe d'appui & celle du faux-panneau, le tout grand comme l'exécution.

Ces Chaiſes ſont portées par des bâtons ou brancards, leſquels paſſent dans des chapes de fer placées ſur les pieds corniers aux deux côtés de la Chaiſe, & à 18 pouces du bas au-deſſous des bâtons, leſquels ont ordinairement 2 pouces à 2 pouces 3 lignes de largeur, ſur une épaiſſeur moindre de 3 à 4 lignes; leur longueur doit être de 10 pieds à 10 pieds & demi, & on doit toujours obſerver qu'ils excedent du corps de la Chaiſe par derriere d'environ 9 pouces à un pied plus que par devant, afin que le fardeau devienne égal pour les deux porteurs. *Voyez la Fig.* 3, qui repréſente un des bâtons de la Chaiſe repréſentée *Fig.* 1 & 2.

Le bâton, tel qu'il eſt repréſenté *Fig.* 3, eſt diminué par les deux bouts des deux côtés également; cependant il eſt bon pour leur conſerver plus de force, de faire toute cette diminution en deſſus, de maniere que le deſſous préſente une ligne droite, on doit avoir la même attention en les diminuant ſur l'épaiſſeur; c'eſt-à-dire, qu'il faut faire cette diminution du côté de la Chaiſe, dont la peſanteur tend toujours à faire revenir les bâtons en dedans, comme à les courber en contre-haut, ce qui eſt tout naturel & n'a pas beſoin d'autre démonſtration.

Les bâtons ſe font quelquefois de bois de noyer blanc, ce qui eſt très-bon, ou bien de bois de frêne, lequel étant parfaitement de fil, donne à ces bâtons toute l'élaſticité néceſſaire pour rendre les Chaiſes plus douces; cependant les Menuiſiers en Carroſſes ſe ſervent plus volontiers de bois de hêtre pour faire ces bâtons, parce qu'il ſe conſerve plus long-temps que ces derniers qui, venant à ſe ſécher, caſſent aiſément; au lieu que le hêtre conſervant ſa ſéve plus long-temps, eſt d'un bien meilleur uſage. Il faut avoir grand ſoin lorſqu'on fait des bâtons de Chaiſes à porteurs, de choiſir du bois bien de fil, moyennement ſec & d'une égale denſité, afin qu'ils ploient également dans toute leur longueur & l'un comme l'autre; car s'il arrivoit que l'un des deux fût plus ou moins élaſtique que l'autre, il fatigueroit beaucoup les porteurs, & rendroit le mouvement de la Chaiſe dur & inégal, ce qu'il faut éviter.

Comme ces bâtons ne ſont pas adhérents au corps de la caiſſe & qu'ils pourroient gliſſer, on y place en deſſus & à l'endroit des chapes de fer, des clous à têtes plattes, ou toute autre choſe de 2 à 3 lignes de ſaillie, qui les retiennent en place.

La largeur des Chaiſes à porteurs eſt ordinairement de 22 pouces à 2 pieds par

par devant, & environ un pouce de moins par derriere, pris à la plus grande largeur, c'est-à-dire, au-dessus de l'appui.

PLANCHE 218.

Leur longueur est de 30 pouces à l'appui & de 32 pouces par le haut, sur 4 pieds 6 pouces de haut, pris à l'ouverture de la portiere, qui est ordinairement cintrée, ainsi qu'à la Figure 2.

Je viens de dire que le derriere des Chaises à porteurs étoit plus étroit que le devant d'environ un pouce, ce qui fait assez bien pour le corps de la Chaise, mais cette diminution de largeur resserre ou élargit trop la distance des bâtons à leur extrémité; c'est pourquoi on fera très-bien en posant les chapes de fer, de disposer celles de derriere de maniere qu'elles soient plus éloignées du corps de la Chaise que celles de devant de ce qui sera nécessaire pour rendre le parallélisme des deux bâtons.

En général, les Chaises à porteurs sont très en usage pour le Public & pour les Particuliers, qui en ont de très-riches, tant pour ce qui regarde la décoration intérieure qu'extérieure. Ces voitures sont aussi fort en usage à la Cour, où non-seulement les Dames, mais encore les Hommes, s'en servent pour traverser une cour ou même une gallerie.

Il y a des Chaises à porteurs dont les bâtis sont remplis par des cannes à compartiments, ce qui les rend plus légeres, & en même temps plus fraîches pour l'été.

PLANCHE 219.

Les Brouettes sont de petites voitures assez semblables aux Chaises à porteurs, pour ce qui est de la forme & la construction de la caisse; mais elles différent de ces dernieres, en ce qu'elles sont portées par des roues, (ou pour mieux dire, par un ressort attaché au corps de la voiture & à l'essieu des roues) & traînées par un homme au moyen de deux bâtons attachés à la voiture, entre lesquels il est placé comme un cheval de limon, ce qui, malgré l'usage, ne fait pas beaucoup d'honneur à l'urbanité Françoise. Toute la différence qu'il y a entre le corps d'une Chaise à porteurs & celui d'une Brouette, c'est qu'à ce dernier il faut placer deux montants sur le derriere dans la partie de l'appui, ou pour mieux dire, un seul montant évuidé au milieu pour passer l'essieu des roues & les montants de fer qui y sont attachés.

Il faut observer en plaçant ces montants, qu'ils le soient de maniere que les roues ne débordent pas le corps de la voiture par devant, & que leurs ouvertures, ainsi que le siége, soient assez élevés pour que l'essieu puisse monter sans y toucher.

Les roues des Brouettes ne sauroient avoir plus de 3 pieds 8 pouces de diametre, parce que si elles en avoient davantage, elles hausseroient trop le siége qui est déja fort élevé, puisqu'il a près de 16 pouces du dessus, ainsi qu'on peut le voir *Fig.* 3, laquelle représente la coupe de la Brouette, dont les élévations de face & de côté sont représentées *Fig.* 1 & 2.

Quant à la maniere dont les Brouettes sont suspendues, elle est fort ingé-

PLANCHE 219.

nieuse : elle consiste en un coin de ressort attaché en dessous du brancard, que l'on prolonge d'environ un pied plus que le devant de la voiture ; le petit bout de ce ressort entre dans une boucle formée à une tringle de fer attachée avec l'essieu, de sorte que tout le poids de la voiture porte sur le ressort, & par conséquent sur les roues, par le moyen de la tringle montante, qui alors fait l'office de soûpente.

Je ne donnerai pas d'autres détails touchant la maniere de suspendre les Brouettes, parce que cela n'est pas du ressort de cet Ouvrage, & que c'est l'affaire du Serrurier de voitures, m'étant contenté d'avoir représenté dans les *Fig.* 4, 5 & 6, l'élévation d'un montant de Brouette avec sa garniture de fer & le montant de fer dans lequel passe l'essieu *A*; le bout inférieur de ce même montant avec la boucle ou chape qui reçoit le bout du ressort *B*, & le plan des montants des côtés de la Brouette, avec les garnitures de fer, dans lesquelles est pratiquée la coulisse par où passe le montant de fer, dont le collet est indiqué par des lignes ponctuées descendantes de l'élévation *Fig.* 4, au plan *Fig.* 6.

Les Brouettes sont peu susceptibles de décoration, étant la plupart des voitures publiques; il suffit qu'elles soient construites solidement : cependant comme il y a quelques Particuliers qui en font usage, on pourra faire ces dernieres un peu plus riches que les autres, comme je l'ai observé aux *Fig.* 1 & 2, où j'ai mis des glaces de custode & des montants de crosses, ce qu'on ne fait pas aux Brouettes publiques, lesquelles, ainsi que les Chaises à porteurs de cette espece, n'ont par la face ainsi que par les côtés, que des ouvertures d'environ 8 à 9 pouces de haut, ouvrantes à coulisses horisontales par les côtés seulement.

Les Brouettes, ainsi que les Chaises à porteurs publiques, doivent être un peu plus petites que celles dont je viens de faire la description, d'environ 3 ou 4 pouces sur la longueur, 2 pouces sur la largeur, & 2 ou 3 pouces sur la hauteur, afin de les rendre un peu plus légeres.

Ce que je dis ici au sujet des Brouettes & des Chaises à porteurs publiques, doit aussi s'appliquer aux voitures nommées *Fiacres*, lesquelles sont toutes des Berlines d'une forme très-simple, de 3 pouces plus étroites, de 6 pouces plus courtes, & de 2 pouces plus basses que celles dont j'ai fait la description ci-dessus.

PLANCHE 220.

Les Chaises de jardins sont de petites voitures à deux, trois ou quatre roues, traînées, ou plus ordinairement poussées par des hommes. Ces voitures sont à une, deux, trois, & même quatre places, & sont ordinairement découvertes, ou du moins si elles sont couvertes, ce n'est que par des pavillons & des rideaux d'étoffe, ce qui par conséquent n'est pas du ressort des Menuisiers.

Ces voitures ne sont guere d'usage que chez le Roi & chez les Princes, où elles servent aux Dames ou aux personnes incommodées, qui veulent se donner le plaisir de la promenade.

Leur décoration & leurs formes sont assez arbitraires; c'est pourquoi je ne m'étendrai pas beaucoup à ce sujet, me contentant de donner dans cette Planche différentes élévations, afin qu'on puisse connoître la forme convenable à ces voitures, & leurs principales dimensions. PLANCHE 220.

La *Fig.* 1 représente une voiture de jardin à quatre places, laquelle consiste en une table ou plateau *Fig.* 3, de 7 pieds de longueur, 3 pieds & demi à 4 pieds de largeur, sur lequel sont placés deux fauteuils d'une largeur assez considérable pour contenir deux personnes.

La table de ces voitures est élevée à environ un pied de terre, & est portée par quatre roues; savoir, deux par derriere & deux par devant; celles de derriere ont environ 21 pouces de diametre; leur axe ou essieu porte immédiatement au-dessous de la table; pour celles du devant, elles doivent être beaucoup plus basses, puisqu'il faut qu'elles passent au-dessous de la table de la voiture, afin de pouvoir tourner aussi court qu'on le juge à propos.

Ces voitures sont, comme je l'ai dit plus haut, poussées par des hommes; c'est pourquoi on place au derriere deux barres de fer cintrées, lesquelles s'élevent du dessus de la table où elles sont attachées, jusqu'à la hauteur d'environ 3 pieds & demi, où elles reçoivent une autre barre de fer placée horisontalement, contre laquelle s'appuyent les hommes qui poussent la voiture, lesquels sont ordinairement au nombre de quatre, aux voitures à quatre places.

Au devant de ces voitures on place pareillement deux barres de fer cintrées, lesquelles en reçoivent une autre placée horisontalement, sur laquelle s'appuient les deux hommes qui conduisent la voiture par devant. Ces deux barres de fer ne sont pas attachées à la table de la voiture, mais au contraire à l'essieu des roues de devant, lequel étant lui-même attaché à une cheville ouvriere comme à toutes les autres voitures, tourne comme on le juge à propos, ce qui change à volonté la direction de la voiture. *Voyez les Fig.* 1 *&* 3.

Les Chaises de jardins, telles que je viens de les représenter, sont semblables à celles dont on fait usage chez le Roi; cependant elles sont sujettes à deux inconvénients; le premier est que leurs siéges étant d'égale hauteur, les personnes qui sont placées sur ceux de devant, ôtent la vue des objets à ceux qui sont placés sur ceux de derriere.

Le second est que ces voitures sont nécessairement rudes, vu que leur caisse porte immédiatement sur les essieux.

Pour remédier à ces deux inconvénients, j'ai dessiné *Fig.* 2, une Chaise de jardin à deux places sur la longueur, où le siége de derriere est de 8 pouces plus élevé que celui de devant, ce qui remédie à la premiere difficulté. Quant à la seconde, j'y ai pareillement remédié en faisant porter le derriere de la voiture par des ressorts à Apremont, attachés par le talon au corps de la caisse, & de l'autre bout à l'essieu des roues de derriere.

Le devant est de même porté par un ressort à talon, dont le milieu, qui est

PLANCHE 220.

traversé par la cheville ouvriere, porte contre le dessous de la voiture où il est attaché, & les deux extrémités sur l'essieu, proche les petites roues, ce qui rend cette voiture très-douce. *Voyez la Fig.* 4, où j'ai représenté les roues & les ressorts de cette Chaise de jardins, dont le corps n'est indiqué que par des lignes ponctuées, afin de laisser mieux voir la construction & la place des ressorts.

Cette voiture, telle qu'elle est représentée ici, est toujours menée par des hommes, ainsi que celle *Fig.* 1 & 3.

Lorsque les voitures de jardins ne sont qu'à une place sur la largeur, ou à deux sur la longueur seulement, on ne fait que les pousser, & la personne qui est sur le devant tient la branche de fer attachée à la roue de devant, (car ces sortes de voitures n'en ont ordinairement qu'une) & la fait tourner, ce qui change la direction de la voiture comme elle le juge à propos, ainsi qu'on peut le voir à la *Fig.* 4, qui représente une Chaise de jardins portée sur des soûpentes & montée sur un brancard, comme aux autres voitures.

Cette Chaise, telle qu'elle est représentée ici, n'est pas poussée par des hommes, mais elle se meut méchaniquement par un rouage posé aux deux côtés des roues, qu'un Domestique placé derriere la voiture fait tourner par le moyen de deux manivelles qui font tourner non-seulement les roues, mais encore deux volants qui augmentent l'action de la machine. On a fait de ces sortes de Chaises qui alloient à ressort; mais je n'en parlerai pas ici, non plus que de la machine qui fait mouvoir la Chaise, *Fig.* 4, parce qu'elle n'est point du ressort du Menuisier en voitures.

Les *Fig.* 5 & 6 représentent les élévations de face & de côté des Chaises ou Roulettes de jardins, dont on fait usage chez le Roi, lesquelles sont montées sur deux roues, & qui se menent par deux hommes, à peu-près comme les Chaises à porteurs. Ces Chaises consistent en un petit fauteuil supporté par quatre courroyes attachées aux deux montants qui supportent l'impériale ou dais de la voiture, & en un marche-pied attaché de même aux deux brancards. Je ne m'étendrai pas sur la décoration, la forme & les dimensions de ces sortes de voitures, vu qu'elles sont assez arbitraires, excepté les dimensions, qui doivent toujours être les mêmes, c'est-à-dire, relatives à la grandeur humaine. Tout ce qu'on y pourroit faire de changement, ce seroit de les suspendre avec de petits ressorts placés sous l'impériale, ce qui les rendroit plus douces qu'elles ne sont.

En général, les voitures de jardins ne sont pas, à proprement parler, du ressort du Menuisier en Carrosses, mais plutôt de celui en Meubles ou même en Bâtiments. Si donc j'en parle ici, ce n'est que pour ne pas interrompre la suite de la description des voitures de quelque espece qu'elles soient (*).

(*) Ceux qui feront les roues des voitures de jardins, feront attention d'en faire les jantes fort épaisses, ou du moins d'y appliquer des bandes soit de fer ou de bois, de 3 à 4 pouces de large, afin qu'elles n'entrent point aisément dans la terre, & qu'elles soient par conséquent plus douces à conduire.

Voilà

Voilà en général le détail de toutes les voitures dont on fait usage à présent, du moins celles dont les formes sont distinctes les unes des autres, & dans ce détail j'ai tâché de ne rien omettre de ce qui a pu servir à en faire connoître les beautés & les imperfections, afin qu'on puisse imiter les unes & éviter les autres. Ce détail doit aussi servir à faire connoître le rapport qu'ont toutes ces voitures les unes avec les autres, & en même temps la marche & les progrès de l'industrie humaine, & sur-tout le génie national, peu inventif à la vérité, puisque ces voitures se ressemblent presque toutes, mais toujours porté à la magnificence, & presque toujours dirigé par le bon goût, ce qui a fait jusqu'à présent le caractere de la Nation Françoise : caractere qu'on ne sauroit lui refuser sans injustice, & sans la prévention la plus marquée. PLANCHE 220.

SECTION QUATRIEME.

Essai sur la maniere de suspendre les Voitures, à raison de leurs différentes formes.

Il est démontré par les principes de la Méchanique & de la Statique, que lorsque les corps pesants cessent d'être suspendus, ils font effort pour tomber selon leur direction naturelle; que cette direction n'est autre chose qu'une ligne perpendiculaire, par laquelle passe le centre de gravité de ces mêmes corps; que le centre de gravité d'un corps, qui est unique dans chaque corps, est le point de réunion de toutes les parties qui le composent, lesquelles en faisant effort les unes contre les autres, se contre-balancent de maniere qu'elles tournent toutes autour de ce centre, & se maintiennent dans un parfait équilibre. PLANCHE 221.

Que le centre de gravité d'un corps est aussi le centre de grandeur de ce même corps, ce qu'il est aisé de voir dans une sphere, dont le centre de grandeur est aussi celui de gravité, puisqu'en la posant sur une surface parfaitement droite & horisontale, elle demeure en place sans faire aucun mouvement, (supposé toutefois qu'elle soit d'une parfaite densité dans toutes ses parties.) Il est aussi démontré par les mêmes principes, que pour qu'un corps soit parfaitement en équilibre; il faut que la puissance qui le soutient, passe par la ligne de direction de son centre de gravité, soit qu'elle parte de ce même centre, ou qu'elle soit placée au-dessus, ne pouvant jamais être au-dessous, parce que par la loi de la pesanteur le centre de gravité chercheroit à redescendre en contre-bas du point de suspension, ce qui est fort aisé à concevoir, & que quand deux puissances tendent à soutenir un corps en équilibre, il faut que leurs lignes de direction viennent se rencontrer au même point sur la ligne de direction de gravité du corps qu'elles soutiennent; d'où il suit que lorsque la base d'un corps est de niveau, & par conséquent perpendiculaire à sa

PLANCHE 221.

ligne de direction de gravité, & qu'il est soutenu par cette base ou toute autre ligne parallele à l'horison au-dessus de la base ; il s'ensuit, dis-je, que les directions des deux puissances qui le soutiennent, doivent être toutes deux perpendiculaires, & par conséquent paralleles à la ligne de direction de pesanteur ; ou bien si la direction des puissances qui soutiennent ce corps est inclinée, leur inclinaison doit être égale & former un angle semblable de chaque côté de la perpendiculaire ou de la ligne de niveau, ce qui revient au même. Si au contraire ce corps n'étoit pas soutenu par une ligne parallele à l'horison, la direction des deux puissances qui le soutiennent, ne sauroit être d'une égale inclinaison, mais doit être disposée de maniere que leur direction forme les côtés d'un parallélogramme, dont les angles doivent passer par la ligne de direction de pesanteur, ou, ce qui est la même chose, par la perpendiculaire abaissée du centre de gravité.

Ces principes que je donne ici comme des axiomes, (leur démonstration, soit par les loix de la pesanteur ou du mouvement, étant étrangere au sujet que je traite,) peuvent & doivent s'appliquer à la théorie de la maniere de suspendre les voitures, soit qu'elles soient portées par de longues soûpentes ou par des ressorts, ainsi que je vais le démontrer (*).

Les Berlines, & en général toutes les voitures d'une forme réguliere, sont les plus aisées à suspendre, soit qu'elles soient portées par des ressorts ou par de longues soûpentes, parce que dans l'un ou l'autre cas, il faut que leur point de suspension soit également éloigné de la ligne du milieu de la voiture, & que leurs lignes de direction forment un angle égal avec cette ligne, (par laquelle, dans cette occasion, passe le centre de gravité) ; de sorte que la distance *A B* égale celle *B C*, & celle *A D* égale celle *C E*, *Fig.* 1 ; ou, ce qui est la même chose, la ligne *F G* est parallele & égale en longueur à celle *H I*, & celle *F I* est pareillement parallele & égale à celle *G H*, même Figure.

(*) On trouvera peut-être étrange que je veuille exiger des Menuisiers en Carrosses, & en général de tous les Ouvriers qui travaillent à l'Equipage, des connoissances auxquelles la plûpart n'ont jamais pensé, & dont ils ignorent jusqu'au nom : connoissances qui leur semblent être peu utiles, puisque sans elles ils ne laissent pas de bien suspendre les voitures. Mais si on faisoit attention que si on obligeoit ces mêmes Ouvriers de suspendre une voiture à une certaine hauteur fixe sans qu'elle reculât en avant ou en arriere, ou qu'elle penchât en aucune façon, ils seroient très-embarrassés pour la plûpart, parce que non-seulement ils sont privés des connoissances nécessaires pour le bien faire, mais qu'encore ils font ce qui est de leur partie, sans s'embarrasser si le travail des autres Ouvriers est d'accord avec le leur ; de sorte que le Dessinateur compose une voiture sans s'embarrasser du poids de la caisse, de la distance de ses points de suspension, ni de la hauteur, de la forme, de la force & de l'élasticité des ressorts qui doivent la soutenir : le Serrurier fait de même les ressorts, sans seulement savoir à quelle voiture on les emploiera : le Charron fait le train, & le Menuisier fait la caisse sans prendre plus de soin ; de sorte que quand l'ouvrage de chacun d'eux est fait, on suspend la voiture le mieux qu'il est possible, & on la met en équilibre en rallongeant ou raccourcissant les courroyes qui la supportent, ce qui la fait avancer ou reculer selon qu'il en est besoin : de maniere que la réussite de tout l'ouvrage n'est souvent due qu'au hasard ou à l'habitude ; ce qui n'arriveroit pas s'ils prenoient des connoissances, du moins élémentaires, des Sciences nécessaires à leur état, lesquelles souvent leur épargneroit bien de la peine & du temps, dont la perte, quoique très-grande pour tous les hommes en général, l'est encore plus pour ceux qui sont obligés de vivre du travail de leurs mains.

Lorsque les voitures seront portées par de longues soûpentes, comme celle *A L C*, il faut toujours, autant qu'il sera possible, que la voiture soit placée au milieu de la soûpente, parce qu'alors l'élasticité de cette derniere se partage également aux deux bouts de la voiture, ce qui la rend très-douce, les secousses étant égales d'un bout comme de l'autre, à très-peu de chose près. PLANCHE 221.

Il faut aussi, dans le cas dont je parle, que les deux points de suspension *A* & *C* se trouvent de niveau, comme je l'ai déja dit, parce que si l'un de ces deux points étoit plus haut que l'autre, & que la voiture fût arrêtée au milieu de la longueur de la soûpente, comme à la *Fig.* 2, elle pencheroit nécessairement, ce qui seroit fort désagréable à voir.

S'il arrivoit qu'on fût obligé par quelque raison d'élever un des points de suspension plus que l'autre, comme ceux *Y*, *O*, *Fig.* 3, il faudroit aussi l'éloigner du centre de la voiture à raison de l'élévation de ce même point, c'est-à-dire, qu'il faut toujours que la direction des deux points de suspension forme un angle égal avec la ligne perpendiculaire du milieu de la voiture, & qu'il faut que la distance *M N* soit égale à celle *N O*, & que par conséquent celle *M P* soit égale à celle *O Q*, ou, ce qui est la même chose, que la distance *R T* soit égale à celle *T S*, & celle *R P* égale à celle *S Q*.

La différence de longueur des lignes de direction ne doit point embarrasser, parce que quelle que soit cette différence, la voiture se conserve toujours en équilibre tant que l'inclinaison des lignes de direction ne change pas; ainsi que le point de suspension se trouve en *U*, en *X* ou en *R*, qui est égal à *S*, c'est toujours la même chose: ce qui est général pour toutes les voitures, soit qu'elles soient d'une forme irréguliere ou d'une forme réguliere comme celle dont je parle, à l'exception toutefois, que quand les voitures sont portées par de longues soûpentes, comme celle *Y Z O*, la partie *Y Z*, qui est la plus longue, est plus élastique que l'autre, & par conséquent fait pencher la voiture plus sur le derriere que sur le devant.

Lorsque les voitures sont d'une forme irréguliere, comme la *Fig.* 4, & que leur base n'est pas une ligne parallele à l'horison, mais une ligne oblique comme celle *A B*, on a la direction des lignes de suspension de la maniere suivante:

Les points *A* & *B* étant donnés, on commence par tracer la ligne *R I*, qui passe par le centre de gravité de la voiture; ensuite du point *B*, on mene à cette perpendiculaire la ligne *B D*, qu'on incline de maniere qu'elle forme le côté d'un parallélogramme, dont les angles *D* & *E* passent par la perpendiculaire, & dont l'autre côté *F D* passe par le point *A*, ainsi que l'autre passe par celui *B*; ensuite on prolonge les deux côtés de ce parallélogramme de *F* à *C*, & de *B* à *M*, ce qui donne la direction des lignes de suspension; il faut cependant observer que quelqu'inclinaison qu'aient ces lignes, elles ne peuvent jamais, dans le cas dont je parle, concourir à former un quadrilatere dont les

PLANCHE 221.

quatre côtés ſoient égaux en longueur, parce qu'il éloigneroit trop le point de ſuſpenſion, ainſi que je l'ai indiqué dans cette Figure, par le parallélogramme *G H I B*, dont les côtés ſont prolongés de *H* en *N*, & de *B* en *L*.

Lorſque les voitures d'une forme irréguliere ſeront portées par de longues ſoûpentes, comme celle *O P Q*, ce ſera la même choſe; c'eſt-à-dire, que des points d'attouchement *S*, *T*, leur direction doit tendre à ſe réunir à un ſeul point ſur la ligne perpendiculaire *R I*.

D'après ce que je viens de dire, il eſt fort aiſé, pour peu qu'on veuille y faire attention, non-ſeulement de ſuſpendre les voitures, de quelque forme qu'elles puiſſent être, mais encore s'il arrivoit que les points de ſuſpenſion & leurs diſtances fuſſent donnés, de déterminer la forme de la caiſſe, afin de corriger les défauts qui pourroient ſe trouver dans la forme du train ou des reſſorts, ſoit en allongeant ou en raccourciſſant les brancards de cette caiſſe, ou en leur donnant plus ou moins de cintre d'un bout que de l'autre, ſelon qu'il pourroit être néceſſaire.

On obſervera ſeulement qu'en parlant de la ſuſpenſion des voitures, je les ai ſuppoſées toutes chargées, ce qui eſt eſſentiel pour celles dont toute la charge eſt ſur le derriere, & qui, lorſqu'elles ſont vuides, doivent baiſſer du devant en raiſon de la charge qu'elles doivent porter, afin qu'elles reprennent leur à-plomb lorſqu'elles ſeront chargées. Voyez les Figures de cette Planche, dont l'inſpection peut ſuffire pour ce qui a du rapport à la Menuiſerie des Carroſſes, à laquelle je me ſuis particuliérement attaché, comme étant mon unique objet, & dont je ne me ſuis jamais écarté que pour mieux faire connoître le rapport & la dépendance du travail des différents Ouvriers employés non-ſeulement à la conſtruction des voitures, mais encore de toute autre eſpece de Menuiſerie, qui ne ſauroit être parfaitement finie ſans le ſecours de différents Arts dont il eſt abſolument néceſſaire que les Menuiſiers prennent des connoiſſances, du moins élémentaires, comme je l'ai recommandé en divers endroits de cet Ouvrage, (*) dont le but principal eſt l'avancement & l'inſtruction des jeunes gens, qui, n'étant pas encore gâtés par de faux principes, enfants de l'habitude & de l'ignorance, ſont les ſeuls qui puiſſent en tirer quelque profit.

(*) J'aurai la même attention dans la deſcription de la Menuiſerie en Meubles & de l'Ebéniſterie, qui me reſtent à traiter pour finir cette troiſieme Partie de mon Ouvrage, & dans la deſcription de l'Art du Treillageur, ou Menuiſerie des Jardins, que je joindrai à cette derniere comme quatrieme Partie, afin de ne rien laiſſer à déſirer de ce qui concerne la Menuiſerie, de quelqu'eſpece qu'elle puiſſe être.

Fin de la Menuiſerie des Voitures.

TABLE

TABLE
DES CHAPITRES ET TITRES
DE LA
MENUISERIE EN CARROSSES.

TROISIEME PARTIE DE L'ART DU MENUISIER.

Fin de la Table de la Menuiserie en Carrosses.

EXTRAIT DES REGISTRES

DE L'ACADÉMIE ROYALE DES SCIENCES.

Du 11 Mai 1771.

MONSIEUR DUHAMEL qui avoit été nommé pour examiner *la Premiere Section de la Troisieme Partie de l'Art du Menuisier*, par M. ROUBO, en ayant fait son rapport, l'Académie a jugé que les objets desquels il est question dans cette Section, y étoient présentés clairement, avec ordre, & dans un très-grand détail, & qu'en conséquence elle méritoit d'être publiée; en foi de quoi j'ai signé le présent Certificat. A Paris, le 20 Mai 1771.

GRANDJEAN DE FOUCHY,

Secrétaire perpétuel de l'Académie Royale des Sciences.

Faute à corriger dans la Seconde Partie.

A L'ART DU TRAIT, *page* 360, *ligne* 2 : mais cependant il faut faire attention que quand ces angles ne sont pas droits, & que par conséquent la diagonale du plan n'est pas d'une ouverture de 45 degrés, il arrive, &c; *lisez* : mais cependant il faut faire attention que quand les cintres des deux faces ne sont pas d'égale largeur, & que par conséquent la diagonale du plan (représentant l'arêtier) ne coupe pas l'angle de ce dernier en deux parties égales, il arrive, &c.

ERRATA *de la Premiere Section de cette Troisieme Partie.*

PAGE 464, *ligne* 27, frisure, *lisez*, frise.
Page 465, *ligne* 24, balleau, *lisez*, bateau.
Page 491, *ligne* 8, de coin, *lisez*, de loin.
Page 517, *ligne* 6, porte, *lisez*, portiere.
Page 531, *ligne* 4, cintre, *lisez*, ceinture.
Page 539, *ligne* 41, de renflement, *lisez*, des bouts.
Page 572, *ligne* 23, de vase, *lisez*, d'un vase.

DE L'IMPRIMERIE DE L. F. DELATOUR. 1771.

DIVERSES SORTES DE VOITURES ANCIENNES.

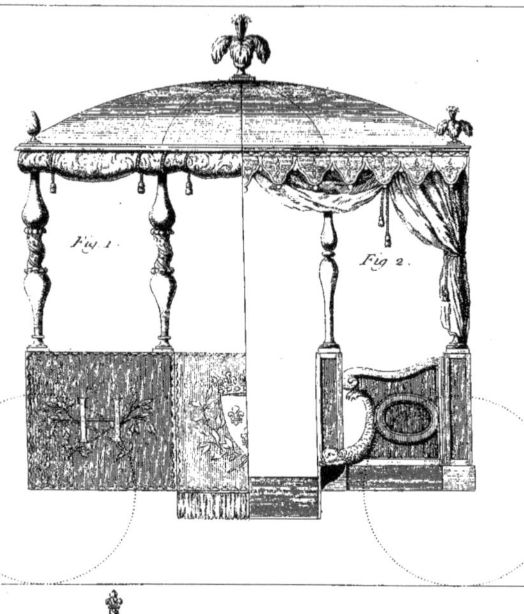

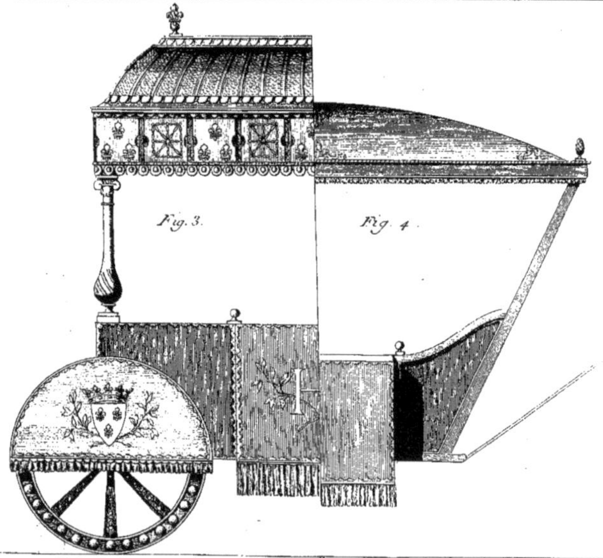

Echelle de 1 2 3 4 5 6 Pieds.

A. J. Roubo Del.

P. L. Cor. Sculp.

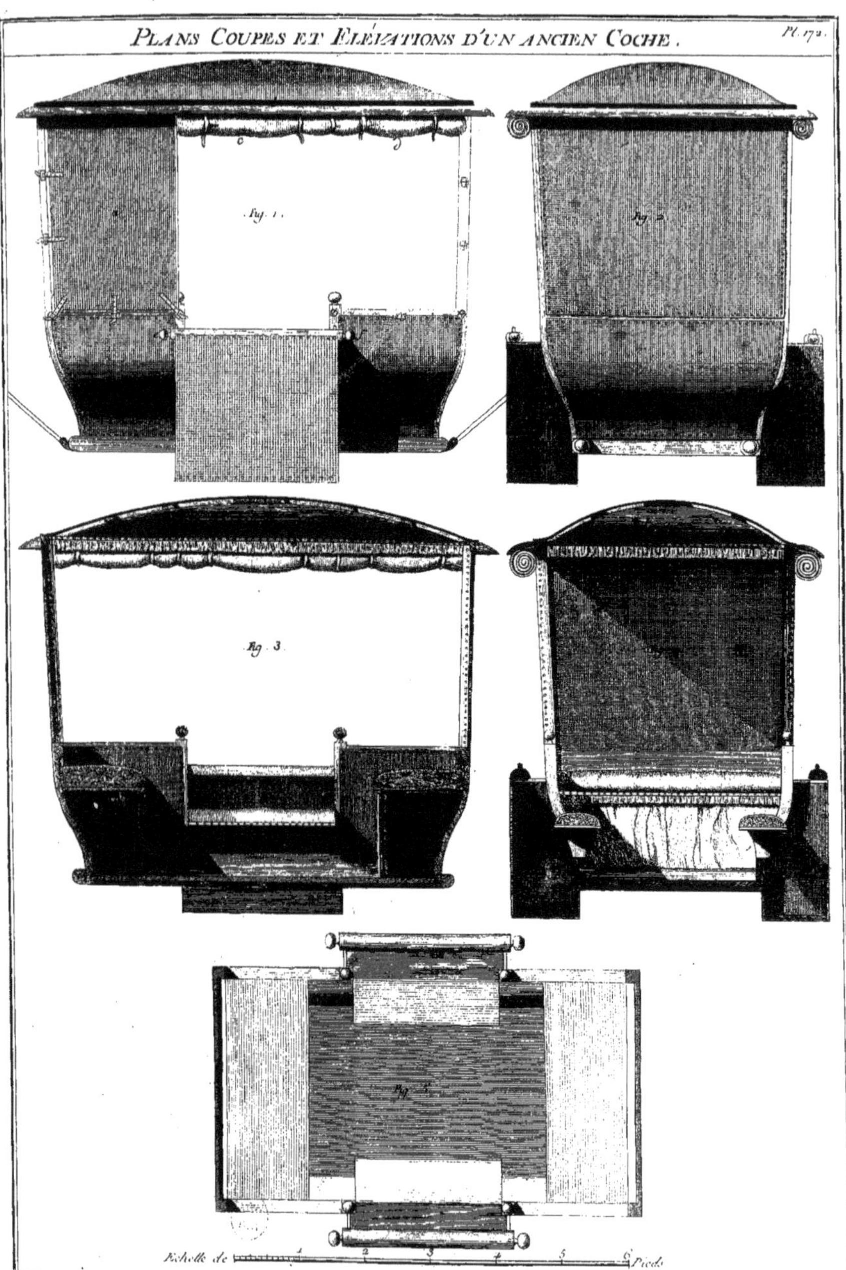

A. J. Roubo inv. et Del.

P. L. Cor. Sculp.

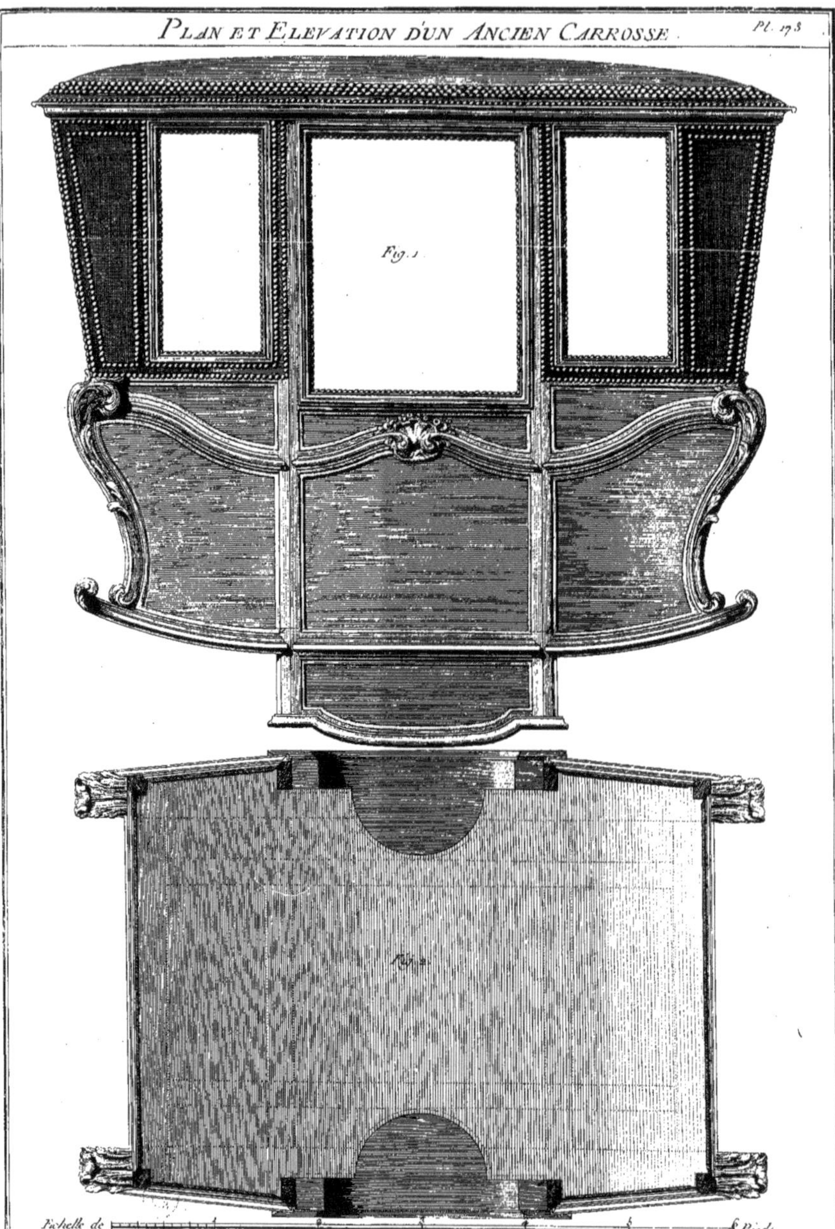

A. J. Roubo Del. et Sculp.

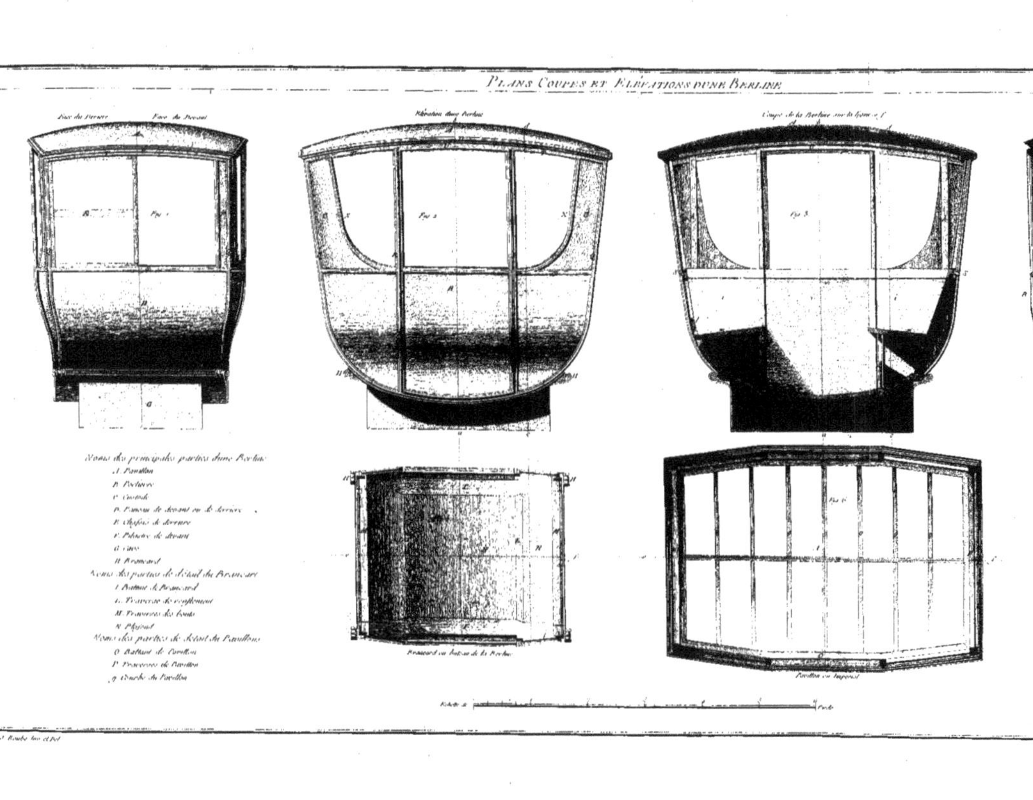
Plans Coupes et Élévations d'une Berline
Face du Derriere
Face du Devant
Élévation d'une Berline
Coupe de la Berline sur la ligne e f
Noms des principales parties d'une Berline
A Pavillon
B Portiere
C Custode
D Panneau de devant ou de derriere
E Chassis de derriere
F Pilastre de devant
G Cave
H Brancard
Noms des parties de détail du Brancard
I Battant de Brancard
L Traverse de renflement
M Traverses des bouts
N Plafond
Noms des parties de détail du Pavillon
O Battant de Pavillon
P Traverses de Pavillon
Q Courbe du Pavillon
Brancard ou bâtis de la Berline
Pavillon ou Imperial
Échelle de
Pieds

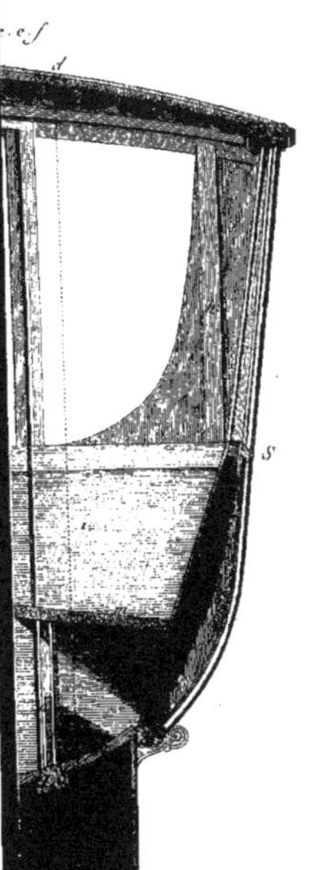

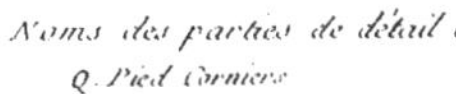

Noms des parties de détail de la Caisse

Q. Pied Corniers
R. Pied dentrée
S. Traverses de Ceintures ou d'acotoir
T. Traverses denhaut
U. Frise
X. Montant de Crosses
Y Peau paneau de derriere

Noms des parties Interieurs

h. Coulisseau
i. Paneaux de doublures
l. Barre de Matellassures
m. Siege
n. Devant de Siege
o. Barre pour garentir les Paneaux

P.L. Cor Sculp.

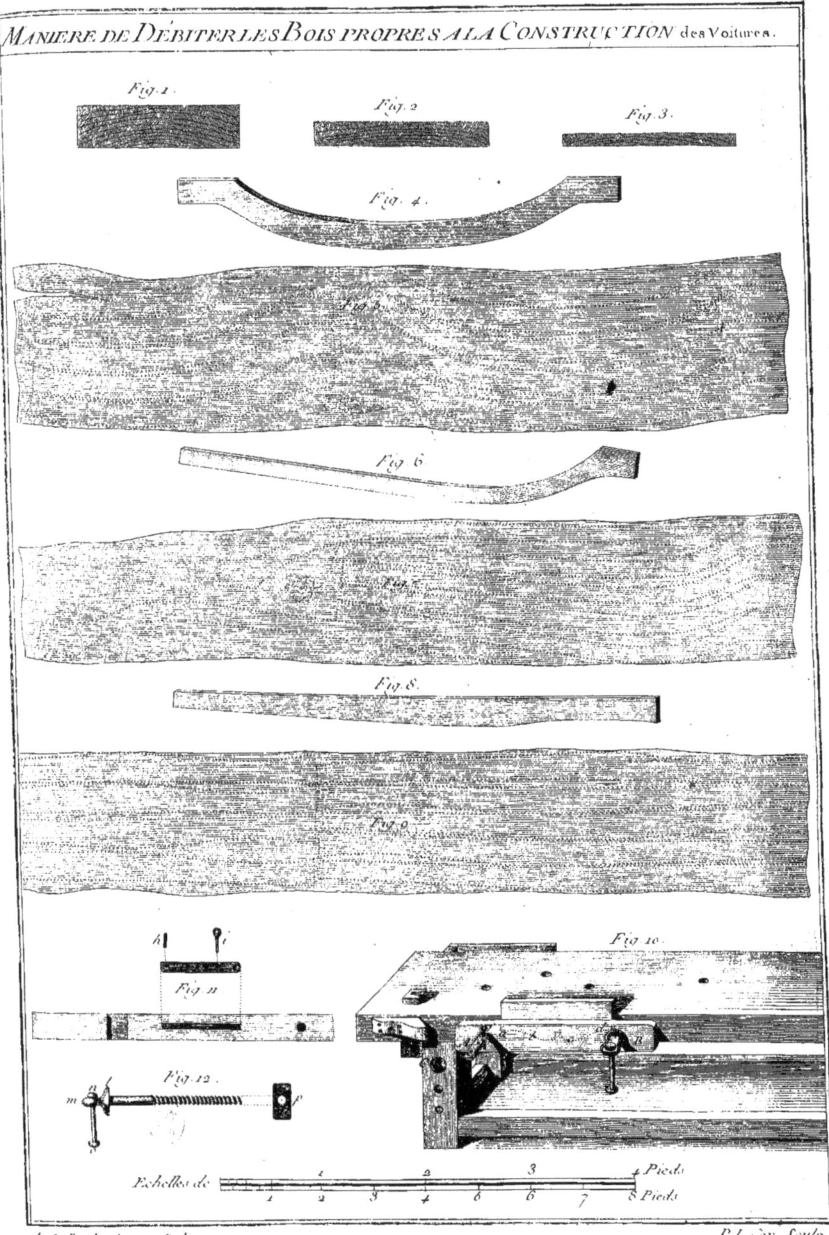

A. J. Roubo Inv. et Del.

P. L. Cor. Sculp.

OUTILS PROPRES AUX RAVALEMENTS ET AUX PAVILLONS. Pl. 176.

Fig. 1.
Fig. 2.
Fig. 3.
Fig. 4.
B
A
Fig. 5.
Fig. 6.
Fig. 7.
F. 8.
Fig. 9.
Fig. 10.
Fig. 11.
Fig. 12.
Fig. 13.
F. 14.
Fig. 15.
Fig. 16.
Fig. 17.
Fig. 18.
Fig. 19.
Fig. 20.
Fig. 21.
F. 22.
Echelle de 1 2 3 6 9 12 Pouces

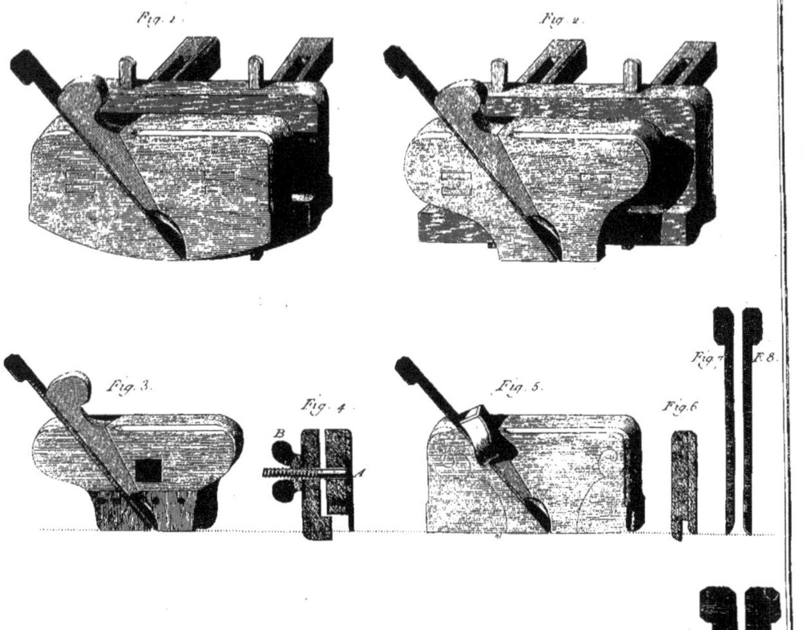

A. J. Roubo Inv. et Del. P. L. Cor Sculp.

AUTRES OUTILS PROPRES AU CORPS DE LA CAISSE. Pl. 177.

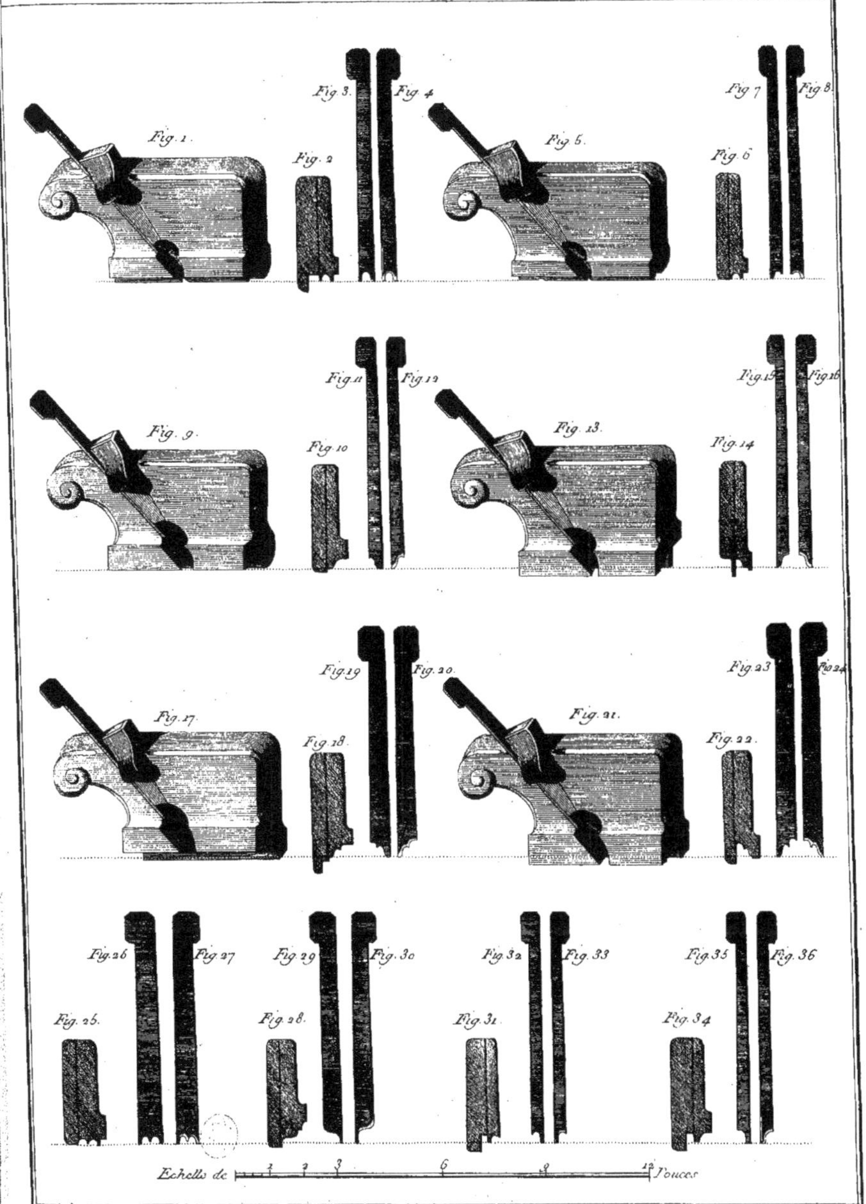

Fig. 1. Fig. 2. Fig. 3. Fig. 4. Fig. 5. Fig. 6. Fig. 7. Fig. 8.

Fig. 9. Fig. 10. Fig. 11. Fig. 12. Fig. 13. Fig. 14. Fig. 15. Fig. 16.

Fig. 17. Fig. 18. Fig. 19. Fig. 20. Fig. 21. Fig. 22. Fig. 23. Fig. 24.

Fig. 25. Fig. 26. Fig. 27. Fig. 28. Fig. 29. Fig. 30. Fig. 31. Fig. 32. Fig. 33. Fig. 34. Fig. 35. Fig. 36.

Echelle de 1 2 3 6 9 12 Pouces

A. J. Roubo. Inv. et Del. P. L. Cor Sculp.

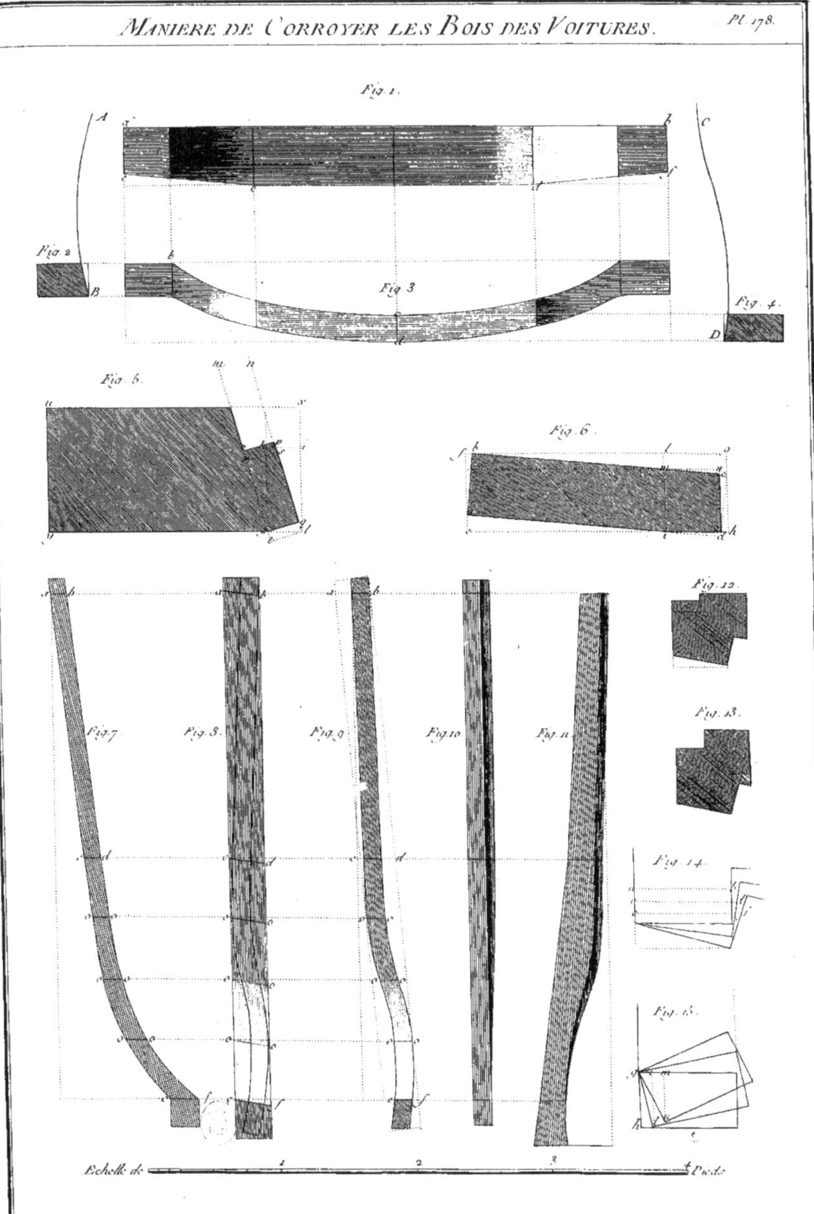

A. J. Roubo. inv. Del et Sculp.

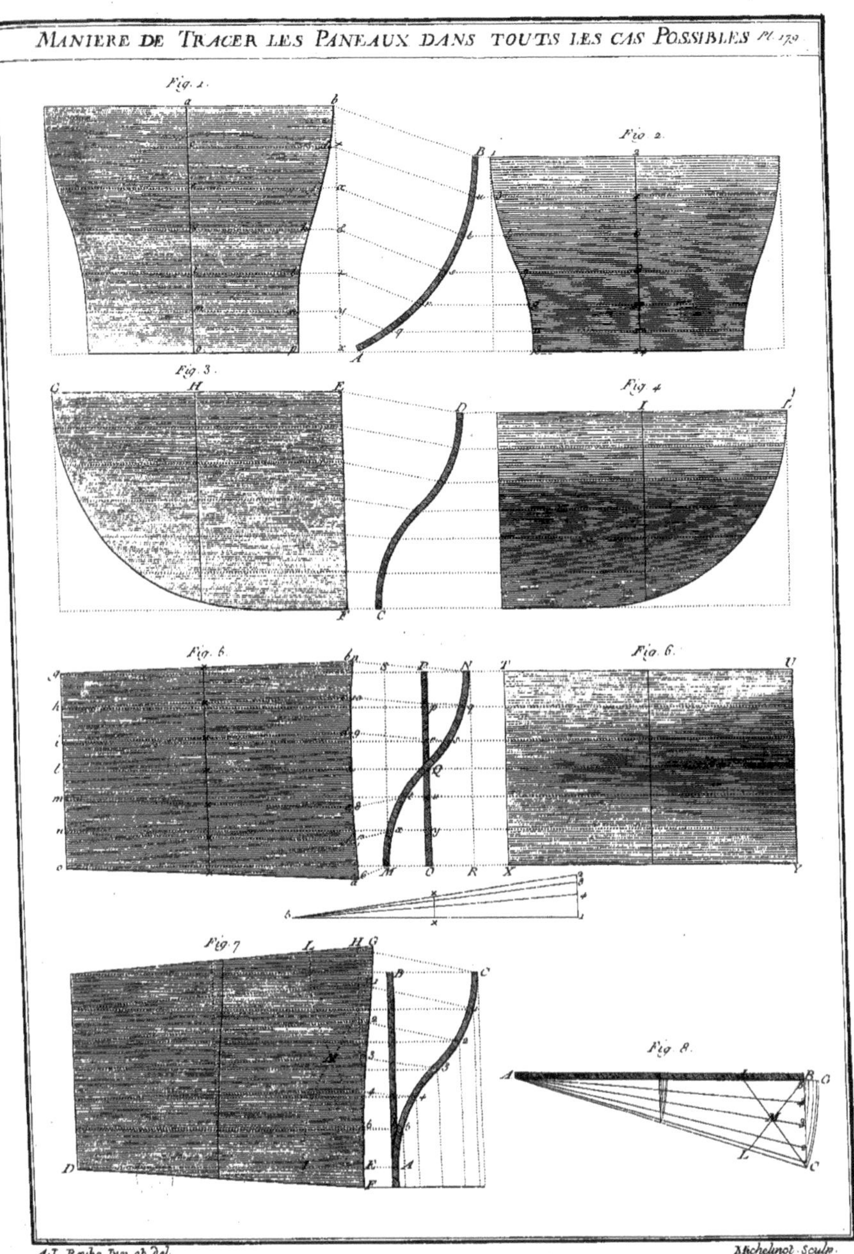

MANIERE DE TRACER LES PANEAUX DANS TOUTS LES CAS POSSIBLES Pl. 179.

A.J. Roubo Inv. et del. Michelinot Sculp.

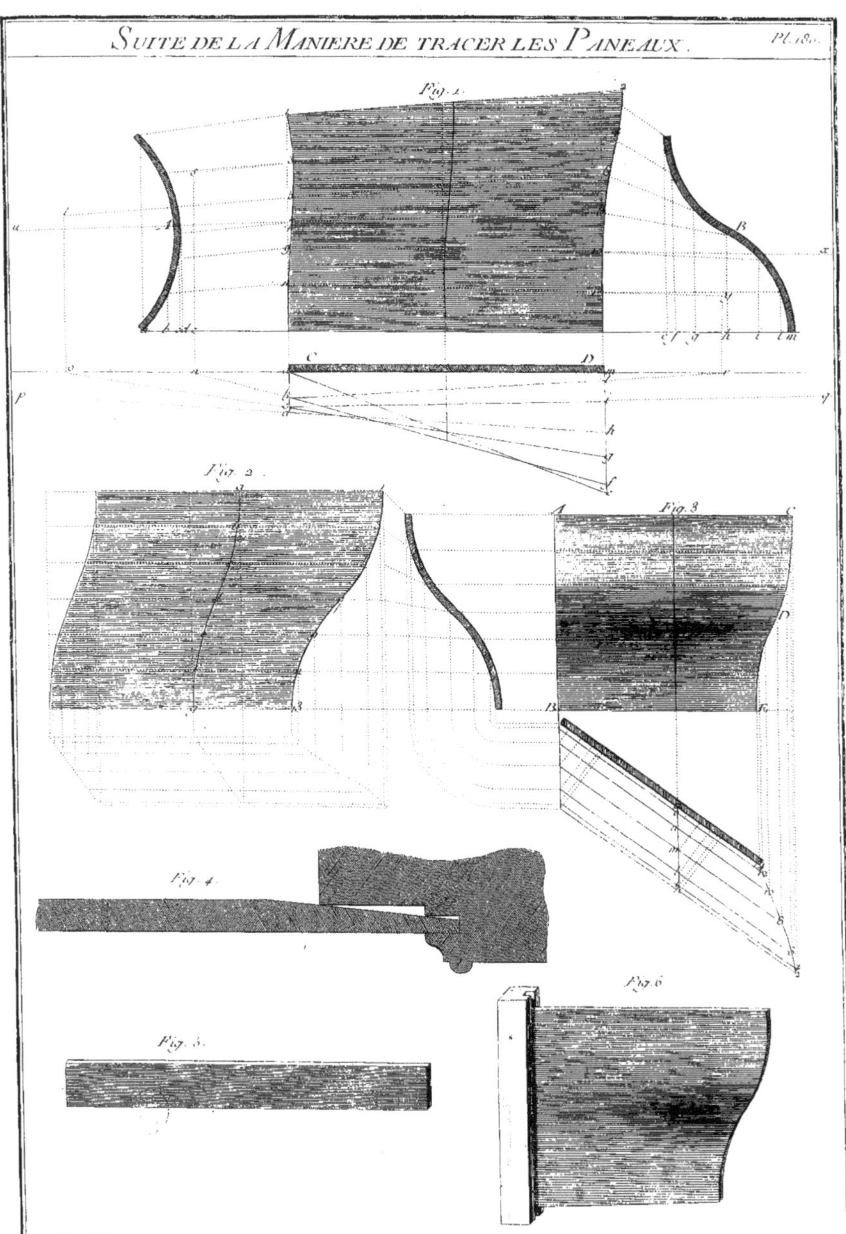

A. J. Roubo. Inv. Del. et Sculp.

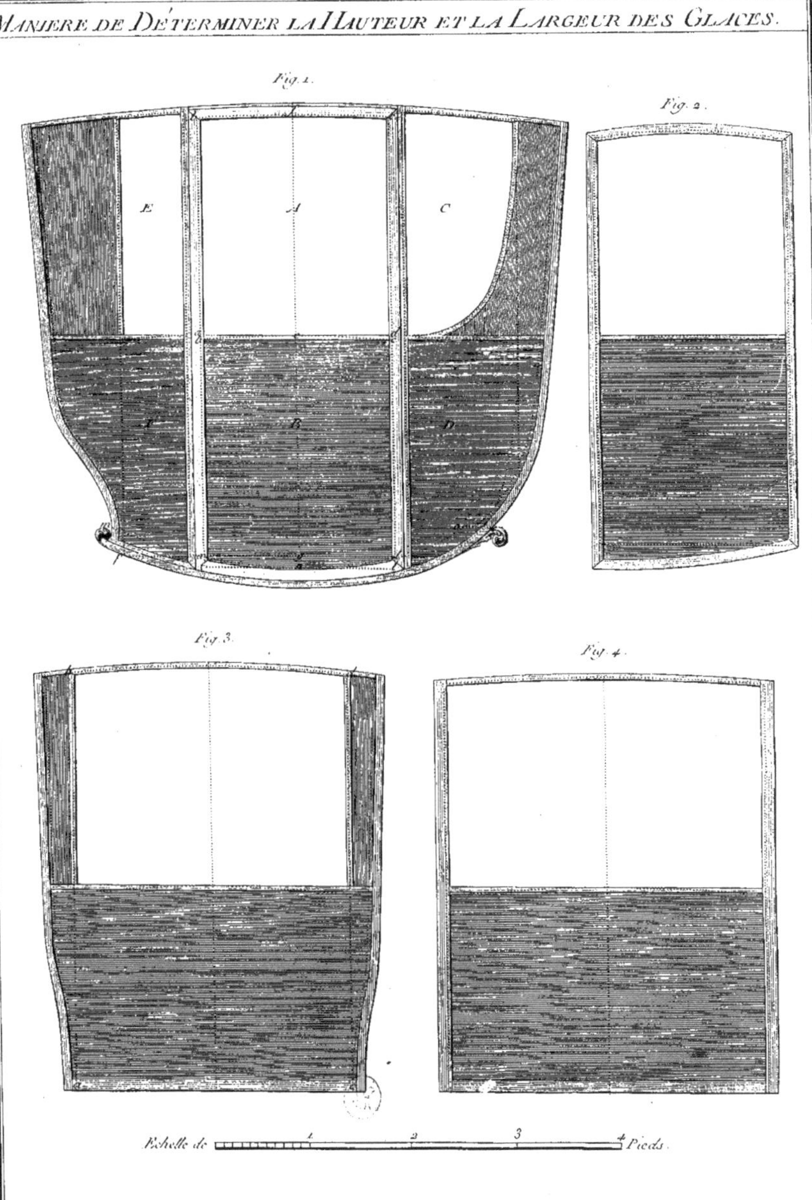

A. J. Roubo. Inv. Del et Sculp.

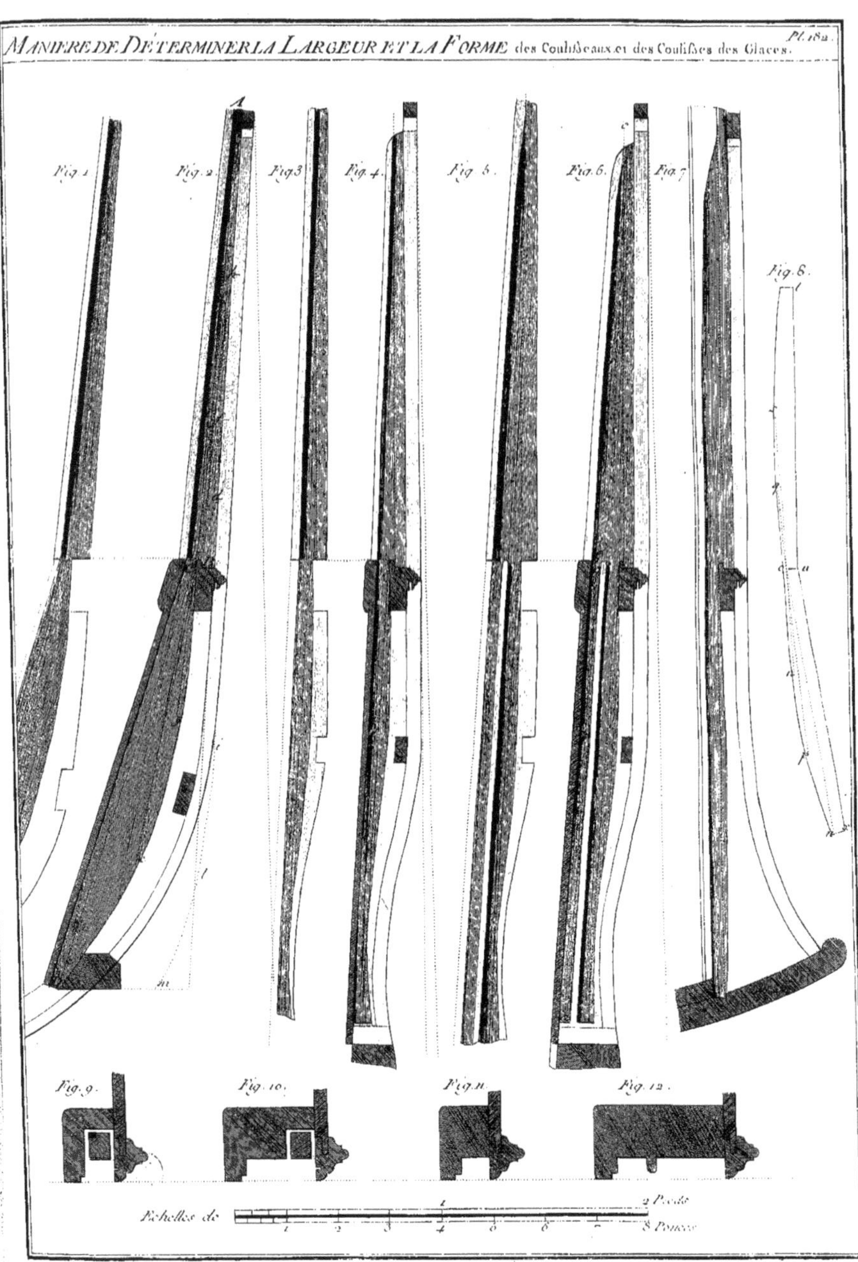

A. J. Roubo Inv. et Del.

Michelinot Sculp.

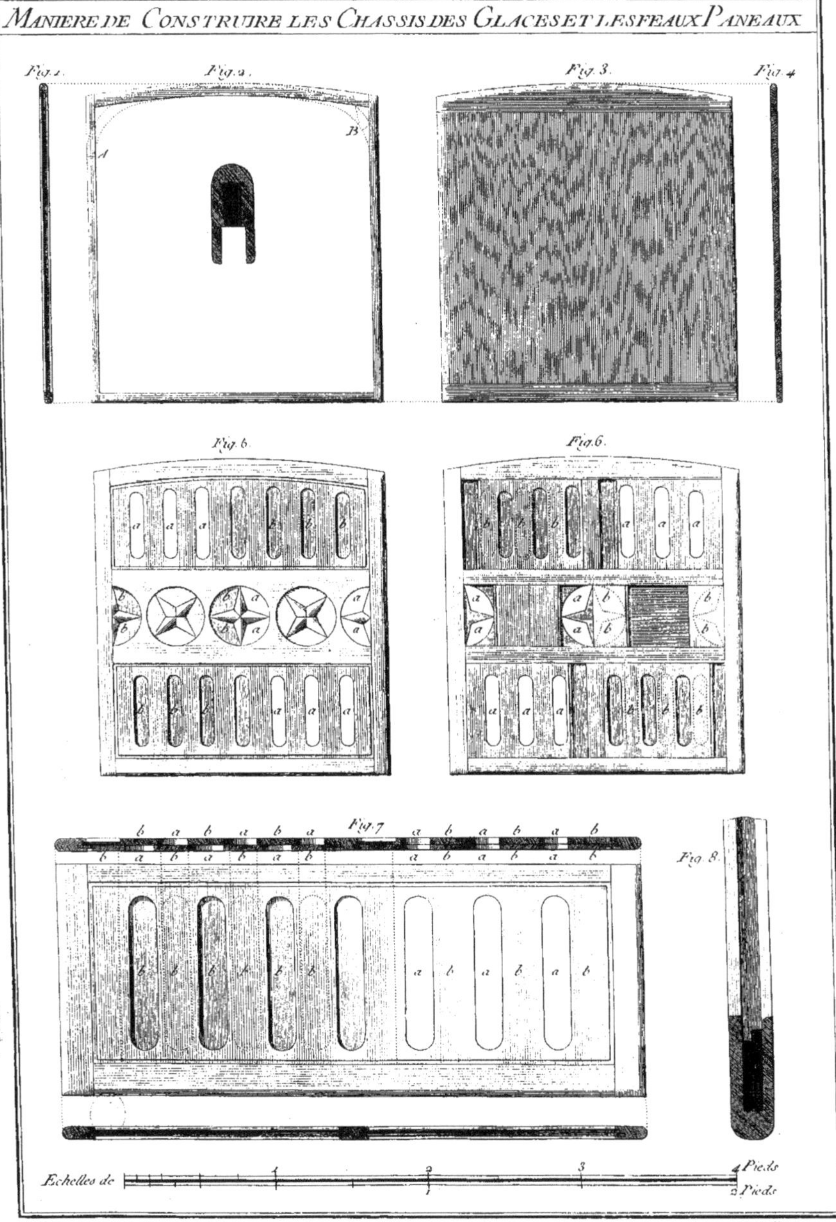

A. J. Roubo Inv. Del.

Michelinot Sculp.

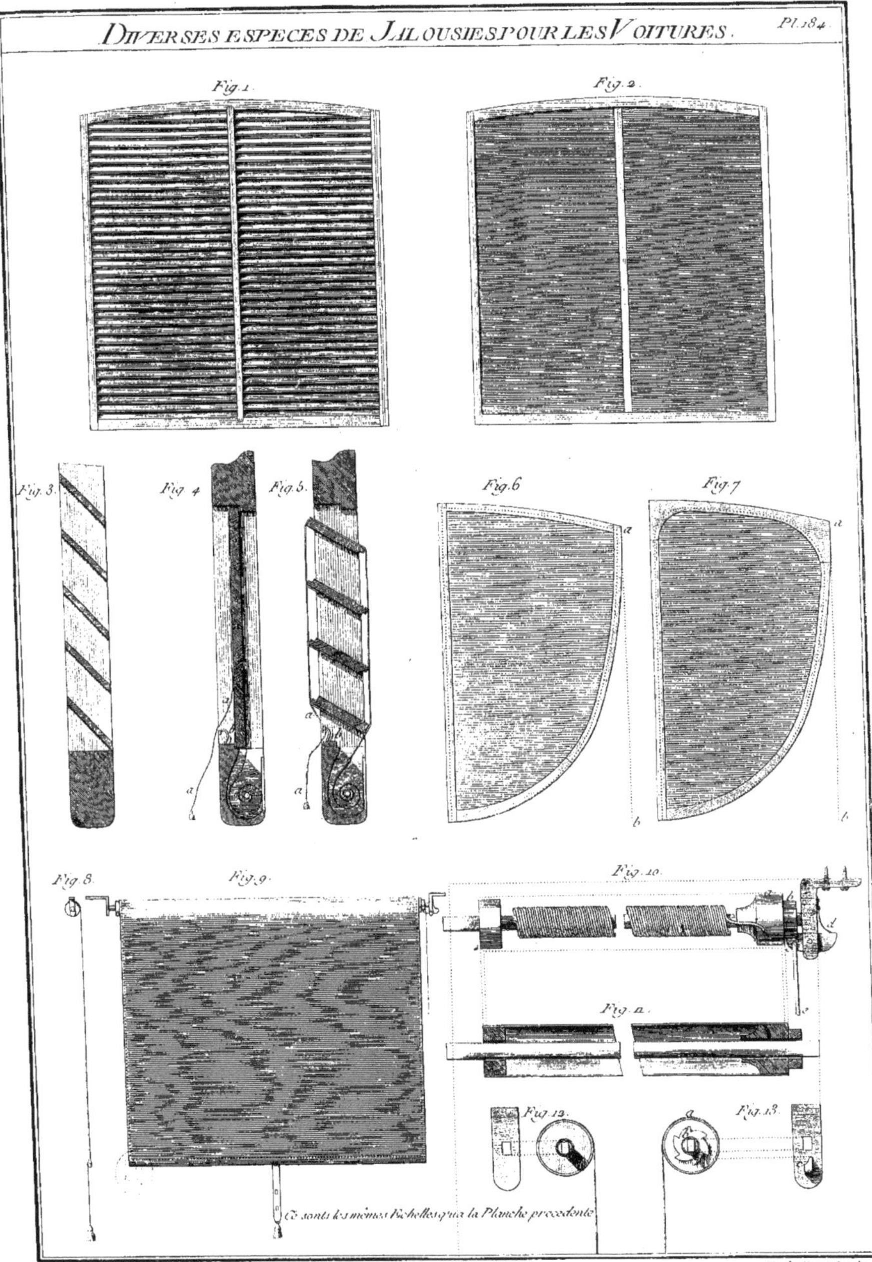

A. J. Roubo. Inv. et Del. Michelinot Sculp.

Coupes et Profils des differentes Pieces d'une Berline. Pl. 186.

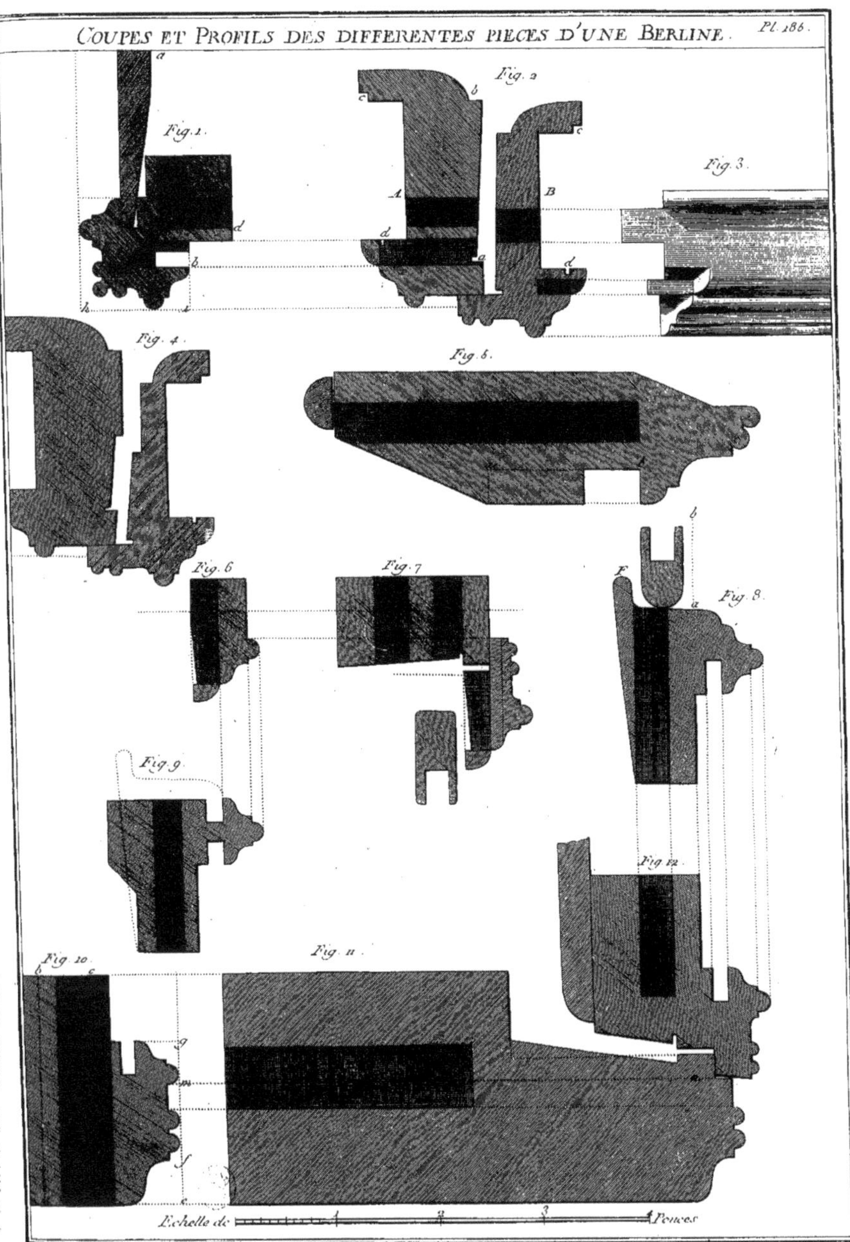

A. J. Roubo. Inv. et Del. Michelinot. Sculp.

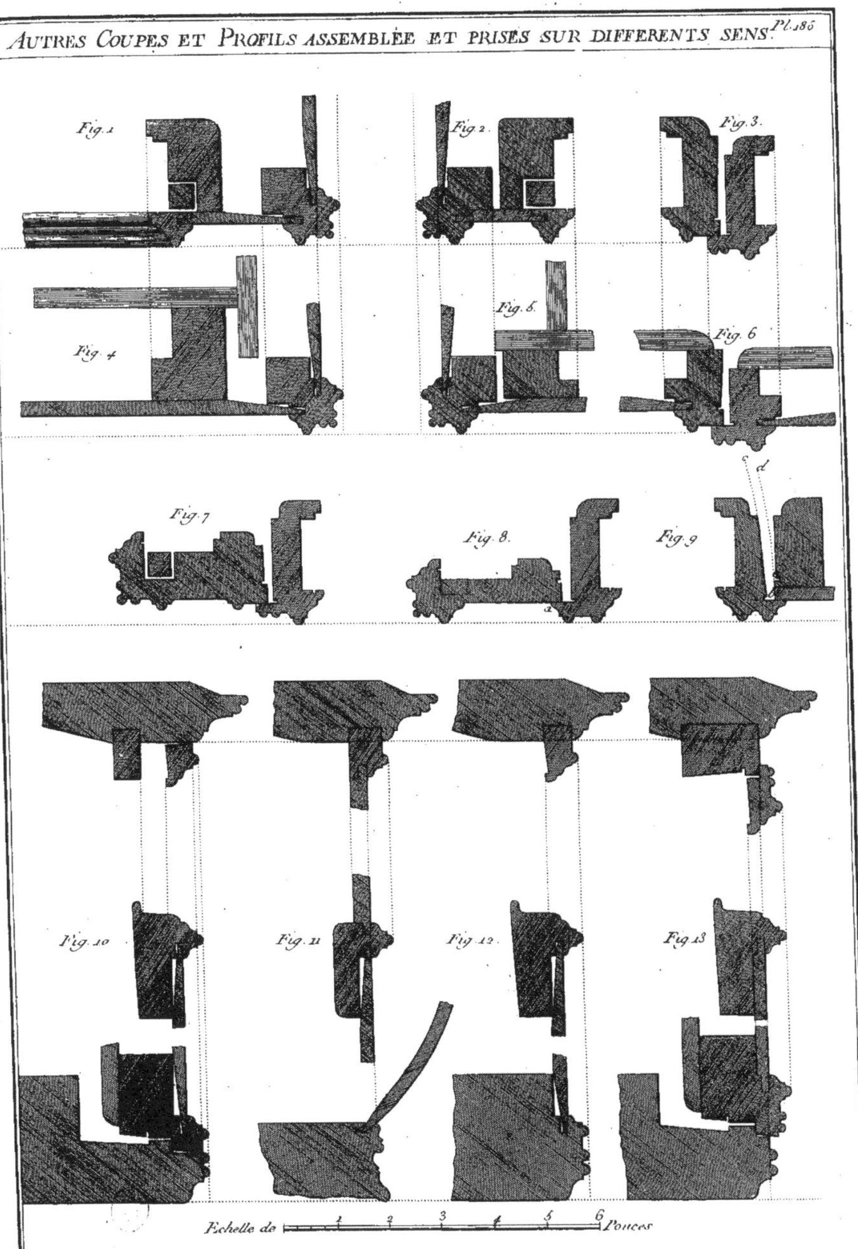

A. J. Roubo Inv. et Del.

Michelinot Sculp.

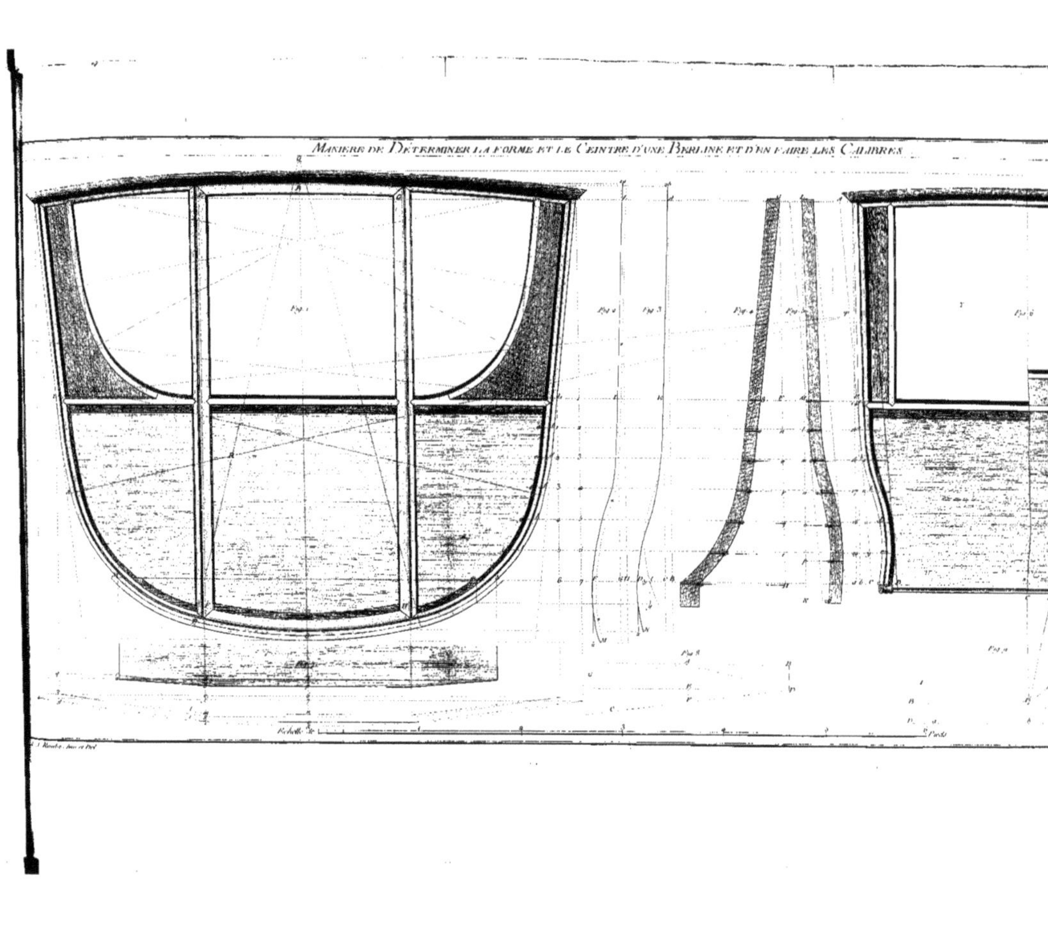
Maniere de Déterminer la forme et le Ceintre d'une Berline et d'en faire les Calibres

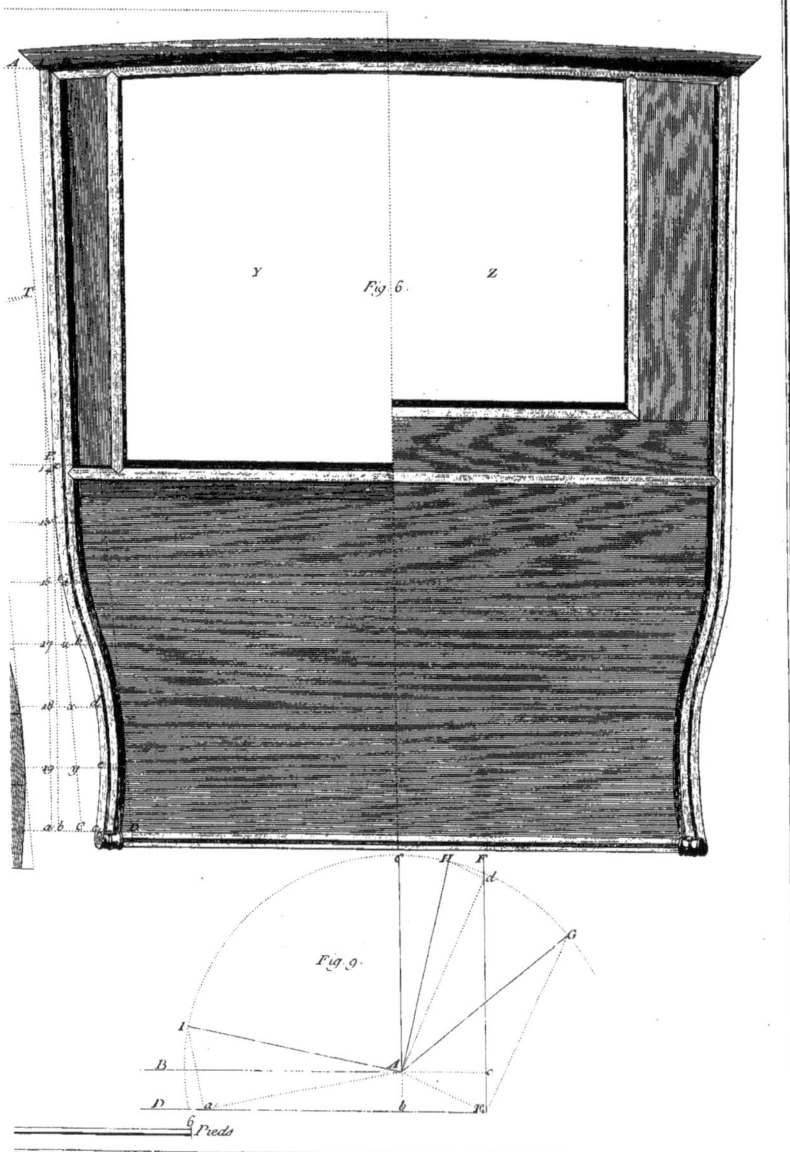

Michelinot Sculp.

Pl. 116.

PLAN D'UN PAVILLON DE BERLINE ET LA MANIERE DE DETERMINER LES COURBES DES CERCES QUI LE COMPOSENT.

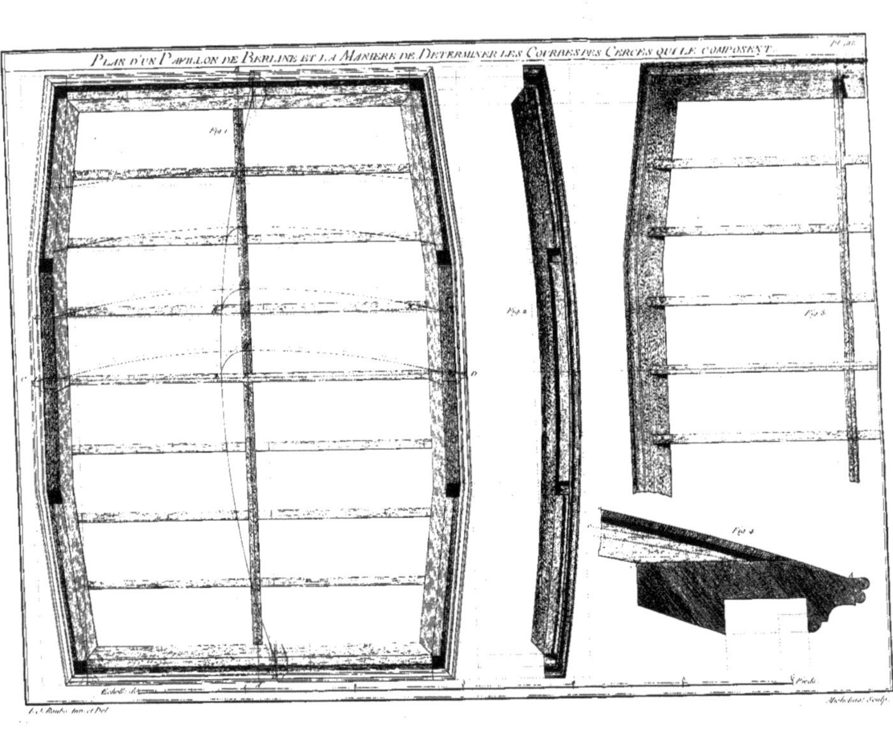

A. J. Roubo Inv. et Del. — Michelinot Sculp.

PLANS ET ÉLÉVATIONS D'UN PAVILLON OU IMPÉRIAL D'UNE BERLINE À TROIS CEINTRES AVEC SES DÉVELOPEMENTS

A. J. Roubo lev. Del. et Sculp.

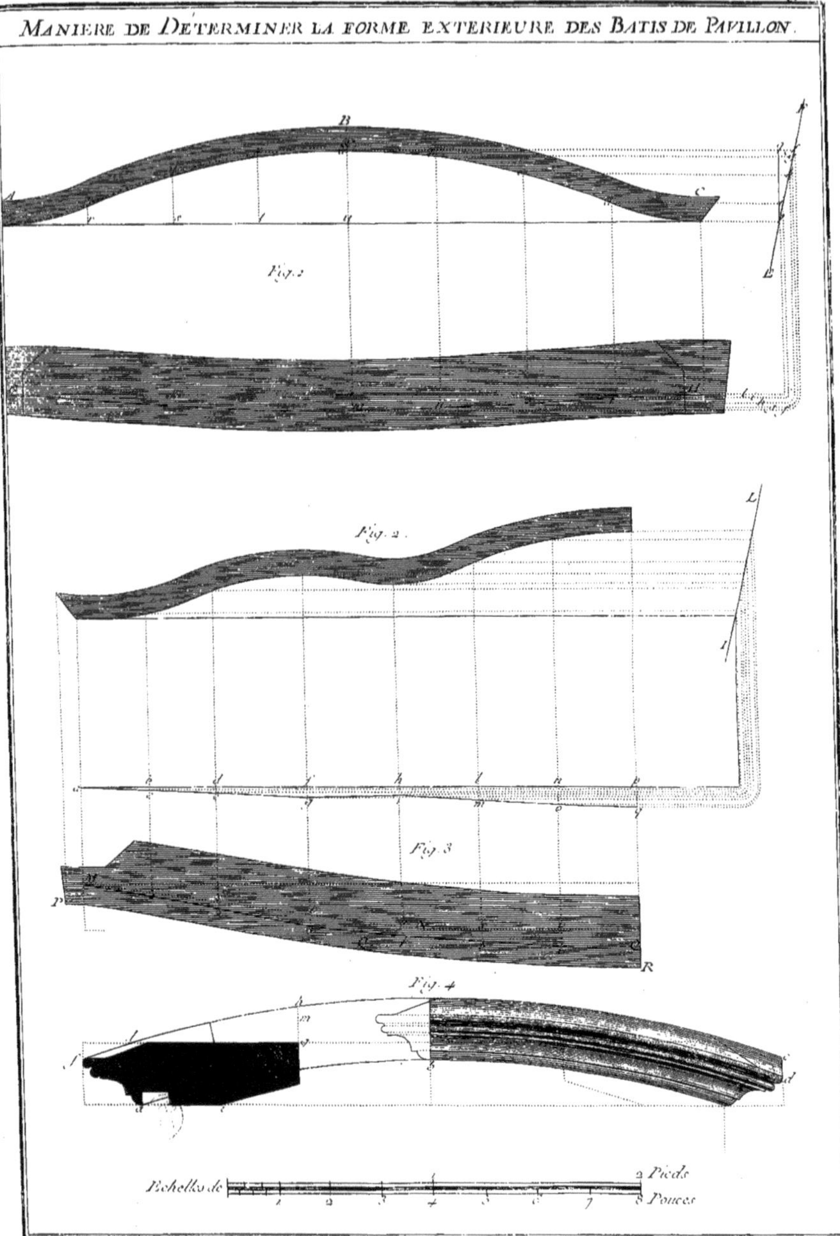
MANIERE DE DÉTERMINER LA FORME EXTERIEURE DES BATIS DE PAVILLON.
Fig. 2
Fig. 2.
Fig. 3
Fig. 4
Echelles de
2 Pieds
8 Pouces
A. J. Roubo, Inv. et Del.
Michelinot, Sculp.

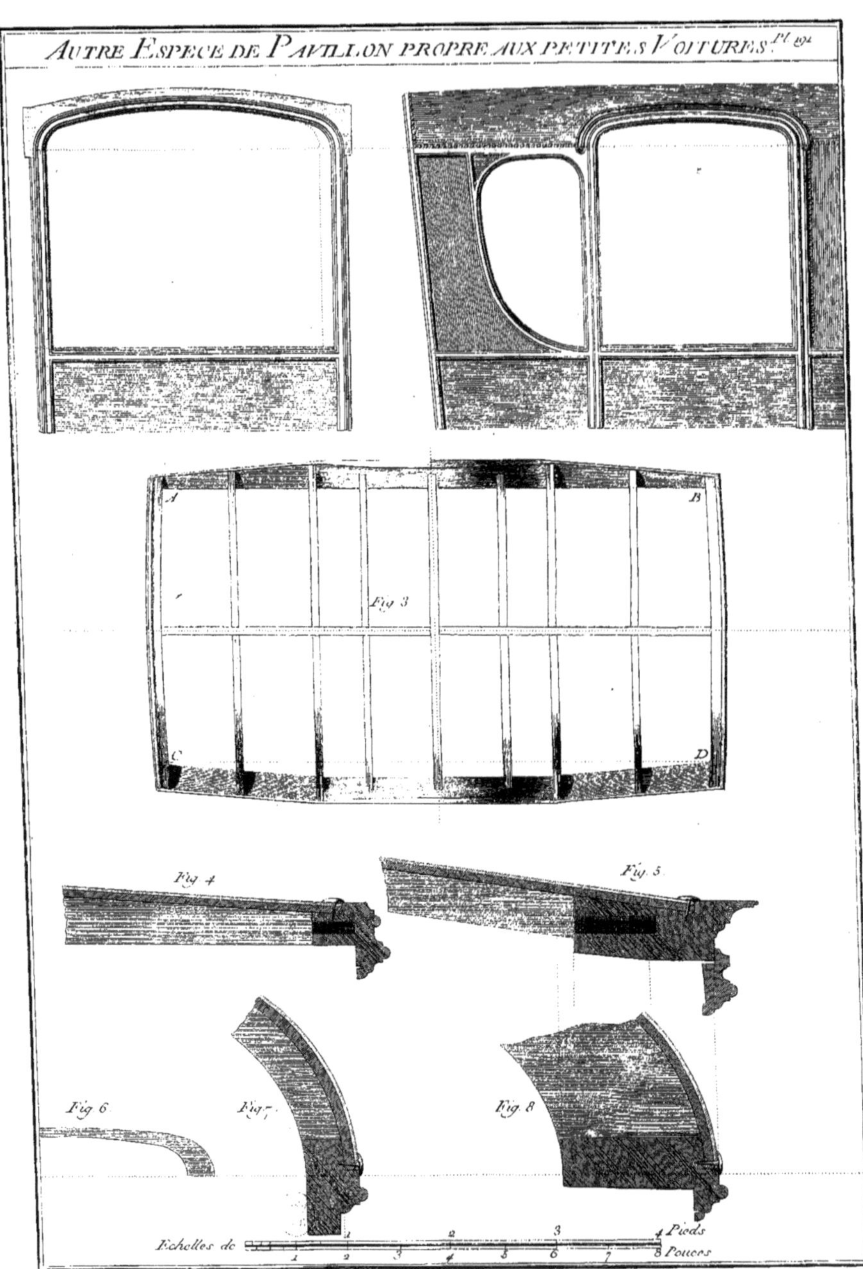
AUTRE ESPECE DE PAVILLON PROPRE AUX PETITES VOITURES. Pl. 194
A
B
Fig. 3
C
D
Fig. 4
Fig. 5
Fig. 6
Fig. 7
Fig. 8
Echelles de
1
2
3
4 Pieds
1
2
3
4
5
6
7
8 Pouces
A.J. Roubo. Inv. et Del.
Michelinot. Sculp.

PLAN COUPE ET ELÉVATIONS D'UN BRANCARD DE BERLINE.

A. J. Roubo. Inv. et Del.

Michelinot Sculp.

Diverses manieres d'assembler les Pieds Corniers avec les Brancards.

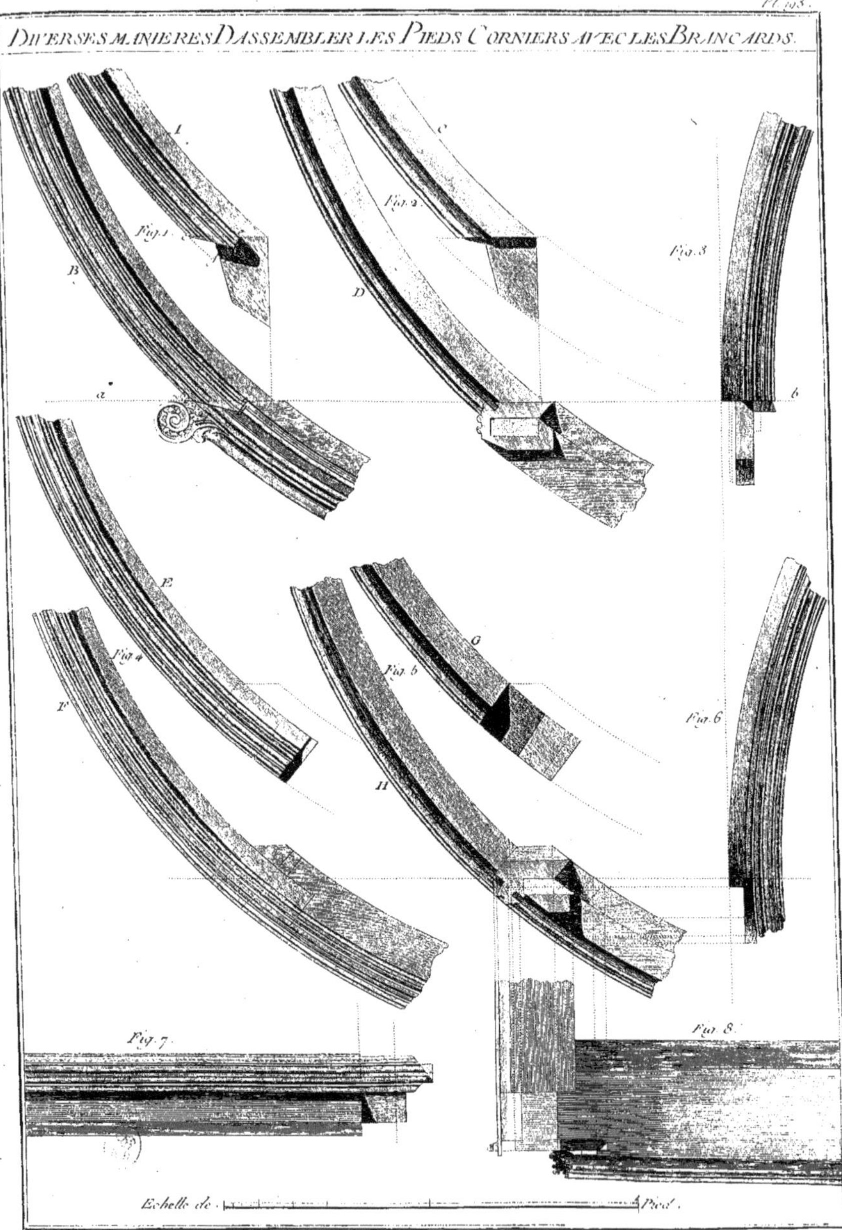

A. J. Roubo. Inv. et Del.

P. L. Cor. Sculp.

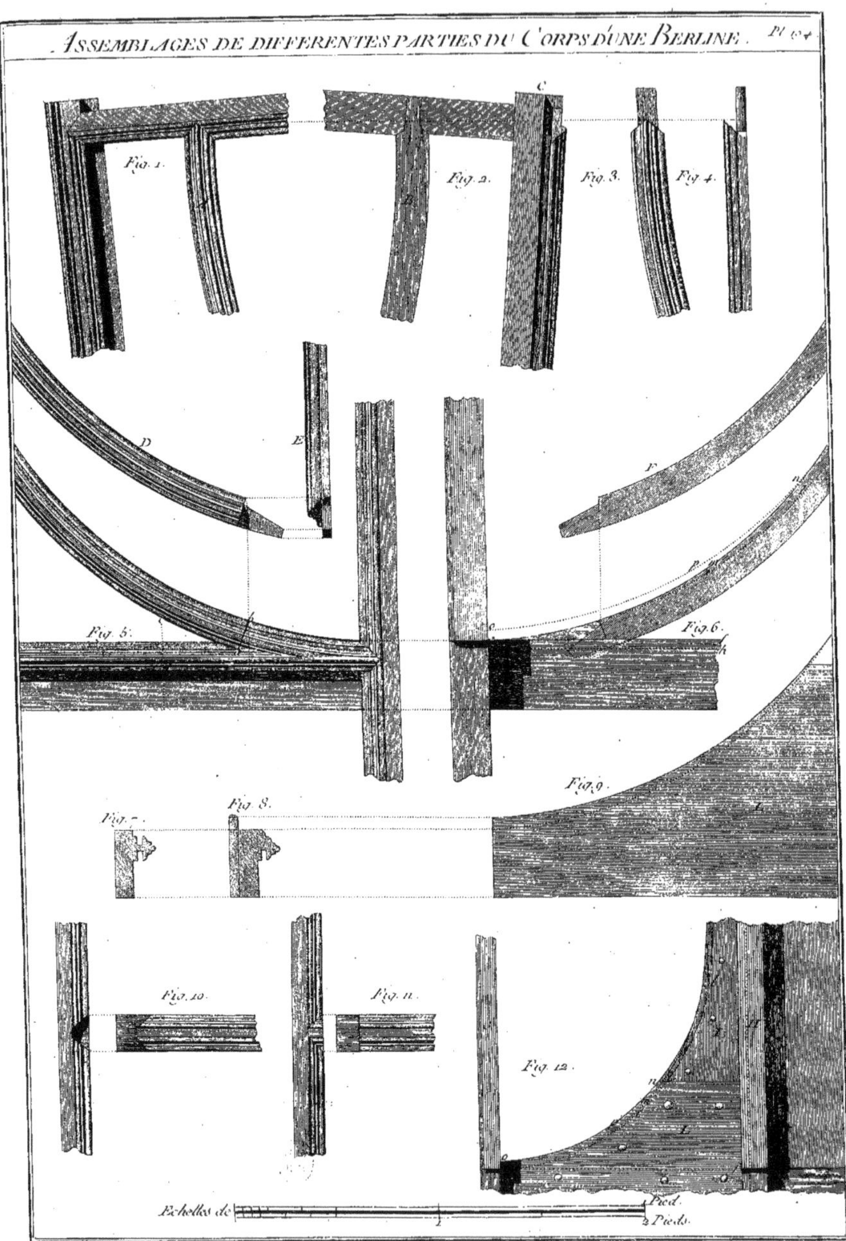

ASSEMBLAGES DE DIFFERENTES PARTIES DU CORPS D'UNE BERLINE.

A. J. Roubo Inv. et Del. P. L. Cor. Sculp.

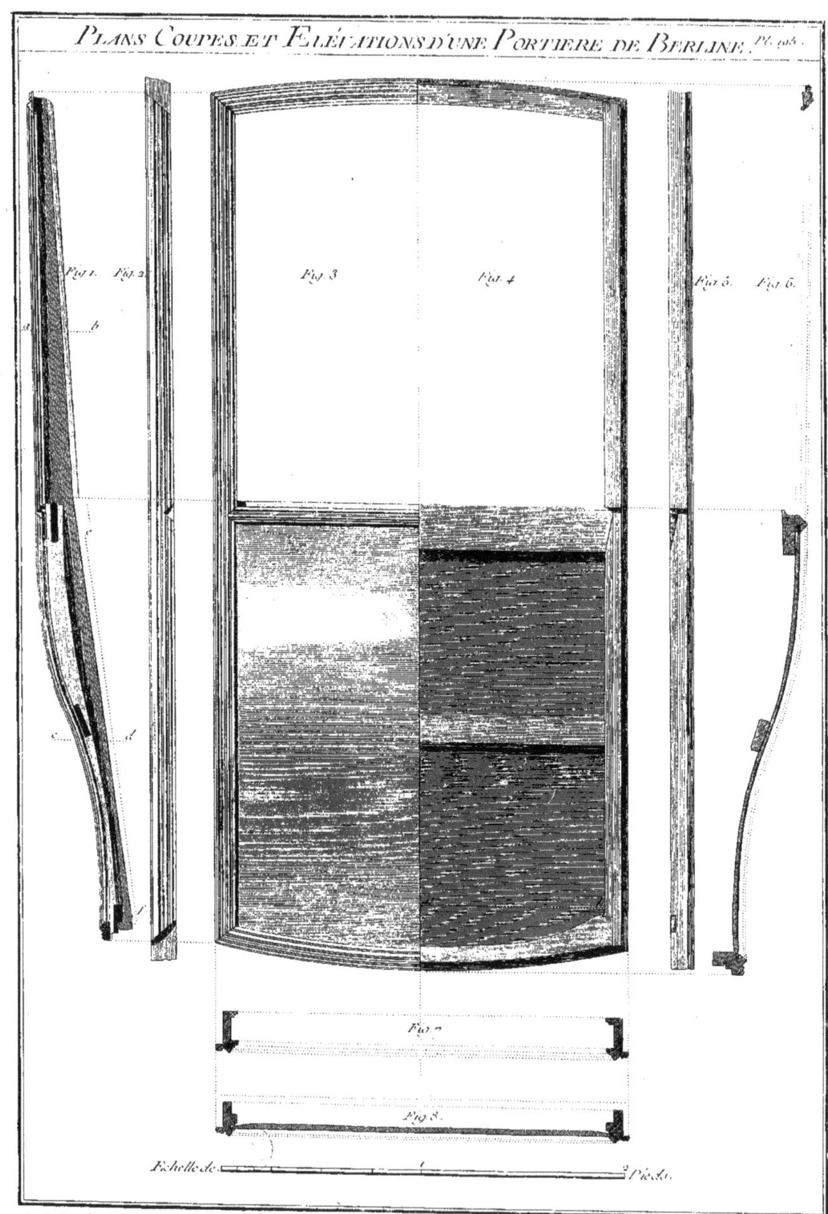

A. J. Roubo. Inv. Del. et Sculp.

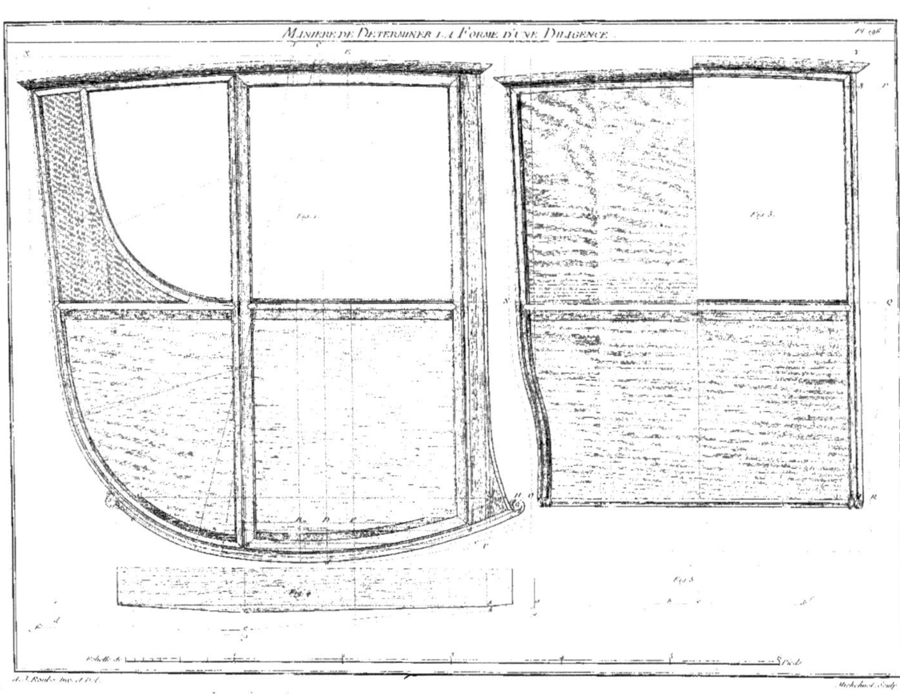
Maniere de Determiner la Forme d'une Diligence.
Pl. 196
Fig. 1.
Fig. 3.
Fig. 4
Fig. 5
Echelle de
5 Pieds
A. J. Roubo Inv. et Del.
Michelinot Sculp.

PLAN D'UN PAVILLON DE DILIGENCE ET LA MANIERE D'EN TRACER LES CERCES.

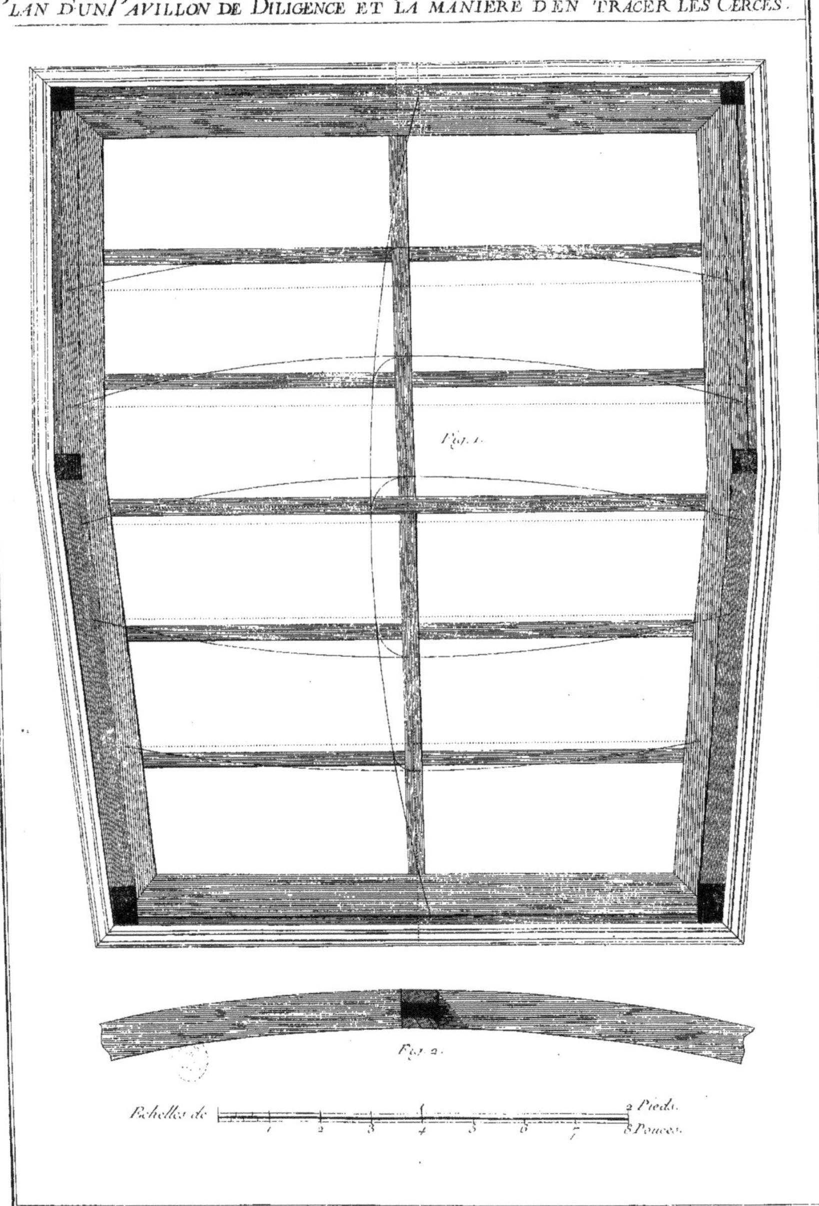

A. J. Roubo Inv. et Del.

Michelinot Sculp.

A. J. Roubo Inv. et Del.

Michelinot Sculp.

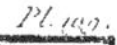

Pl. 199.

FORMES ET CONSTRUCTIONS DES SIEGES POUR DIFFERENTES VOITURES.

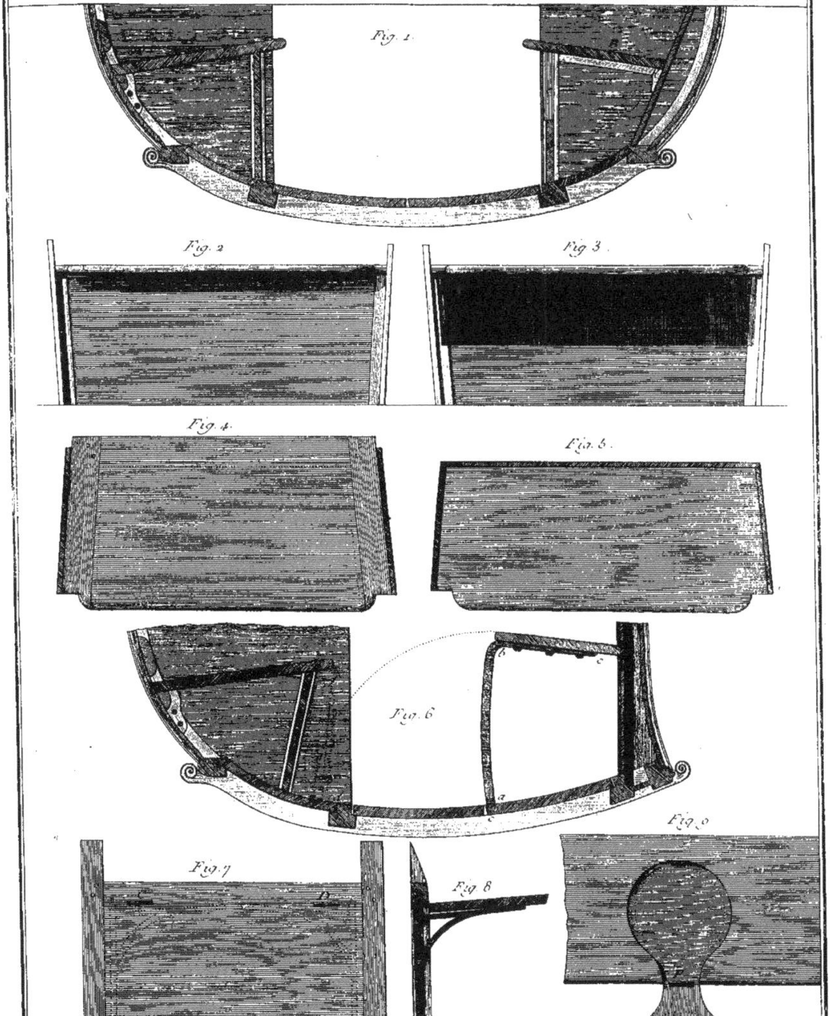

Fig. 1.

Fig. 2

Fig. 3.

Fig. 4.

Fig. 5.

Fig. 6

b c a c

Fig. 9

Fig. 7

C D

Fig. 8

Echelle de 1 2 3 4 Pieds.

A. J. Roubo. Inv. et Del.

Michelinot Sculp.

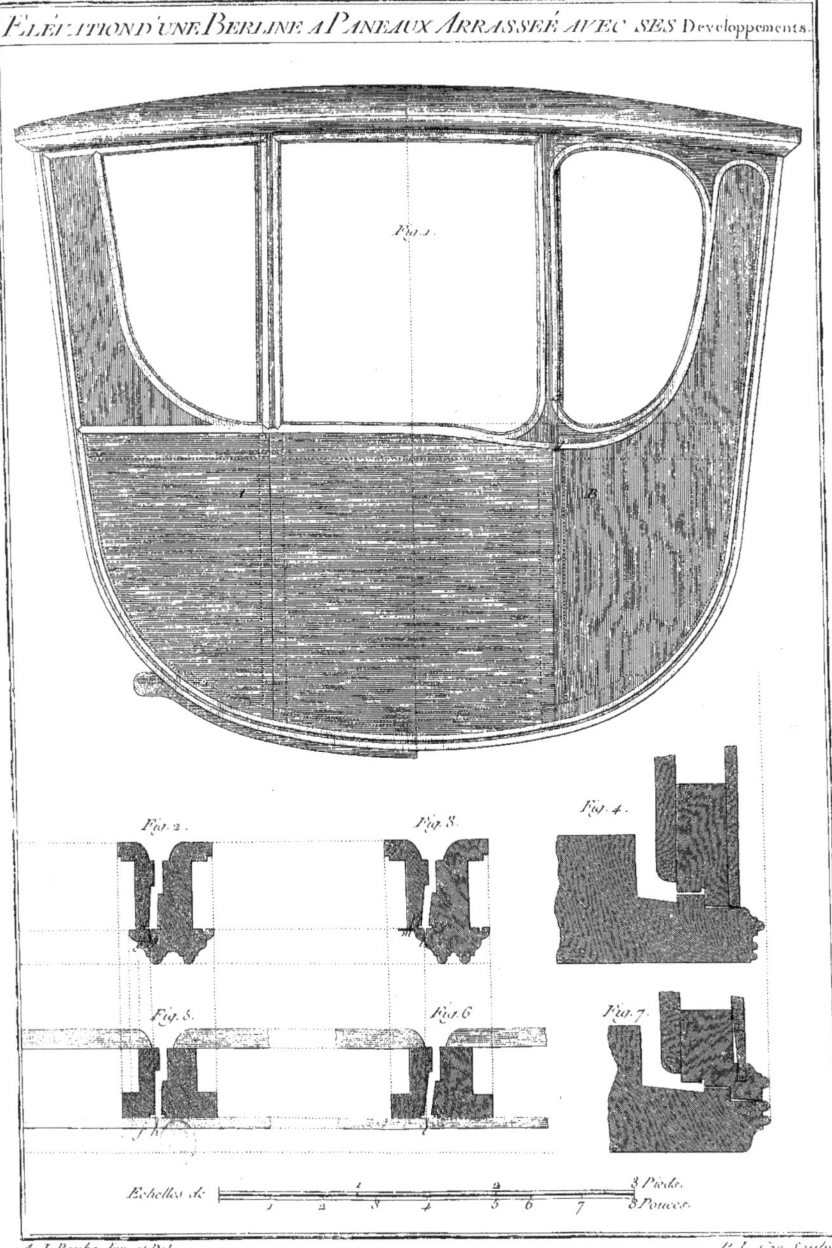

A. J. Roubo. Inv. et Del.   P. L. Cor. Sculp.

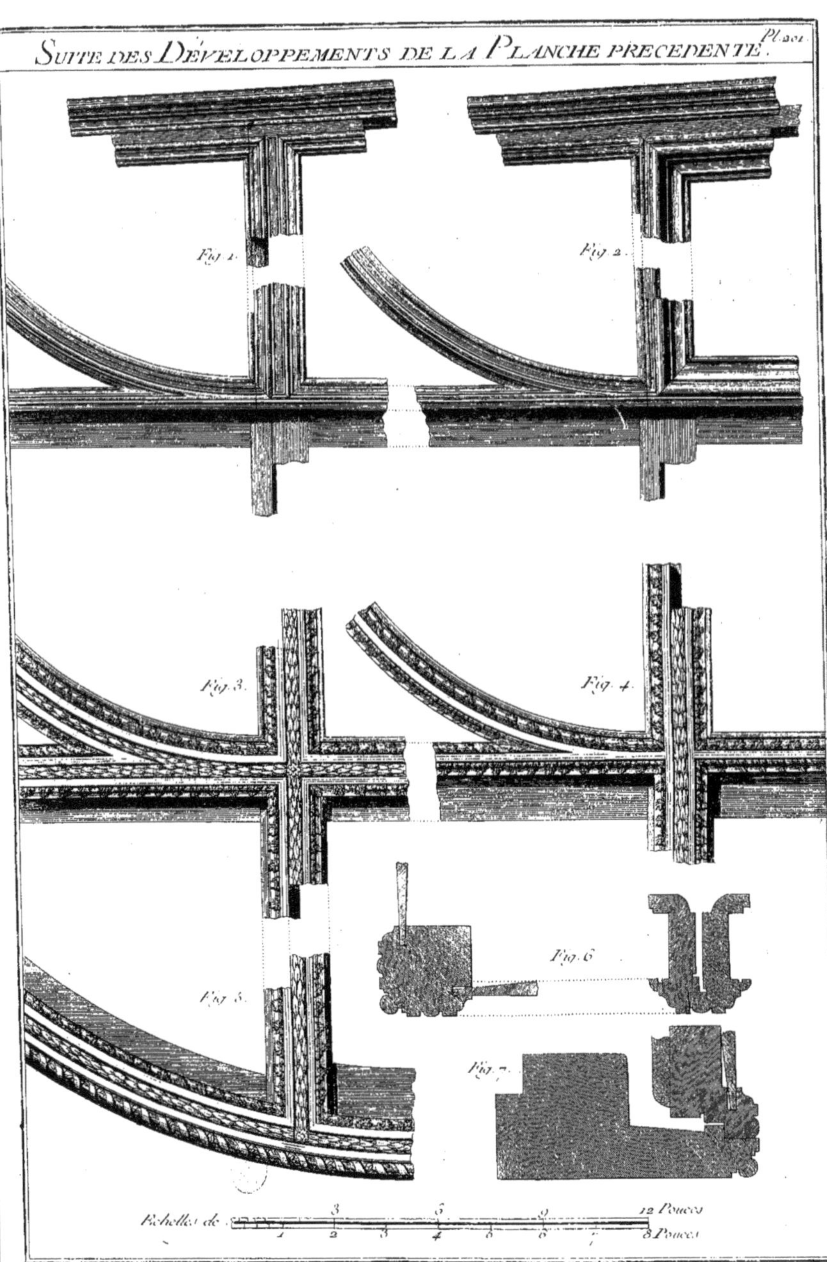

A. J. Roubo Inv. et Del. P. L. Cor. Sculp.

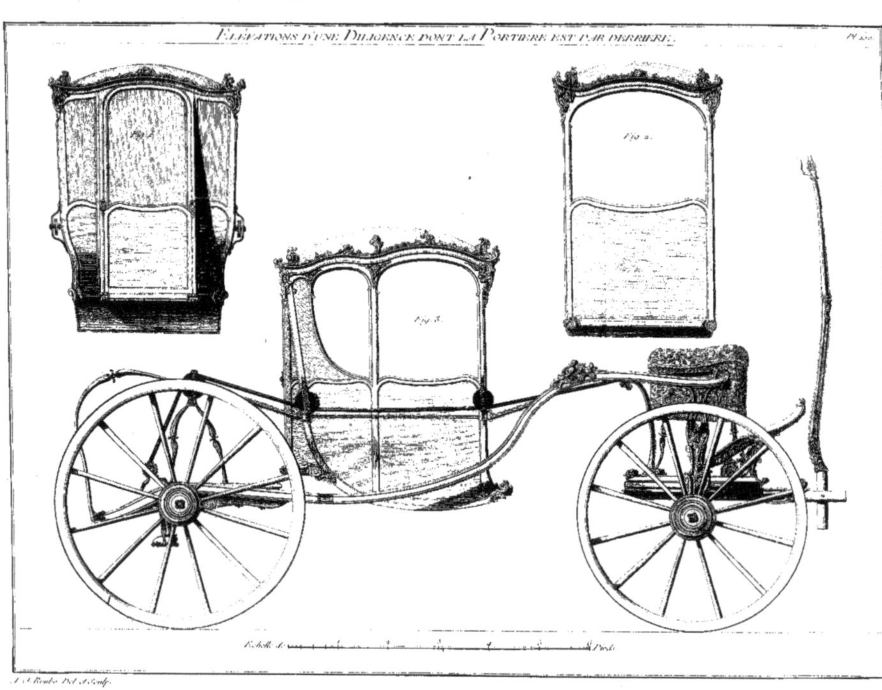
Élévations d'une Diligence dont la Portière est par derrière.
Fig. 2.
Fig. 3.
Echelle de
Pieds
A. J. Roubo Del. et Sculp.

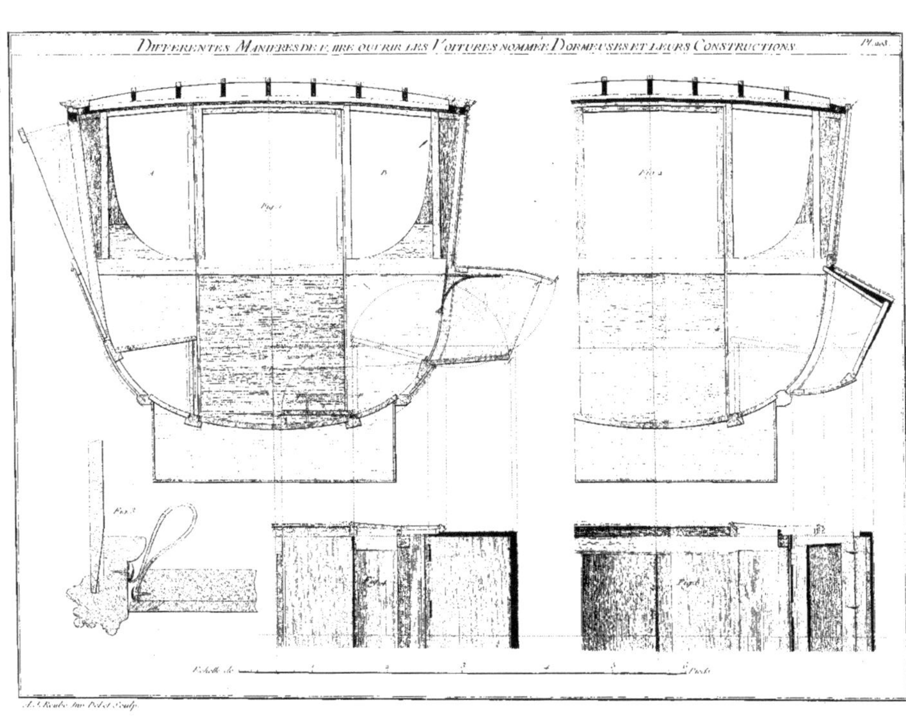
Differentes Manieres de faire ouvrir les Voitures nommée Dormeuses et leurs Constructions
Echelle de 1 2 3 4 5 6 Pieds
A. J. Roubo inv. Del. et Sculp.

DIFFERENTS PROFILS ET ORNEMENTS A L'USAGE DES VOITURES.

Profils de Pavillons.

Profils de Pieds Corniers.

Ornements courants pour les Champs.

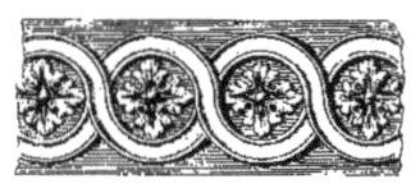

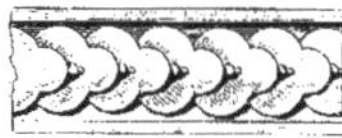

Élévations de Pieds Corniers dont les Champs et les moulures sont taillés d'Ornements.

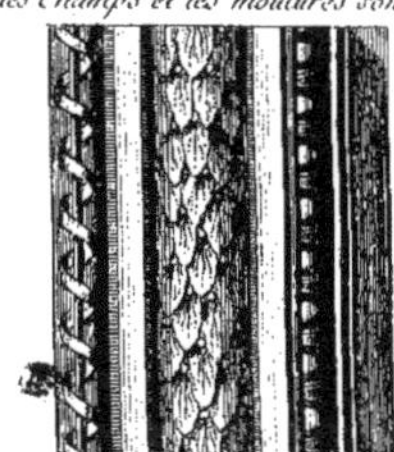

Profils des Pieds Corniers representés cy dessus.

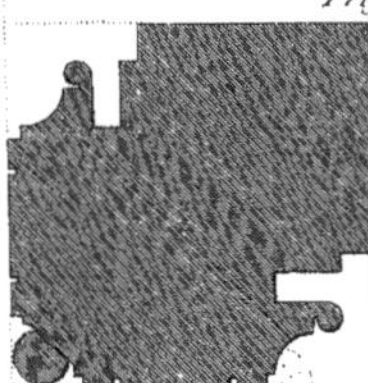

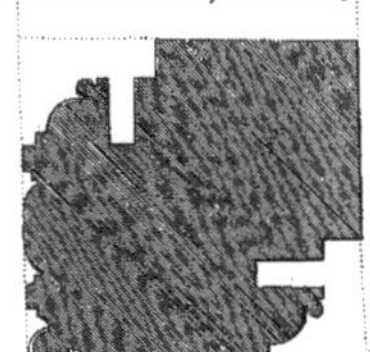

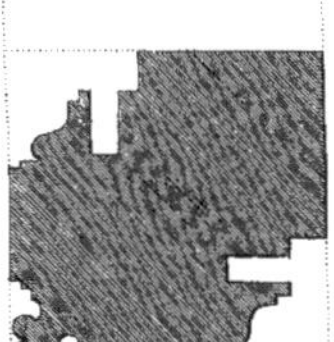

Echelle de 1 2 3 4 5 6 *Pouces*

A. J. Roubo. Inv. Del. et Sculp.

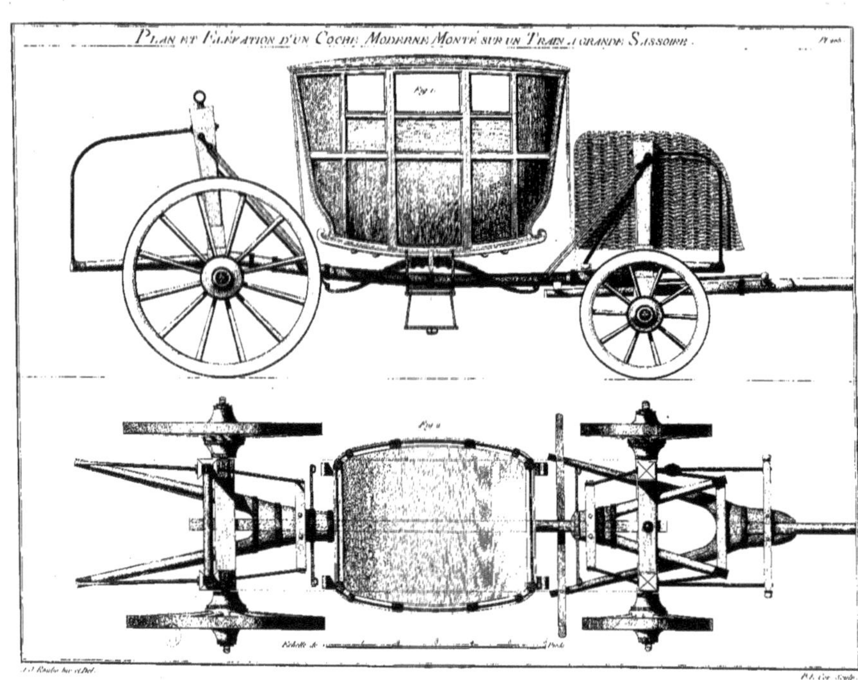
PLAN ET ÉLÉVATION D'UN COCHE MODERNE MONTÉ SUR UN TRAIN A GRANDE SASSOIRE.
Fig. 1.
Fig. 2.
Echelle de
Pieds
A. J. Roubo fec. et Del.
P. L. Cor. Sculp.

Plan et Élévation d'une Gondole. Pl. 206.

Fig. 4.

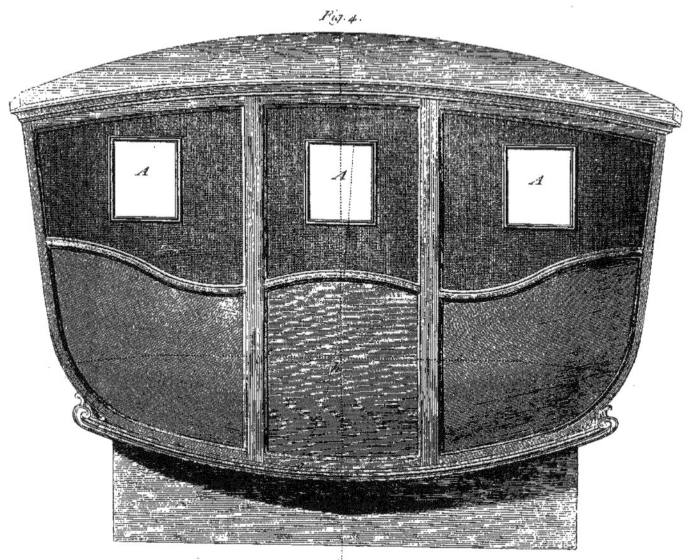

Fig. 2.

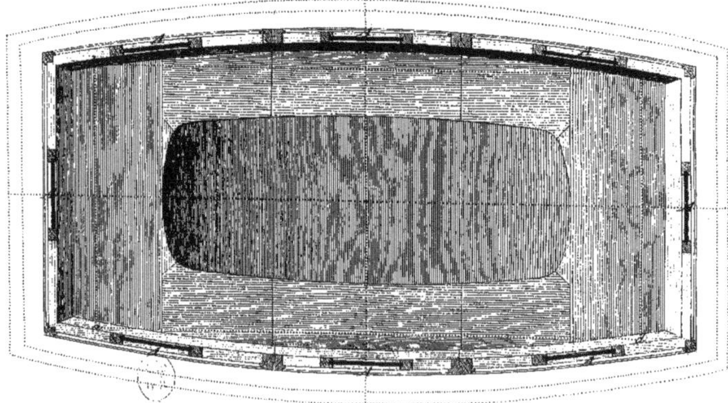

Echelle de 1 2 3 4 5 6 Pieds.

A. J. Roubo. Inv. Del. et Sculp.

ÉLÉVATION ET COUPE D'UNE BERLINE A QUATRES PORTIERES. Pl. 207.

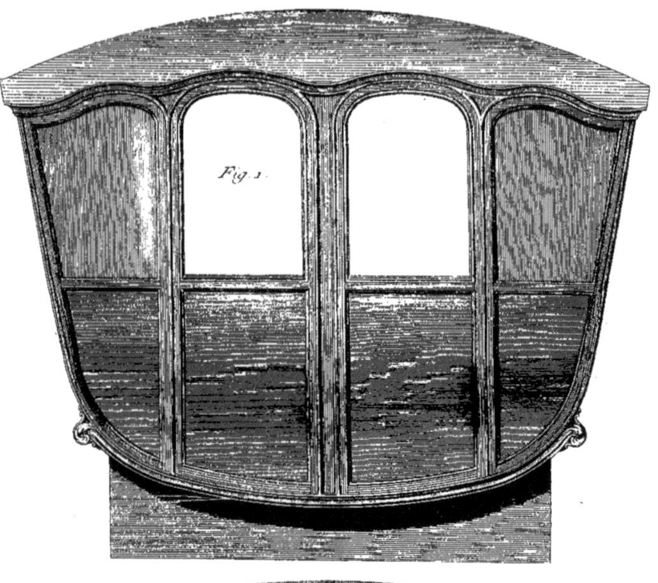

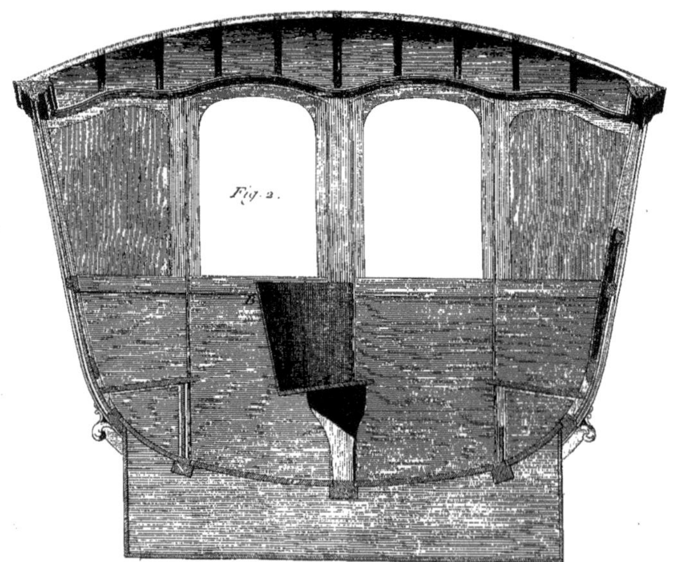

A. J. Roubo. Inv. Del. et Sculp.

ÉLÉVATION D'UN GRAND CARROSSE MONTÉ SUR SON TRAIN

Pl. 208

A. J. Roubo Inv. et Del.

P. Le Roy Sculp.

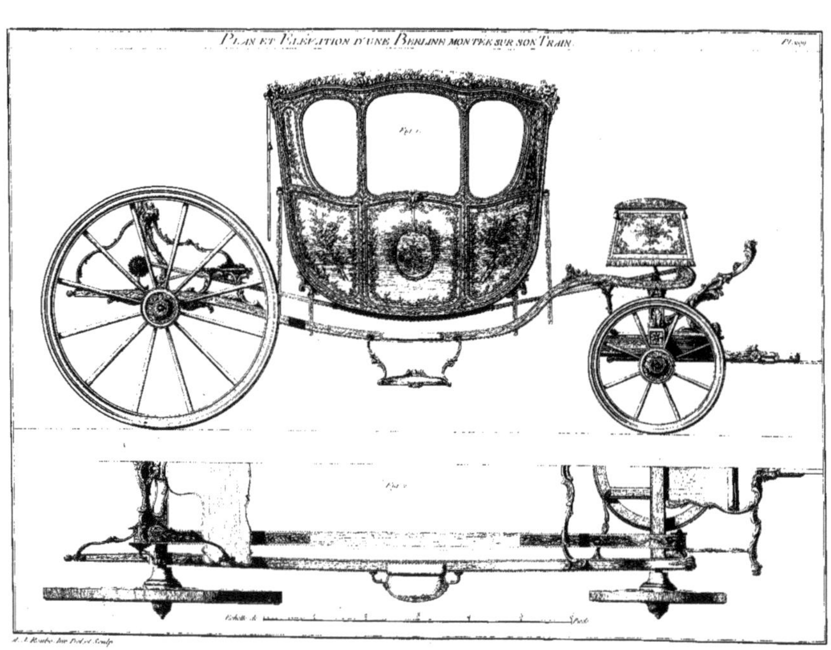

PLAN ET ELÉVATION D'UNE BERLINE MONTÉE SUR SON TRAIN.

A. J. Roubo. Inv. Del. et Sculp.

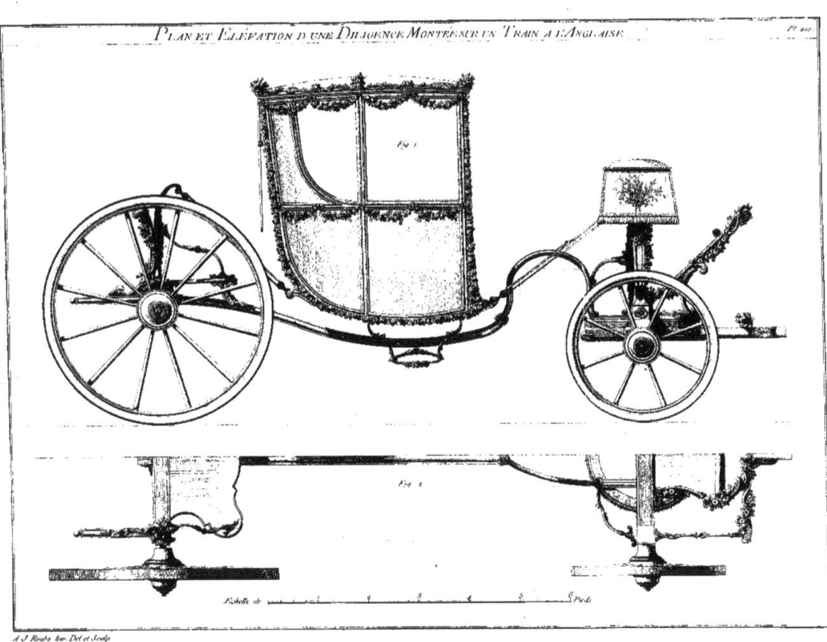

A J Roubo lw. Del et Sculp

ÉLÉVATIONS D'UNE CALECHE ET D'UN PHAETON.

Pl. 211

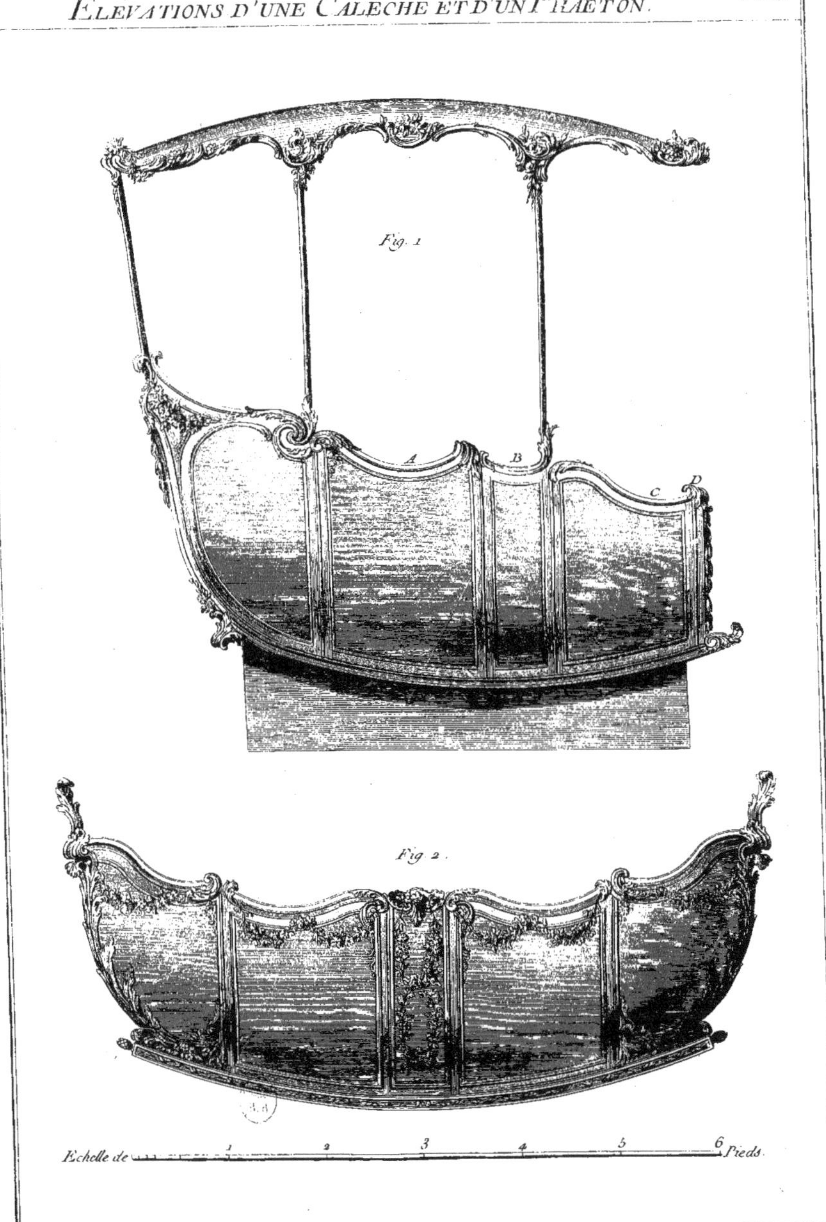

A. J. Roubo. Inv. et Del.

P. L. Cor. Sculp.

ELÉVATIONS D'UN DIABLE ET D'UNE DILIGENCE COUPÉE. Pl. 312.

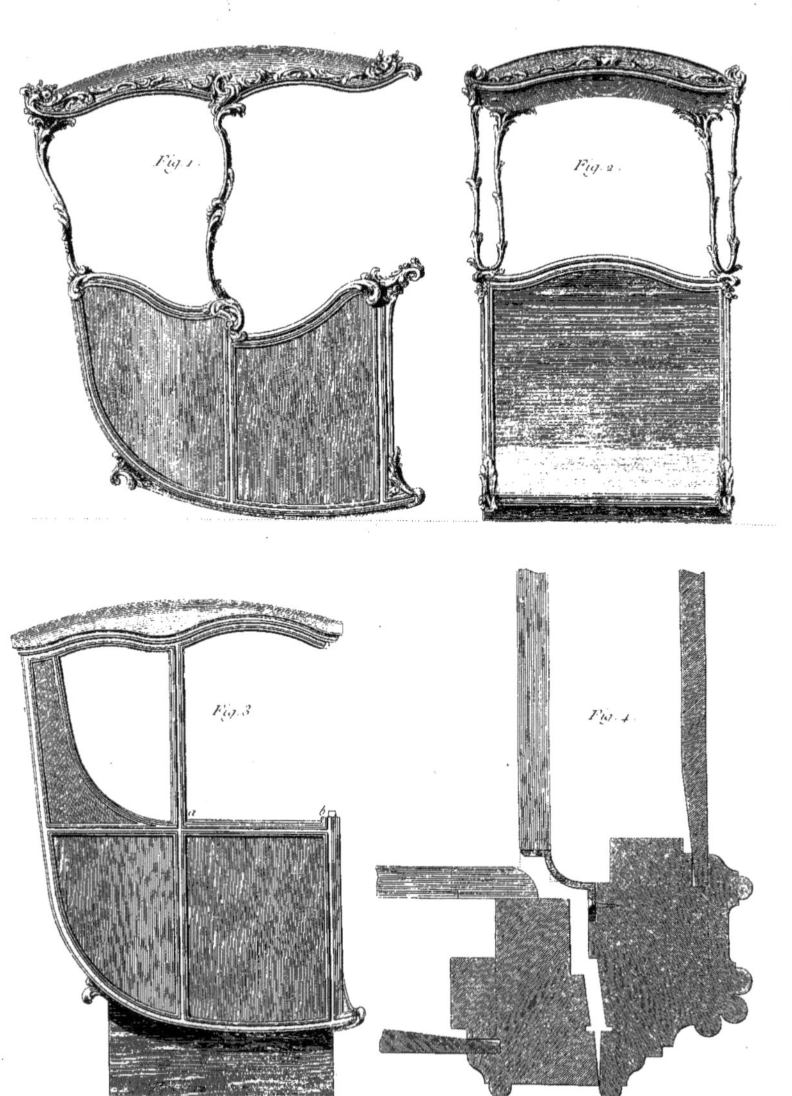

Echelles de 1 2 3 4 5 6 Pieds
1 2 3 4 Pouces

A. J. Roubo Inv. Del. et Sculp.

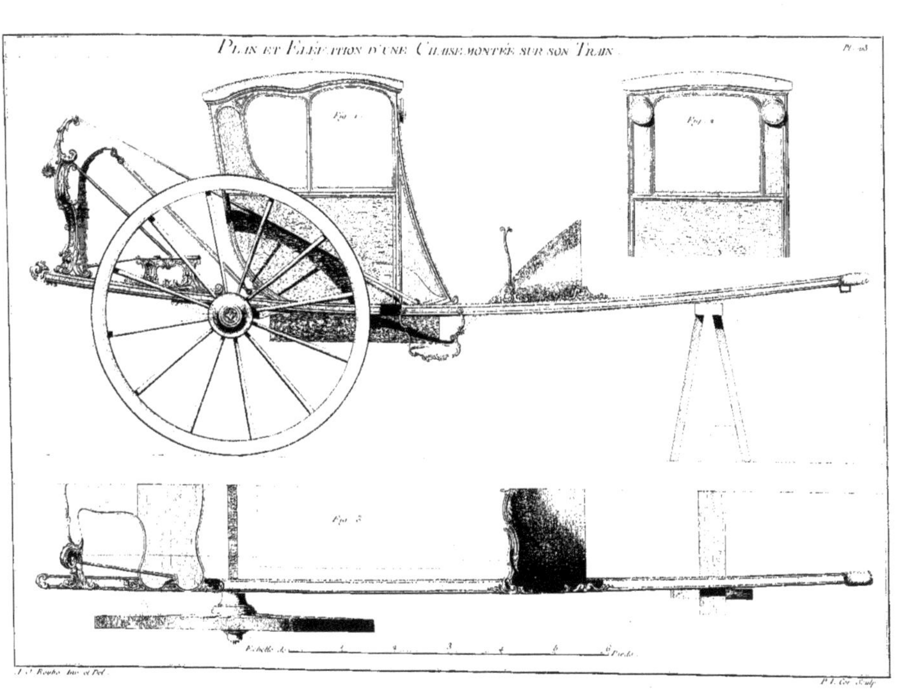
Plan et Elévation d'une Chaise montée sur son Train
Fig. 1
Fig. 2
Fig. 3
Echelle de 1 2 3 4 5 6 Pieds
J. O. Roubo Inv. et Del.
P. L. Cor Sculp.

ÉLÉVATIONS D'UNE CHAISE DE POSTE AVEC SES DÉVELOPPEMENTS. Pl. 214.

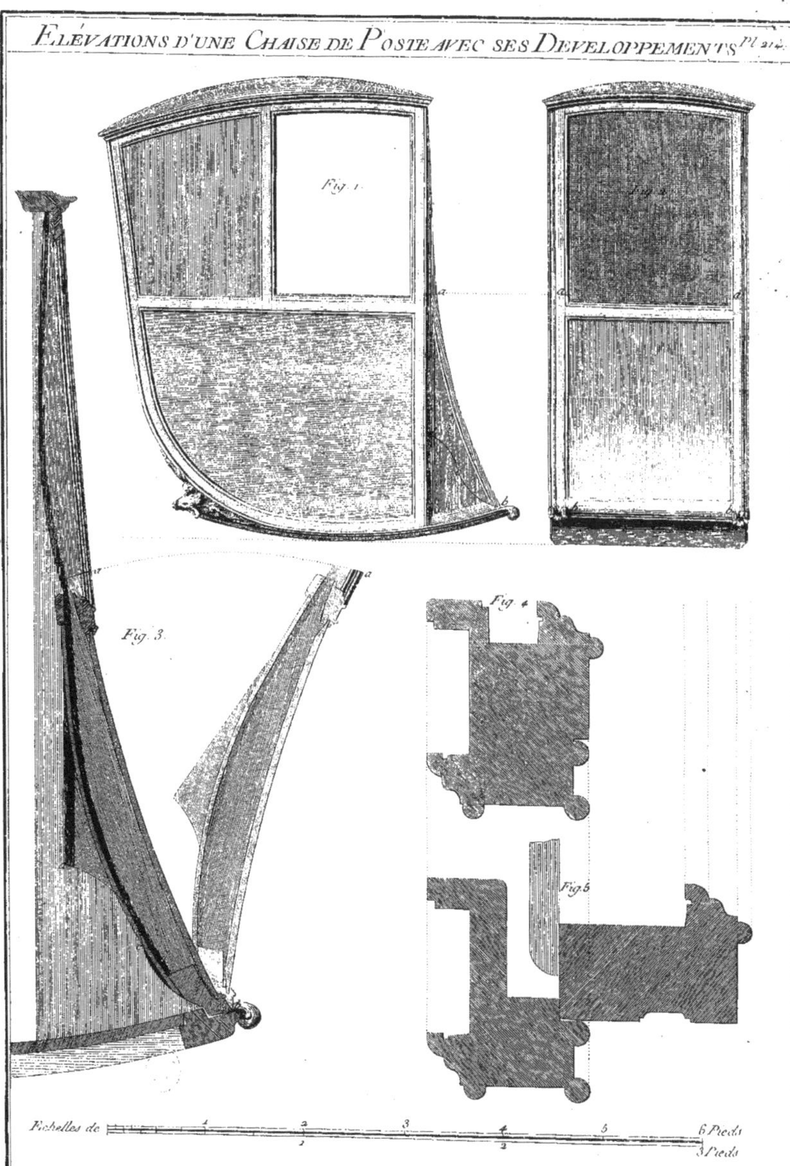

A. J. Roubo Inv. Del et Sculp.

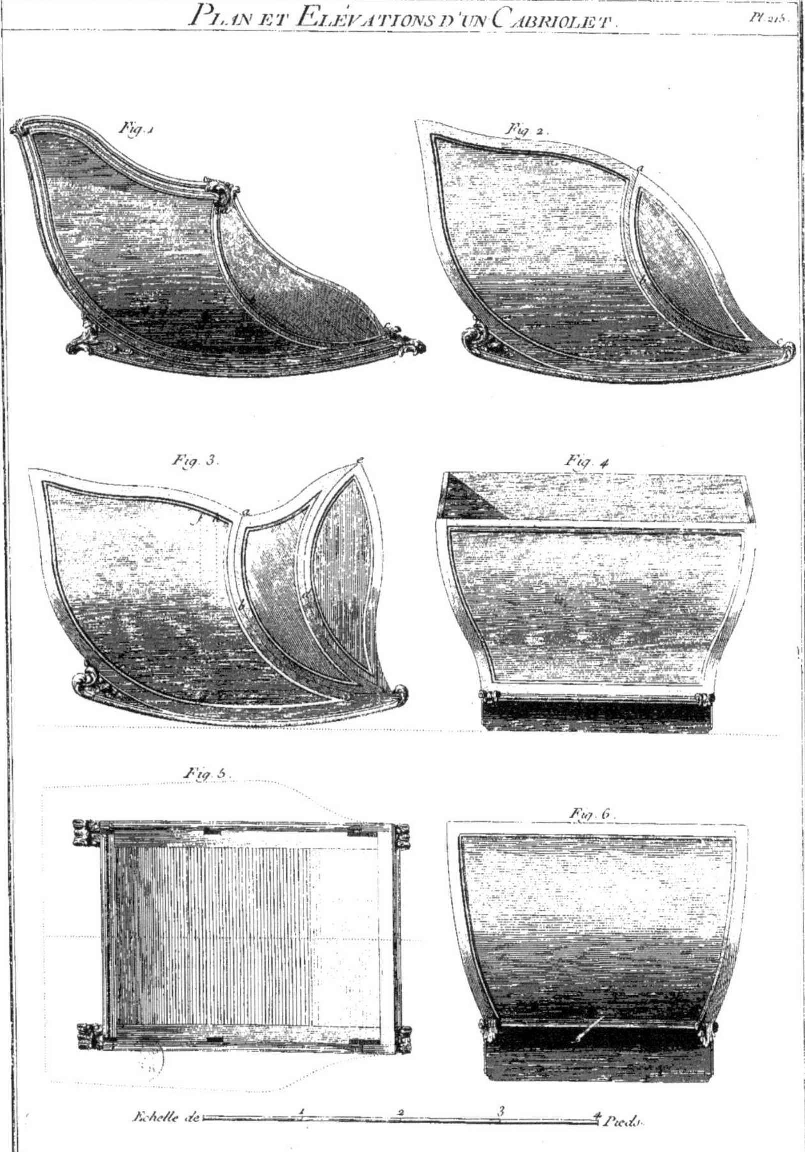

A. J. Roubo Inv. Del. et Sculp.

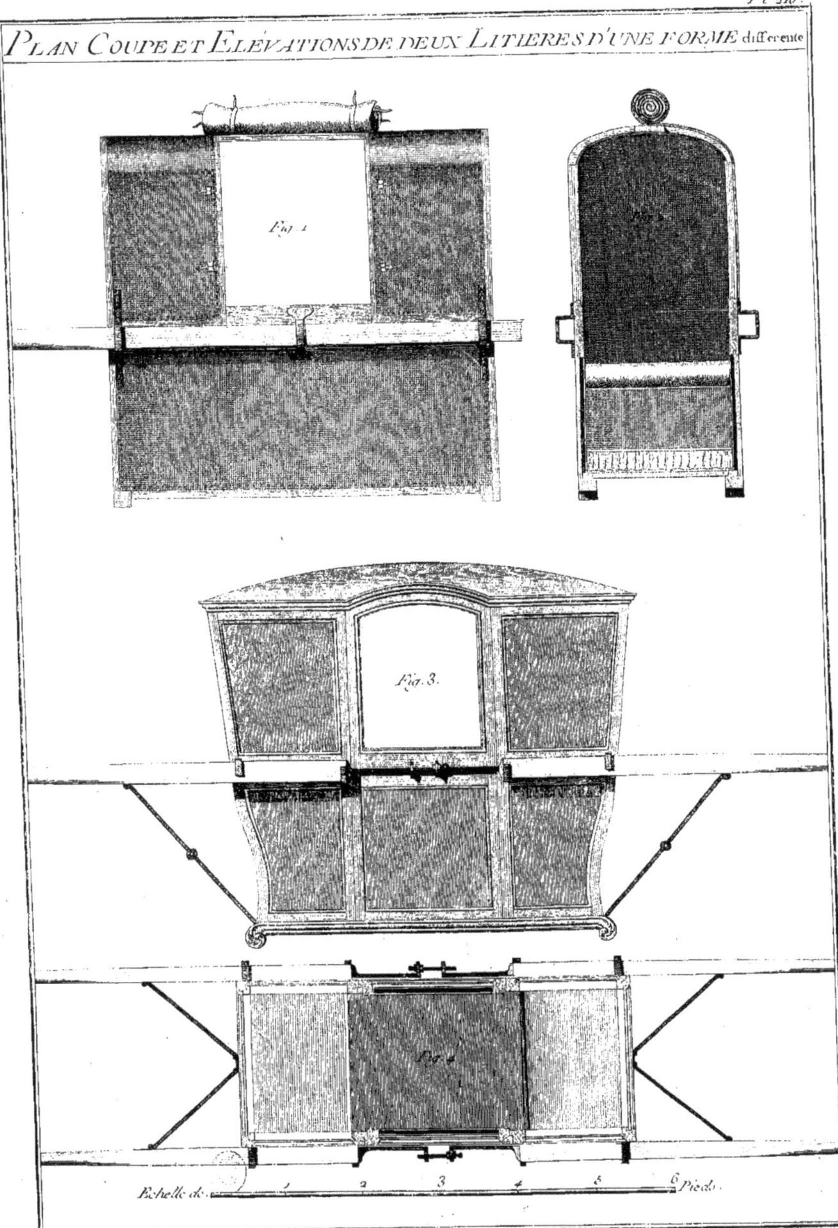

A. J. Roubo Inv. et Del. P. L. Cor Sculp.

ELÉVATIONS D'UN WOURST, ET D'UN TRAINOT AVEC SON PLAN. Pl. 217.

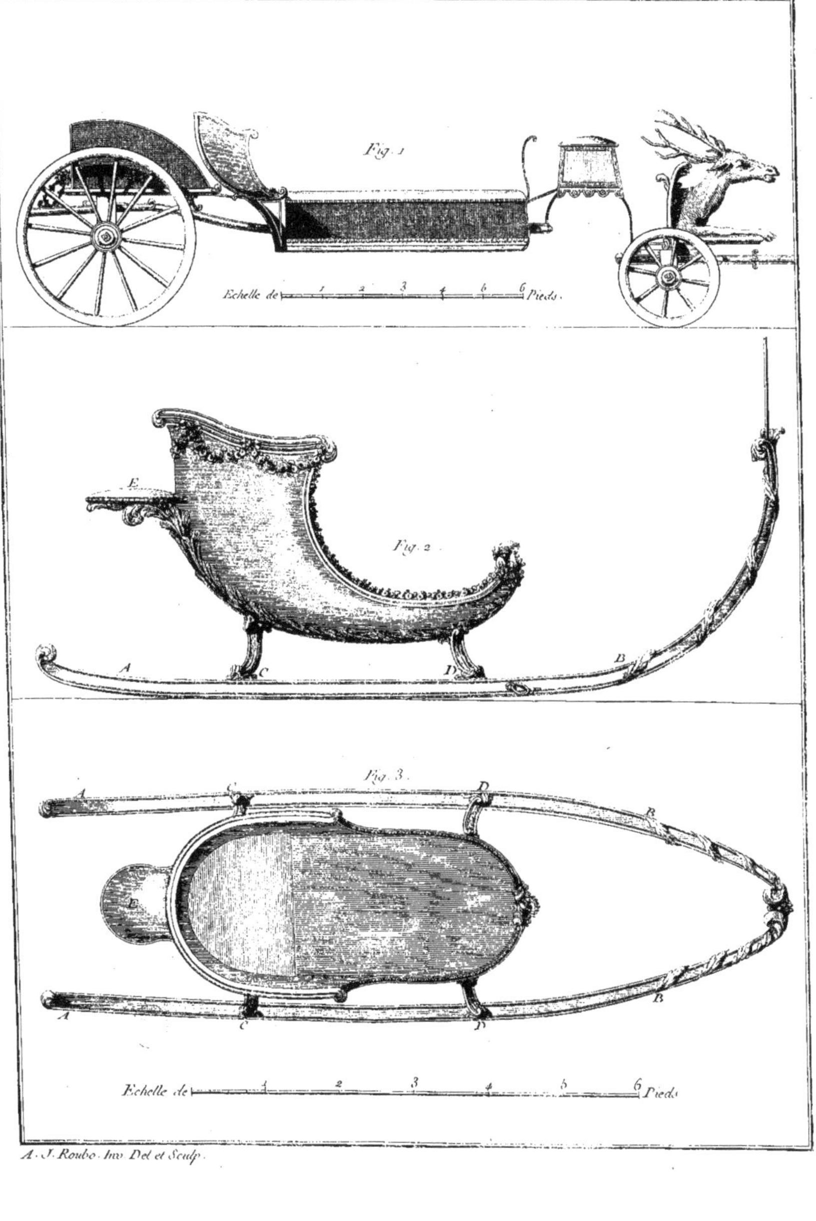

Fig. 1

Echelle de 1 2 3 4 5 6 Pieds.

E

Fig. 2

A C D B

Fig. 3

A C D B E A C D B

Echelle de 1 2 3 4 5 6 Pieds

A. J. Roubo. Inv. Del. et Sculp.

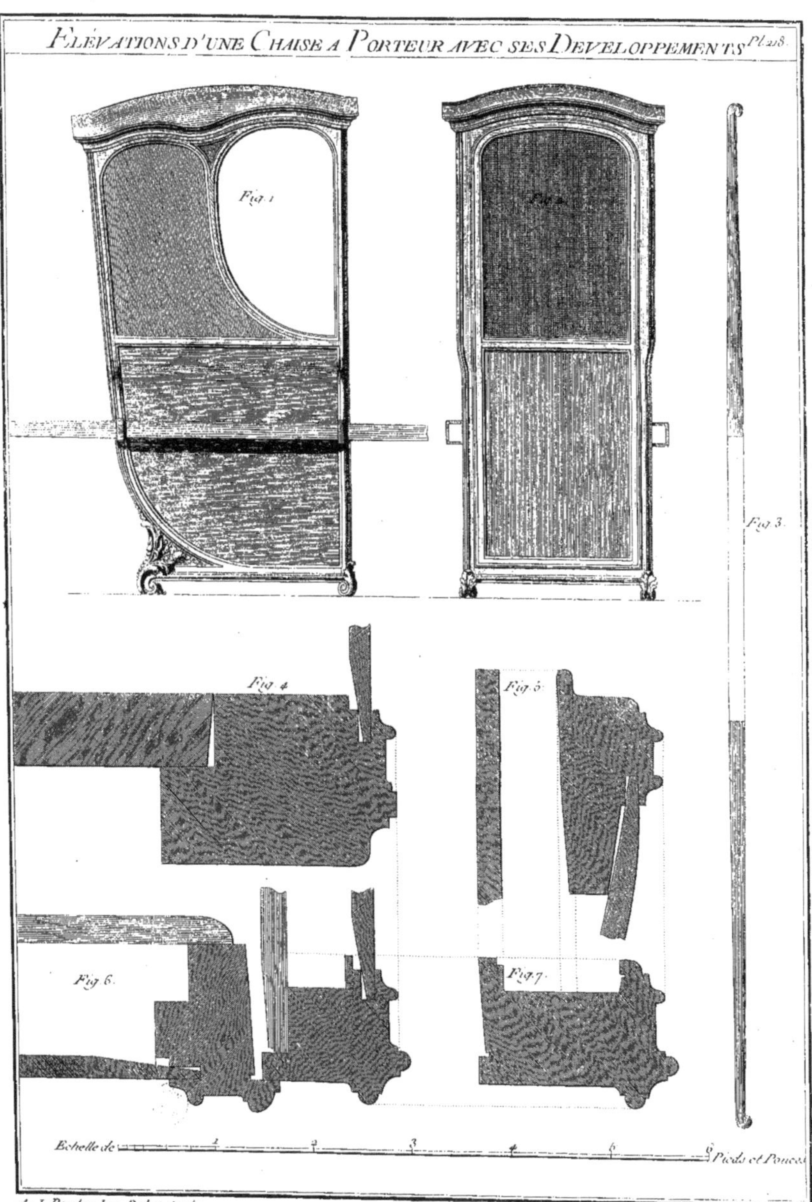

A. J. Roubo. Inv. Del et Sculp.

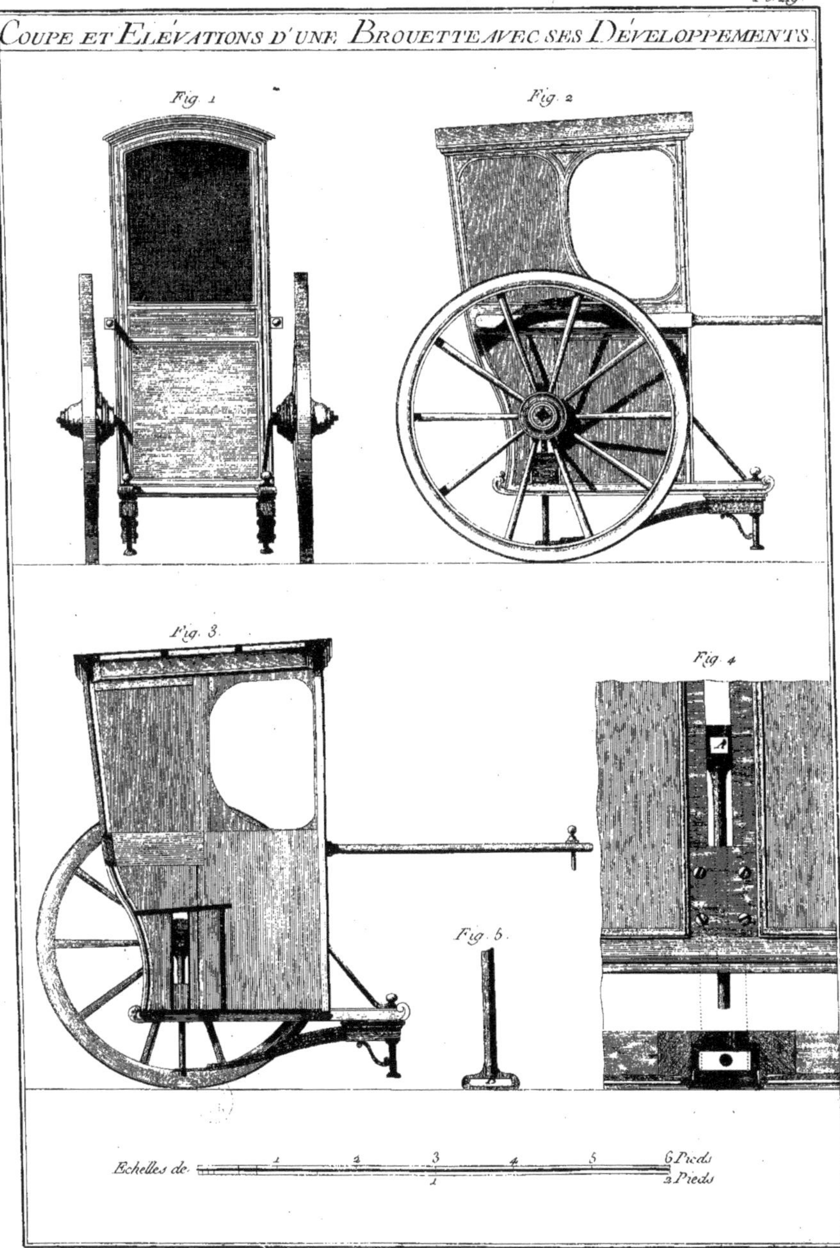

A. J. Roubo Inv. et Del.

P. L. Cor. Sculp.

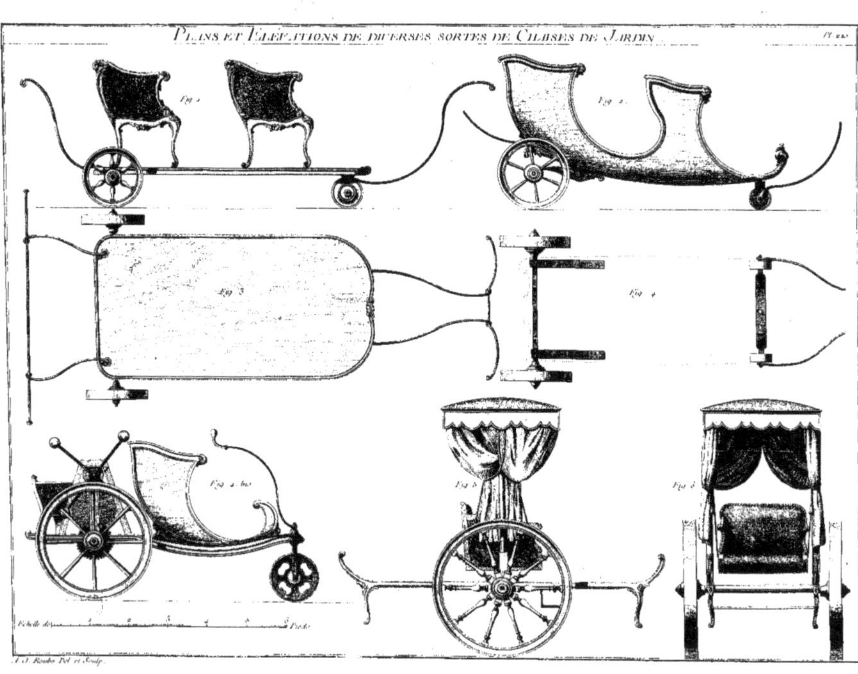
Plans et Elévations de diverses sortes de Chaises de Jardin
Fig. 1
Fig. 2
Fig. 3
Fig. 4
Fig. 4 bis
Fig. 5
Fig. 6
Echelle de 1 2 3 4 5 6 Pieds
A. J. Roubo Del. et Sculp.

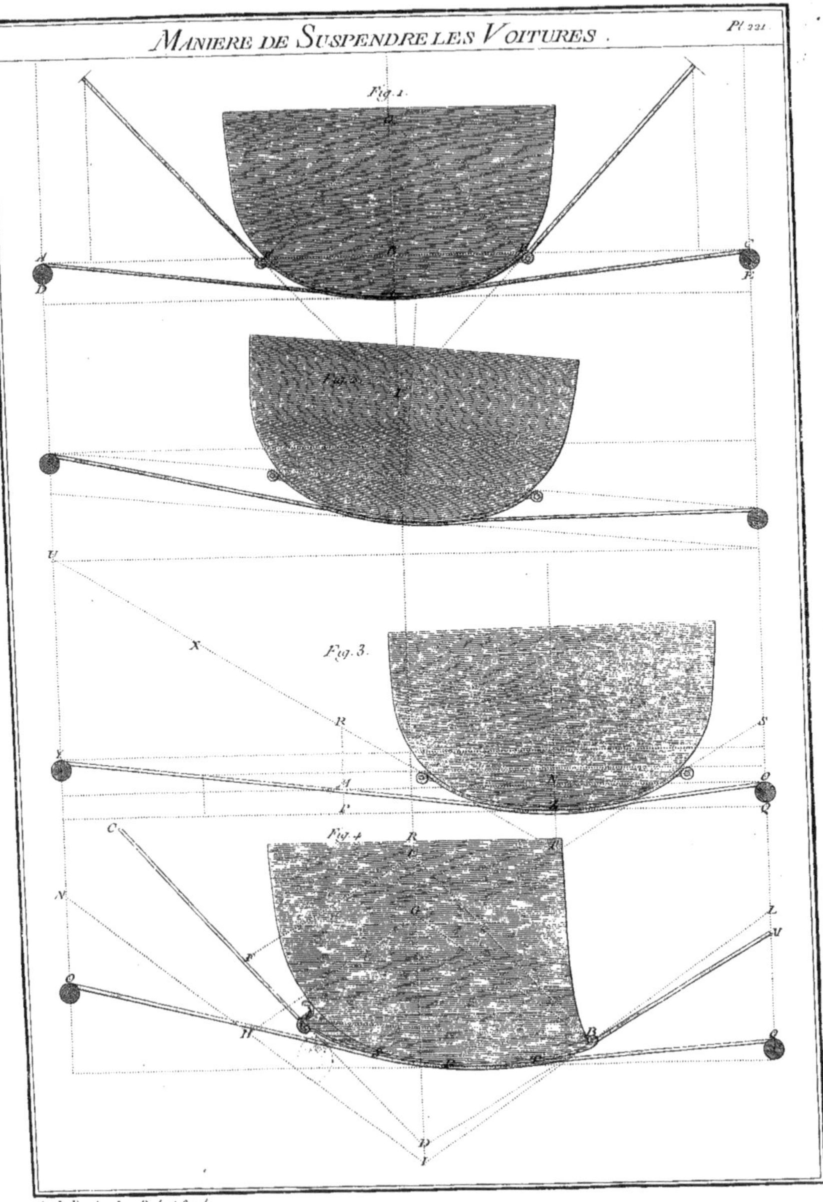

A. J. Roubo. Inv. Del. et Sculp.